Das Buch des Spiegel-Redakteurs Volker Hage ist die bisher fundierteste Antwort auf die Thesen von W. G. Sebald zum Thema »Luftkrieg und Literatur«: Diskussion, Korrektur und Ergänzung in einem. Besonders der erste Teil (›Der Luftkrieg in der deutschen Literatur‹) wurde seiner »akribischen Recherche« wegen hervorgehoben, weil darin »eine staunenswerte Menge verschollener Romane namhaft« gemacht worden sei.

Gleichzeitig geht dieses Buch weit darüber hinaus und bietet im zweiten Teil Interviews mit Schriftstellern, die als Kinder oder Jugendliche den Bombenkrieg selbst erlebt haben und hier erstmals über ihre zum Teil traumatischen Erfahrungen sprechen – eine einzigartige Dokumentation. Dieser Gesprächsteil, der auch die theoretische Diskussion aufgreift, wurde als besonders anregend und »bewegend« von der Kritik gelobt. »Der Leser stößt hier auf Sätze«, so Jörg Friedrich (›Der Brand‹), »die er vielleicht nie wieder loswird.«

Volker Hage, 1949 in Hamburg geboren, ist der Literaturredakteur des Spiegel; zuvor arbeitete er bei der Frankfurter Allgemeinen Zeitung und der Zeit. Gastprofessuren in Deutschland und in den USA; Autor und Herausgeber zahlreicher Bücher. Bei S. Fischer erschienen zuletzt ›Eine Liebe fürs Leben. Thomas Mann und Travemünde‹ (2002) und der von ihm herausgegebene Briefwechsel zwischen Golo Mann und Marcel Reich-Ranicki ›Enthusiasten der Literatur‹ (2000). Mit dem Luftkrieg beschäftigen sich auch die von ihm herausgegebenen Bände ›Dieter Forte, Schweigen oder sprechen‹ (2002) und ›Hamburg 1943. Literarische Zeugnisse zum Feuersturm‹ (FTV Bd. 16036).

Unsere Adresse im Internet: www.fischerverlage.de

Volker Hage

Zeugen der Zerstörung

Die Literaten und der Luftkrieg

Fischer
Taschenbuch
Verlag

Mitarbeit: Jeanette Stickler

Veröffentlicht im Fischer Taschenbuch Verlag,
einem Unternehmen der S. Fischer Verlag GmbH,
Frankfurt am Main, Juni 2008

Druck und Bindung: CPI – Clausen & Bosse, Leck
Printed in Germany
ISBN 978-3-596-16035-9

Inhalt

1. Teil
Der Luftkrieg in der deutschen Literatur

Das sind die Städte, wo wir unser »Heil!«
Den Weltzerstörern einst entgegenröhrten.
Und unsere Städte sind auch nur ein Teil
Von all den Städten, welche wir zerstörten.

Bertolt Brecht, 1944[1]

[1] Bertolt Brecht: Gedichte 2. Sammlungen 1938–1956. Werke, Band 12. Hrsg. von Werner Hecht u. a. Berlin/Frankfurt a. M. 1988. S. 258

Reisen ins Herz der Trümmer

Die Stimme kommt aus weiter Ferne. Mal ist sie klarer, mal weniger deutlich zu vernehmen. »Deutsche Hörer!« erklingt es mit gestrengem Ton aus dem Äther. »Hat Deutschland geglaubt, es werde für die Untaten, die sein Vorsprung in der Barbarei ihm gestattete, niemals zu zahlen haben?« Der Schriftsteller Thomas Mann spricht zu seinen deutschen Landsleuten. Es ist ein Tag im April 1942. Kurz zuvor ist seine Heimatstadt Lübeck bei einem Bombenangriff der britischen Royal Air Force weitgehend zerstört worden, darunter auch »das Haus meiner Großeltern, das sogenannte Buddenbrook-Haus in der Mengstraße«. Es ist zugleich der Jahrestag eines deutschen Luftangriffs auf die britische Stadt Coventry[2]: »Hitlerdeutschland«, so Thomas Mann, habe die Welt belehrt, »was der totale Krieg ist und wie man sich in ihm aufführt« – und nicht ohne hörbare Überwindung fährt er fort, daß er jetzt nichts einzuwenden habe »gegen die Lehre, daß alles bezahlt werden muß«.[3]

Die Stimme kam tatsächlich von weit her: nicht nur über den Äther, sondern über den Atlantik. Thomas Mann, der seit 1938 im US-Exil lebte, sprach seine monatlichen Reden gewöhnlich in Los Angeles, in einem Studio der Radiostation NBC, auf eine Schallplatte, die dann mit dem Flugzeug nach New York gebracht, dort telefonisch nach London überspielt und schließlich von der britischen BBC auf Langwelle ins Deutsche Reich ausgestrahlt wurde. Ins Leere

[2] Der deutschen Bombardierung Coventrys vom April 1941 waren schon im November 1940 weitaus schwerere Angriffe der Luftwaffe vorausgegangen.

[3] Thomas Mann: Essays. Band 5. Hrsg. von Hermann Kurzke und Stephan Stachorski. Frankfurt a. M. 1996. S. 180 f. – Die Radioansprache ist auf verschiedenen Tonträgern zu hören, so auf einer Langspielplatte »Thomas Mann: Deutsche Hörer!« (1987) und auf einer CD »Die Stimmen der Familie Mann in Originaltönen« (2001).

sprach Thomas Mann (1875–1955) gewiß nicht, dazu hatten seine Bücher in Deutschland zu viele Leser: Und daß »durch meinen Jugendroman«, wie er sagte, der Name Lübecks für viele mit dem Gedanken an das Haus in der Mengstraße verbunden sei, davon konnte der Verfasser des Romans »Buddenbrooks« (1901) ausgehen – der Name der Romanfamilie war den Nazis so verhaßt, daß sie das Buddenbrookhaus längst umbenannt hatten.[4]

Die Ansprache vom April 1942 war Thomas Mann nicht leichtgefallen. Als er einige Tage zuvor im Tagebuch festhielt, London wünsche eine »special message über Lübeck«, setzte er hinzu: »Kaum tunlich.«[5] Er überwand dann zwar seine Bedenken, doch als er bald darauf, im Mai, vom britischen Angriff auf Köln hörte, zeigte er sich in seinen privaten Aufzeichnungen um so schokierter. »Furchtbarer Air-Raid auf Köln, 1000 Flugzeuge«, notierte er. Die Flammen seien bis Holland sichtbar gewesen: »Vernichtung und Panik. Erschütternd, aber die Sühne beginnt.« Dann nennt er, wie zur eigenen Versicherung, noch einmal die Namen

[4] Allerdings nicht in »Wullenweberhaus«, wie Thomas Mann in seinem US-Exil gehört und in seiner Sendung irrtümlich behauptet hatte, sondern in »Brun Warendorp-Haus« (beides waren ehemalige Bürgermeister Lübecks). Vgl. Mann, S. 373 (Anmerkungen) – Wie viele Deutsche hörten die regelmäßigen Radioansprachen des Schriftstellers? Mit welchem Gefühl? In der Nähe von München hockte damals zum Beispiel eine Familie heimlich vor ihrem Radio mit selbstgebastelter Antenne und lauschte angestrengt dem »Feindsender«. »Für uns war die Stimme nicht ein Onkel oder ein Verwandter, sondern es war Thomas Mann«, erinnerte sich später Horst Pringsheim-Reday, dessen Mutter mit einem Bruder von Thomas Manns Ehefrau Katia verheiratet war. Der, Heinz Pringsheim, habe dem Gesagten zugestimmt, so sein Adoptivsohn Horst, »fand es großartig und hat auch den Stil sehr bewundert«. Die Familie lebte damals in Deutschland nicht ungefährdet, versäumte dennoch keine Sendung. – Aus einem Interview Heinrich Breloers mit Horst Pringsheim-Reday am 6. 9. 1999. In: Heinrich Breloer. Unterwegs zur Familie Mann. Frankfurt a. M. 2001. S. 269

[5] Thomas Mann: Tagebücher 1940–1943. Hrsg. von Peter de Mendelssohn. Frankfurt a. M. 1982. S. 413

einiger der Städte, die zuvor Opfer deutscher Angriffe wurden (Guernica, Rotterdam, London), und fragt, ob die Deutschen, »die Unglücklichen«, denn geglaubt hätten, »sie könnten es immer alleine treiben«.[6] Ein Fotoband, der die Zerstörungen in seiner Heimatstadt dokumentierte, erreichte den Schriftsteller an der Westküste der USA erst im August 1944 auf Umwegen[7] – vor der Restfassade des Buddenbrookhauses stand das Ehepaar Mann erstmals im Juni 1953, ein wenig ratlos und verloren, wie auf einem Foto dokumentiert ist.

Thomas Manns Exilnachbar Bertolt Brecht zeigte sich während des Krieges über die harten Äußerungen des Kollegen in bezug auf die deutsche Zivilbevölkerung empört. Im Tagebuch hielt er Anfang August 1943 eine angebliche mündliche Äußerung des anderen fest (»Ja, eine halbe Million muß getötet werden in Deutschland«) und kommentierte: »Der Stehkragen sprach.« Für Brecht (1898–1956) waren die alliierten Luftangriffe auf die deutschen Städte beklemmend: »Das Herz bleibt einem stehen, wenn man von den Luftbombardements Berlins liest«, heißt es Ende des Monats. »Da sie nicht mit militärischen Operationen verknüpft sind, sieht man kein Ende des Krieges, nur ein Ende Deutschlands.«[8]

Im selben Jahr 1943 fragt sich Brecht als Lyriker nach dem Schicksal seiner Heimatstadt und blickt auf das Wiedersehen mit Deutschland voraus. »Die Rückkehr« lautet der Titel des erst später, 1949, publizierten Gedichts, und die Leitfrage ist, wie die »Vaterstadt« für ihn überhaupt zu finden

[6] Ebd., S. 436

[7] Die Notiz im Tagebuch lautet: »deutsches Buch, 43 gedruckt, illustriert, über Lübeck, worin die durch den englischen ›Terrorangriff‹ angerichteten Zerstörungen markiert«. Mann: Tagebücher 1944–1946. Hrsg. von Inge Jens. Frankfurt a. M. 1986. S. 87

[8] Brecht: Journale 2. Werke, Band 27. Hrsg. von Werner Hecht u. a. Berlin/Frankfurt a. M. 1995. S. 164 und 168

sein werde: »Wo denn liegt sie?« Antwort: »Wo die ungeheueren / Gebirge von Rauch stehn. / Das in den Feuern dort / Ist sie.« Und gewissermaßen an die ferne Heimat gerichtet heißt es weiter: »Vor mir kommen die Bomber. Tödliche Schwärme / Melden euch meine Rückkehr. Feuersbrünste / Gehen dem Sohn voraus.« Brechts Fragen an die Vaterstadt (»wie empfängt sie mich wohl?«) nahmen künftige Debatten in Deutschland hellsichtig vorweg.[9]

Wer, von Hitlers Diktatur vertrieben, im Exil lebte, konnte im engeren Sinn nicht zum Zeugen der Zerstörung, nicht zum Augen- und Ohrenzeugen werden – zum mitfühlenden Zeitzeugen aber schon, von Zeitungen und Berichten mit Informationen versorgt, ansonsten auf die eigene Vorstellungskraft angewiesen. Dem Erzähler Thomas Mann gelang noch etwas anderes in den USA: Er schrieb mit »Doktor Faustus« (1947) nicht nur einen großen Deutschland-Roman, sondern gaukelte dem Leser darin vor, der Ich-Erzähler des Buches, Serenus Zeitblom, habe dieses Werk – die Biographie des Komponisten und Freundes Adrian Leverkühn – mitten im Krieg in einer deutschen Kleinstadt geschrieben, unter den »Vibrationen ferner Bombeneinschläge«, wie Thomas Mann es später (1949) in einer Entstehungsgeschichte des Romans formulierte.[10]

Der fiktive Erzähler Zeitblom, der sein Werk am selben Tag in Angriff nimmt, wie der reale Autor es tatsächlich tat, nämlich am 23. Mai 1943, schaltet in seine Leverkühn-Biographie immer wieder – zunehmend düster werdende – Nachrichten aus der deutschen Kriegsgegenwart ein. »Unterdessen wächst der Schrecken der fast täglichen Luftangriffe auf unsere wohlumgürtete Festung Europa ins Überdimensionale«, so läßt Thomas Mann seinen Erzähler notieren, »immer weitere unserer Städte sinken in Trüm-

[9] Brecht: Gedichte 2, S. 125

[10] Mann: Die Entstehung des Doktor Faustus. Roman eines Romans. Frankfurt a. M. 1949. S. 33

mer.« Und einige Kapitel später heißt es, über Deutschland schlage das Verderben zusammen, »im Schutt unserer Städte hausen, von Leichen fett, die Ratten«.[11] Und wie nebenbei spricht der Schriftsteller in seinem »Doktor Faustus«, an dem er bis Januar 1947 in Amerika arbeitete, indirekt die Frage an, ob Einfühlung in die Daheimgebliebenen eigentlich möglich sei – indem er nämlich seinen Erzähler und Stellvertreter im Roman alle Einwände dagegen zurückweisen läßt, daß er, Zeitblom, auch Szenen aus dem Leben seines Freundes anschaulich zu schildern vermöge, bei denen er selbst gar nicht dabeigewesen sei. Zeitbloms (und Thomas Manns) Antwort: »Nein, ich war nicht dabei. Aber heute ist seelische Tatsache, daß ich dabei gewesen bin, denn wer eine Geschichte erlebt und wieder durchlebt hat, wie ich diese hier, den macht seine furchtbare Intimität mit ihr zum Augen- und Ohrenzeugen auch ihrer verborgenen Phasen.«[12] Da sprach er, der Dichter im Exil, von sich und Deutschland.

Dort, im besiegten Land mit seinen zertrümmerten Städten, wollten manche der daheimgebliebenen Kollegen solchen Anspruch eines Exilierten von vornherein nicht akzeptieren, darunter durchaus ehrenwerte Autoren, die für sich den Begriff der »Inneren Emigration« gesucht hatten – da sie selbst sich der nun überwundenen Naziherrschaft innerlich gleich weit entfernt wähnten wie die tatsächlich Emigrierten. Und hatten sie den in der Ferne Weilenden nicht sogar etwas voraus, das Erleben des Schreckens, die Anschauung der Bombennächte?

Während der Schriftsteller Walter von Molo (1880–1958) im August 1945 einen respektvollen Brief an Thomas Mann in der »Münchener Zeitung« veröffentlichte, worin er ihn dramatisch-pathetisch um Rückkehr nach Deutschland er-

[11] Mann: Doktor Faustus. Frankfurt a. M. 1980. S. 339 und 581
[12] Ebd., S. 581

suchte (»Bitte, kommen Sie bald, sehen Sie in die von Gram durchfurchten Gesichter«[13]), wählte sein Kollege Frank Thieß (1890–1977) kurz darauf – in einem Beitrag für dieselbe Zeitung – einen überaus anmaßenden und selbstgefälligen Ton: Er, der Dagebliebene, fühle sich »reicher an Wissen und Leben« als jemand, der »aus den Logen und Parterreplätzen des Auslands der deutschen Tragödie zuschaute«. Und dann die für immer trennenden Sätze: »Es ist nun einmal zweierlei, ob ich den Brand meines Hauses selbst erlebe oder ihn in der Wochenschau sehe, ob ich selber hungere oder vom Hunger in den Zeitungen lese, ob ich den Bombenhagel auf deutsche Städte lebend überstehe oder mir davon berichten lasse« – sich so seine Persönlichkeit zu bewahren, fährt Thieß fort, sei schwerer gewesen, »als von drüben Botschaften an das deutsche Volk zu senden.«[14] Damit war klar, wer sich angesprochen fühlen sollte.

Thomas Mann reagierte ebenfalls mit einem Offenen Brief – allerdings nicht auf die Thieß-Polemik, von der er erst erfuhr, als sein sehr grundsätzlich formulierter »Brief nach Deutschland« schon abgeschickt war, sondern auf von Molos Beitrag.[15] Er erinnerte daran, daß auch für ihn 1933 »der Choc des Verlustes der gewohnten Lebensbasis, von Haus und Land, Büchern, Andenken und Vermögen« schwer genug gewesen sei, begleitet zudem »von kläglichen Aktionen daheim, Ausbootungen, Absagen«. Er vergesse nicht, schreibt er, »daß Sie später viel Schlimmeres durchgemacht haben, dem ich entging« – aber was der Angesprochene nicht kenne, sei »das Herzasthma des Exils, die Entwurzelung, die nervösen Schrecken der Heimatlosigkeit«. In kaum verhohlener Empörung verdammte Thomas Mann

[13] Thomas Mann: Briefwechsel mit Autoren. Frankfurt a. M. 1988. S. 366
[14] Zit. nach: Dieter Lattmann: Stationen einer literarischen Republik. In: Kindlers Literaturgeschichte der Gegenwart, Band 1. Frankfurt a. M. 1980. S. 28
[15] Vgl. Mann: Tagebücher 1944–1946, S. 253 f.

kurzerhand all diejenigen Bücher, »die von 1933 bis 1945 in Deutschland überhaupt gedruckt werden konnten« (und vergaß dabei offenbar, daß 1935 auch eines seiner eigenen Werke dort noch erschienen war). Zugleich äußerte er erstmals öffentlich: »Ich gestehe, daß ich mich vor den deutschen Trümmern fürchte – den steinernen und den menschlichen.«[16] Erst im Sommer 1949 traute sich Thomas Mann, der Deutschland 1933 verlassen hatte, wieder dorthin zurück.

Ein anderer Exilnachbar, der sich allerdings – anders als die Manns – in den gastfreundlichen USA nie wohlgefühlt hatte, kam schon früher: Alfred Döblin, der Schöpfer des Romans »Berlin Alexanderplatz« (1929). Er betrat im November 1945 deutschen Nachkriegsboden und ließ sich zunächst in Baden-Baden nieder, wo er für die französische Militärbehörde arbeitete. Auf ersten Reisen besuchte er 1946 Stuttgart, Mainz und Pforzheim, und er verglich das, was er sah, mit den Vorstellungen, die er und andere im Exil sich von den deutschen Zuständen gemacht hatten. Sein Fazit: »Nicht durch das Gehirn des schwärzesten Pessimisten irrte damals eine solche Phantasie, wie sie jetzt Realität geworden ist. Es gibt Städte, von denen wenig mehr als die Namen existieren. Andere sind so umgelegt worden, daß sie völlig ihren Charakter einbüßten.« Aus dem Land sei eine Wüste geworden.[17]

In seinem autobiographischen Buch »Schicksalsreise« (1949), in dem Döblin auch seinen Weg ins Exil schildert, beschreibt der vorläufig Heimgekehrte verstört, aber zugleich höchst anschaulich seinen Gang durch die Trümmerwelt, ausführlich und ohne Scheu: »Der Schutt birgt auch viele Leichen. Da liegen sie und machen die Straßen furchtbar still.« Über eines der am stärksten zerstörten Ziele alli-

[16] Mann: Briefwechsel, S. 369 ff.

[17] Alfred Döblin: Schicksalsreise. Bericht und Bekenntnis. Solothurn/Düsseldorf 1993. S. 313

ierter Angriffe im Krieg, die Stadt Pforzheim, notiert er: »Diese existiert eigentlich nicht mehr. Sie ist rasiert, wegradiert. Da steht Häuserskelett neben Häuserskelett und hinter dem Skelett eine chaotische Schuttmasse. Hier kommt es einem vor, als ob man durch eine Filmstadt geht, Kulissen, Staffagen und Vordergrundbauten, – eine tote, verlassene Stadt. Aber wer schärfer hinblickt und sich länger aufhält, stellt zu seinem Erstaunen fest, daß sich sogar hier unterirdisch Leben regt.« Er beobachtet, wie Menschen auf Ruinenhügel steigen. Wozu? Was wollen sie da? »Sie hatten Blumen in der Hand. Auf dem Hügel hatten sie Kreuz und Tafeln errichtet. Es waren Gräber. Da legten sie die Blumen hin, knieten und sprachen Gebete.« Nur schwer findet Döblin in Pforzheim zu einer gewissen Distanz zurück. Man erhalte den »unmittelbaren Eindruck eines Strafgerichts«; angesichts der sorgsam neben den Ruinen gestapelten, wieder verwendbaren Ziegelsteine nimmt er dann zu der Formulierung Zuflucht: Hier lebe eben unverändert »ein arbeitsames, ein ordentliches Volk«. Und setzt hinzu: »Sie haben, wie immer, einer Regierung, so zuletzt dem Hitler pariert, und verstehen im Großen und Ganzen nicht, warum Gehorchen diesmal schlecht gewesen sein soll.«[18]

Das Wiedersehen mit seiner Heimatstadt fürchtet auch Döblin. So schiebt er die Fahrt nach Berlin bis in den Sommer 1947 hinaus (»Ich scheute mich, ich ängstigte mich beinahe hinzufahren«[19]). Was er dort sieht, überrascht ihn eigentlich nicht mehr, diese Bilder einer »fürchterlichen Verwüstung«, einer »maßlosen Zerschmetterung« – die in dieser Stadt nicht allein die Folge zahlloser Luftangriffe, sondern auch des Boden- und Häuserkampfs in den letzten Tagen des Weltkriegs waren. Als Döblin auf dem Alexanderplatz steht, dem er in seinem berühmten Roman ein Denk-

[18] Ebd., S. 315 f.
[19] Ebd., S. 347

mal gesetzt hat und der einst »von einem wimmelnden Leben« erfüllt war, so fällt es ihm schwer, das alles aufzunehmen und zu beschreiben: »Der Platz ist nicht leer, hier fahren einige Lastwagen und Frauen schieben Kinderwagen, in denen sie Holz und anderes transportieren. Vor dem Warenhaus Tietz, das schrecklich mitgenommen ist, dessen Kuppel und Globus tief liegt, stehen Tische und Straßenhändler verkaufen das billige Zeug, das man jetzt in allen deutschen Städten feilbietet.«[20]

Im Jahr darauf, im Oktober 1948, sieht auch Brecht Berlin wieder. Zunächst nimmt er, bei der »Einfahrt im Dunkeln«, nur undeutlich die Ruinen der Friedrichstraße wahr; am nächsten Morgen registriert er die »Arbeiter und Trümmerweiber«, Berliner, die dabei sind, den Schutt abzuräumen und wegzuschaffen. Brecht notiert in seinem Journal: »Die Trümmer machen mir weniger Eindruck als der Gedanke daran, was die Leute bei der Zertrümmerung der Stadt mitgemacht haben müssen.«[21] Brecht blieb in Berlin – anders als Döblin, der zwar auch 1948 noch einmal zu Besuch kam, aber in Berlin nicht wieder seßhaft werden wollte (schon gar nicht im sowjetischen Sektor, was ihm ebenso wie Brecht angeboten worden war) – überhaupt fühlte er sich in Deutschland so wenig wahrgenommen und erwünscht, daß er im Frühjahr 1953 nach Paris übersiedelte. Für Alfred Döblin (1878–1957) erwies sich die Rückkehr nach Deutschland als Sackgasse.

[20] Döblin: Schriften zu Leben und Werk. Olten/Freiburg i. B. 1986. S. 278 f. und 281

[21] Brecht: Journale 2, S. 279

Der Besucher aus dem Schlaraffenland

Es kamen – außer den ganz oder besuchsweise wiederkehrenden Deutschen[22] – auch viele ausländische Besucher, die das Land in den Nachkriegsjahren bereisten, bestaunten und beschrieben: aus Amerika Ende 1945, im Auftrag des US-Magazins »Life«, der Schriftsteller John Dos Passos (1896–1970), aus Schweden im Spätherbst 1946 der Autor Stig Dagerman (1923–1954), aus England, eigentlich aus Palästina, der Architekt Julius Posener (1904–1996), der Deutschland 1935 verlassen hatte und in den Jahren 1945/46 als Ingenieur der britischen Armee das Land wiedersah – ihre Bücher, die schon bald nach den Reisen und Recherchen in den USA, in Schweden und Palästina publiziert worden waren, stießen in Deutschland erst nach Jahrzehnten auf Interesse.[23]

Es kam auch ein Autor deutscher Sprache, der den Krieg aus unmittelbarer Nachbarschaft verfolgt hatte: der Schweizer Max Frisch. »Wir hörten die Bomber, wenn sie in der Nacht nach München flogen, nach Ulm, Welle um Welle«, schreibt er, »wenn die Kinder wieder eingeschlafen waren,

[22] Nur vorübergehend kam als einer der ersten Autoren nach Kriegsende auch Thomas Manns Sohn Klaus nach Deutschland, als Soldat der amerikanischen Armee. Im Mai 1945 besuchte er seine Heimatstadt München: Er habe erwartet, schreibt er in einem Zeitungsbericht, eine schwer getroffene, halb zerstörte Stadt vorzufinden. »Die Wirklichkeit war weit schlimmer. München ist tot; die Stadt existiert nicht mehr.« Klaus Mann (1906–1949) gab dem Beitrag den Titel »Es gibt keine Heimkehr!«; später übernahm er Teile aus diesem frühen Text in seine Erinnerungen »Der Wendepunkt« (1952). – Klaus Mann: Auf verlorenem Posten. Aufsätze, Reden, Kritiken 1942–1949. Hrsg. von Uwe Naumann und Michael Töteberg. Reinbek 1994. S. 227; vgl. auch Klaus Mann: Der Wendepunkt. Ein Erlebnisbericht. Reinbek 2001 (17. Aufl.). S. 668 ff.

[23] Die späten deutschen Ausgaben dieser Bücher heißen: »Das Land des Fragebogens« (1997), »Deutscher Herbst« (1987) und »In Deutschland 1945 bis 1946« (2001).

kamen sie zurück, Welle um Welle, und wenn wir nichts hatten, so hatten wir mindestens eines, was uns niemand absprechen wird: Angst. Und das heißt Ahnung. Wir hatten sie schon, als Warschau in Schutt und Asche sank.«[24] In diesen Worten, die er 1946 in München notierte, auf seiner ersten Deutschlandreise nach elf Jahren, faßte Frisch (1911–1991) für die Münchner »Neue Zeitung« seine Erinnerungen an die Kriegsjahre zusammen – und zitierte, was er den Deutschen entgegenhält, wenn sie ihm mit Selbstmitleid begegnen und ihn als Schweizer beneiden. Die Schweiz, ein Schlaraffenland? Jeder gesunde Schweizer habe immerhin Bunker und Gräben bauen müssen, so Frisch, man »hatte seine fünfhundert oder tausend Diensttage, und das ist nichts im Vergleich mit dem deutschen Soldaten, ich weiß: aber viel, wenn man überhaupt nicht erobern will, sondern arbeiten möchte und leben«. Seit zwei Wochen sei er nun in München und das »einzig Überraschende« für ihn eigentlich, »wieviele Deutsche, wenn man mit ihnen spricht, überrascht sind von einem Elend, das schon seit sieben Jahren in der Welt ist und länger«.[25]

Es war ihm wichtig, sich vom Bild des Elends nicht erdrücken zu lassen, angesichts der Trümmer nicht die Maßstäbe zu verlieren. Als er zwei Jahre darauf erstmals das im Krieg von deutschen Truppen und Bomben zerstörte Polen besuchte (in Warschau der »Eindruck trostloser Vernichtung«[26]), schrieb er in einem Brief an seinen deutschen Verleger Peter Suhrkamp, »daß unsere Beschäftigung mit Deutschland, das uns am nächsten vor Augen steht, unfruchtbar wird, irreal oder sogar sentimental, wenn man nicht aus den andern Ländern, die der deutschen Eroberung zum Opfer fielen, ebenso persönliche Eindrücke hat«. Was

[24] Max Frisch: Gesammelte Werke in zeitlicher Folge, Band 2. Hrsg. von Hans Mayer. Frankfurt a. M. 1976. S. 314
[25] Ebd., S. 314 und 312
[26] Ebd., S. 609

er nicht wollte, so hatte er sich auch schon zu Beginn seiner Deutschlandreise 1946 vorgenommen, sei ein Mitleid, »das alles Denken über Bord wirft und nichts verändert, Mitleid, das Millionen von anderen Opfern vergißt und verrät und preisgibt«. Gleichzeitig fürchtete Frisch offenbar eine zu starke, zu abweisende Distanz gegenüber den deutschen Kümmernissen. Er verspürte in sich das »Unbehagen des Verschonten«. Das eigentlich Erschreckende seien nicht die Ruinen, notierte er während seines Besuchs in München, »sondern unsere Gewöhnung daran«.[27]

Frisch machte sich noch nach der Reise Gedanken darüber, ob es unmenschlich sei, »wenn man von einem Menschen erwartet, daß er über seine eigenen Ruinen hinaussehe« – so zu finden in seinem »Tagebuch 1946–1949« (1950)[28]. Er brachte Notizen von fotografischer Genauigkeit mit nach Hause und ließ sich dabei selbst und seine Rolle als Beobachter nicht aus – wie etwa in dem Eintrag »Frankfurt, Mai 1946«:

»Wenn man in Frankfurt steht, zumal in der alten Innenstadt, und wenn man an München zurückdenkt: München kann man sich vorstellen, Frankfurt nicht mehr. Eine Tafel zeigt, wo das Goethehaus stand. Daß man nicht mehr auf dem alten Straßenboden geht, entscheidet den Eindruck: die Ruinen stehen nicht, sondern versinken in ihrem eigenen Schutt, und oft erinnert es mich an die heimatlichen Berge, schmale Ziegenwege führen über die Hügel von Geröll, und was noch steht, sind die bizarren Türme eines verwitterten Grates; einmal eine Abortröhre, die in den blauen Himmel ragt, drei Anschlüsse zeigen, wo die Stockwerke waren. So stapft man umher, die Hände in den Hosentaschen, weiß eigentlich nicht, wohin man schauen soll. Es ist alles, wie man es von Bildern kennt; aber es ist,

[27] Frisch: Jetzt ist Sehenszeit. Briefe, Notate, Dokumente 1943–1963. Hrsg. von Julian Schütt. Frankfurt a. M. 1998. S. 22 ff. und 220
[28] Frisch, Werke, Band 2, S. 383

und manchmal ist man erstaunt, daß es ein weiteres Erwachen nicht gibt; es bleibt dabei: das Gras, das in den Häusern wächst, der Löwenzahn in den Kirchen, und plötzlich kann man sich vorstellen, wie es weiterwächst, wie sich ein Urwald über unsere Städte zieht, langsam, unaufhaltsam, ein menschenloses Gedeihen, ein Schweigen aus Disteln und Moos, eine geschichtslose Erde, dazu das Zwitschern der Vögel, Frühling, Sommer und Herbst, Atem der Jahre, die niemand mehr zählt –«[29]

Auf der Reise durch Deutschland 1946 begleitete ihn stets das Bewußtsein, »daß alles, was man denkt, nicht stimmt«; irritiert nahm er seine »Angst vor jeder Aussage« wahr: Im Grunde sei alles, was man in diesen Tagen aufschreibe, nichts als »eine verzweifelte Notwehr«. Zu grausam waren die Details, die er in Gesprächen erzählt bekam, etwa von dem siebzehnjährigen Mädchen, das ihm zwei Stunden lang von den Bombennächten in Düsseldorf berichtete und, noch während sie später mit dem damals 35 Jahre alten Besucher aus der Schweiz tanzte, zwanghaft weitersprach: »Von dem Kinderbein, das aus dem Schutt heraushing, man faßte es, zog es hervor und warf die Kleine auf den Wagen, der die Leichen sammelte; da schreit sie, zum Glück.«[30] Anders als – zumindest in ihren öffentlichen Verlautbarungen – Thomas Mann und mehr noch dessen Sohn Klaus (der 1943 von Amerika aus US-Bomber als »die fliegenden Festungen der Demokratie« bezeichnete[31]), war Frisch schon während des Krieges unsicher, wie er die permanenten Luftangriffe gegen deutsche Städte einzuschätzen hatte. Anfang 1944 schrieb er in einem Brief an seine Mutter, es bleibe für ihn schwer zu sagen, was widerlicher sei, »die Rhetorik eines Goebbels oder die arithmetischen Bombenmeldungen der

[29] Ebd., S. 374 f.
[30] Frisch: Sehenszeit, S. 31, 40, 42 f.
[31] Klaus Mann: Auf verlorenem Posten, S. 77

Alliierten«. Und später in München, April 1946, notierte er sich in ein Heft die – erst posthum publizierte – Formulierung: Man stehe vor der gräßlichen Frage, »ob es ohne Ruinen gegangen wäre, ohne diese täglichen u. bleibenden Denkmäler der Niederlage«. Wenn man zerstörte Dome und gleichzeitig unbeschädigte Brücken sehe, könne man daran zweifeln, ob das wirklich der einzige und der nächste Weg zum Sieg gewesen sei.[32]

Nicht alle Notizen von seiner ersten Deutschlandreise nach dem Krieg, die er erstmals im Juni 1946 in einer Schweizer Zeitschrift publizierte, nahm Frisch später in sein »Tagebuch 1946–1949« auf, viele Passagen ließ er aus oder verknappte sie, darunter auch höchst eindrucksvolle Szenen. Der Grund war, wie er Jahrzehnte später mitteilte, ganz einfach: Auch er war zu Beginn der fünfziger Jahre davon überzeugt gewesen, das sei bekannt, jedem sichtbar: »Das wußte man ja alles.« Tatsächlich aber, so sagte er 1982, sei es merkwürdig, »wie rasch das weggeht, wie man das vergißt«. Etwa: »die Trümmerweiber in Berlin« – er habe gerade erst vor jungen Leuten darüber gesprochen: »Ich hatte das Gefühl: denen könnte ich genausogut vom römischen Limes erzählen.«[33]

[32] Frisch: Sehenszeit, S. 15, 23, 31

[33] Aus einem Interview, das ich am 24. 9. 1982 mit Frisch in Zürich führte; vgl. Volker Hage: Alles erfunden. Porträts deutscher und amerikanischer Autoren. München 1995. S. 94 f.

Berichte aus einem Totenhaus

Juli 1943. Es ist ein heißer Sommer, Hans Erich Nossack und seine Frau wollen für zwei Wochen Urlaub machen. Er ist ein Hamburger Schriftsteller von Anfang 40, der bisher nichts veröffentlicht hat, der Tagebücher, Prosa und Gedichte schreibt und jetzt zum ersten Mal seit fünf Jahren für einige Zeit Stadt und Wohnung verläßt. Das Ehepaar hat es nicht weit: Ziel ist das Heidedorf Horst, südlich von Hamburg gelegen. Nossack, Kaufmann in der väterlichen Firma und als »untauglich« eingestuft, will eigentlich nicht gern weg, vor allem nicht von seinem Schreibtisch fort. Luftalarm hat ihn nie geschert, auch wenn seit Mai 1940 schon mehr als 130 Angriffe auf die Hansestadt geflogen worden sind, bisher freilich ohne größere Flächenbombardements. Der Dichter ist sich sicher, daß ihm nichts passieren würde, »selbst wenn links und rechts von uns die Häuser zusammenbrächen«[34]. Nun hat ihn offenbar seine Frau überredet, endlich einmal auszuspannen.

»Es ist nicht zu schildern«, notierte Nossack (1901–1977) ein paar Wochen später in seinem Tagebuch, »von welchen Zufällen diese Ferien abhängig waren und noch wenige Stunden vor der Abreise zweifelhaft.« Die Fahrt in die Heide dürfte ihm und seiner Frau das Leben gerettet haben: Vier Tage danach begannen auf Hamburg Luftangriffe von bisher beispiellosem Ausmaß. Schon in der ersten Nacht, »in den ersten 5 Minuten des Angriffs«, fing dabei die Nossacksche Wohnung Feuer und setzte das gesamte Wohnhaus in Brand. Das erfuhr das Ehepaar erst knapp eine Woche später. Vorerst hatte der Heideaufenthalt dem Autor einen unvergeßlichen Blick auf den Untergang seiner Stadt aus naher

[34] Hans Erich Nossack: Die Tagebücher 1943–1977. Band 1. Hrsg. von Gabriele Söhling. Frankfurt a. M. 1997. S. 9

Ferne beschert: »Ich stand in den 4 Nächten auf einem Hügel in Maschen, 25 km von Hamburg entfernt, und sah das Feuer auf die Stadt niederfallen. In der letzten Nacht begann auch die Heide zu brennen, aber es kam ein Gewitter und löschte sie. Ich stand da und seufzte vor Hilflosigkeit.«[35]

Es war nicht leicht, wieder in die Stadt zu kommen: praktisch nicht (die Bahnhöfe waren noch gesperrt) und psychisch nicht (Nossack, der vom Schicksal Begünstigte, verspürte »eine Scheu vor den anderen«); es dauerte einige Tage, bis er und seine Frau von einem vorbeifahrenden Lastwagen ein Stück mitgenommen wurden und nach mehrfachem Umsteigen tatsächlich in die Stadt gelangten, vorbei an Obstplantagen und Getreidefeldern. »In rascher Fahrt ging es durch dies Land des Friedens auf die tote Stadt zu«, so beschrieb er es später in einem autobiographischen Bericht, in dem er minuziös die angst- und ahnungsvolle Wiederannäherung an Hamburg schildert und festhält, was er im August 1943 sah, hörte und ungläubig registrierte. Auch Nossacks Tagebücher aus den Jahren seit 1915 waren vollständig vernichtet, dazu fast alle Manuskripte: ein zusätzlicher Schrecken für ihn, doch auch ein Gefühl neuer Freiheit. Zunächst aber war er sprachlos: »Nicht etwa vor Kummer und Schrecken, wie es früher war, wenn wir unter zehn Häusern eines zerstört sahen. Dies eine, aus der Mitte der Lebenden gerissen, konnten wir betrauern und zugleich um das Leben der anderen zittern. Aber nun, wo nichts mehr da war?«[36]

Erst Ende September 1943 begann er zögerlich damit, wieder ein Tagebuch zu führen. Anfang November erklärte er in einem Brief an den in Berlin lebenden Schriftsteller

[35] Ebd., S. 9 f.

[36] Nossack: Der Untergang. In: ders.: Die Erzählungen. Hrsg. von Christof Schmid. Frankfurt a. M. 1987. S. 24, 31, 33

Hermann Kasack (1896–1966), er sei mit einem kleinen Stück Prosa beschäftigt, das er – »trotz Ihres Abratens« – schreiben müsse, »wenn auch nur aus therapeutischen Gründen«; Anfang Dezember meldete er den Abschluß des Manuskripts: »Was auch sonst daran sein mag, ich glaube, die Arbeit hat mich tausend Meter weiter von dem Untergang gebracht, zu dem ich vorher wie zu einer Mordstelle immer wieder zurückkehren mußte.«[37]

»Der Untergang« ist der Titel dieses einzigartigen Zeugenprotokolls, seines Berichts aus der Trümmerstadt, dessen Bedeutsamkeit Nossack lange nicht ermessen konnte – auch wenn er eine Durchschrift an Kasack schickte, der sich mit einem Urteil zurückhielt. Selbst nach dem Krieg wußte der Hamburger nicht recht, ob sich die Arbeit, in der er auf jede poetische Überhöhung verzichtet, überhaupt als Publikation eines angehenden Autors eignen würde (daß diese Arbeit »nicht für unmittelbare Veröffentlichung« gedacht sei, bekräftigte er noch im Sommer 1946 einem Lektor gegenüber[38]). Lieber beendete Nossack eine Erzählung mit dem Titel »Nekyia«, die er schon 1942 begonnen und deren erste Seiten den Brand überstanden hatten: den fiktiven Bericht aus einer imaginären Totenstadt. Der Text, 1946 abgeschlossen, erschien in dem Sammelband »Bericht eines Überlebenden« (1947). Offenbar hielt er ihn für literarisch bedeutender als den »Untergang« – beeindruckt wohl nicht zuletzt durch das Vorbild seines Kollegen Kasack, der in den Jahren von 1942 bis 1944 die ersten zwölf und 1946 die letzten acht Kapitel seines Romans »Die Stadt hinter dem Strom« (1947) geschrieben hatte, der ebenfalls eine mystische, zeitenthobene Traum- und Totenstadt zum Schauplatz hat.

[37] Nossack: Geben Sie bald wieder ein Lebenszeichen. Briefwechsel 1943–1956. Band 1. Hrsg. von Gabriele Söhling. Frankfurt a. M. 2001. S. 14 und 20

[38] Ebd., S. 319

Allerdings erkannte Nossack, gut beraten vom Konkurrenzgefühl, recht unbarmherzig die Schwächen des Kasack-Romans, der gleichwohl zu einem großen Erfolg der deutschen Nachkriegsliteratur werden sollte: Er nannte das Werk treffend »eine zwar sehr interessante und lesenswerte, aber doch letzten Endes intellektuelle Konstruktion«[39]. Und Jahre nach dem Erscheinen von »Nekyia« hatte er auch genug Abstand, um zu erkennen, daß diese eigene Erzählung als Darstellung des konkreten Kriegsgrauens ebenfalls nicht gelungen war (schon gar nicht die beabsichtigte »Verschmelzung des Essayistischen und des Erzählerischen zum Situationsbericht«)[40] – dagegen fand er nun, wie er 1961 im Tagebuch festhielt, am »Untergang« beim Wiederlesen nichts mehr auszusetzen. Kein Wunder: ein Jahr nach »Nekyia« war der Bericht in dem Nossack-Band »Interview mit dem Tode« (1948) endlich erschienen und hatte seinen Autor berühmt gemacht (1949 war eine französische Übersetzung in der von Jean Paul Sartre herausgegebenen Zeitschrift »Les Temps Modernes« erschienen). Mit einer gewissen Verwunderung verfolgte der Autor im Tagebuch den Erfolgsweg des eigentlich nur zur Selbsttherapie geschriebenen Berichts.[41]

Es ist gerade die Unbedingtheit, frei von künstlerischem Ehrgeiz, die den Text zu einem geradezu alterslosen, auf bestürzende Weise perfekten Bericht über die Folgen der Hamburger Katastrophe macht. Die Zweifel, die seine Entstehung begleiteten, sind in ihm selbst festgehalten und erheben ihn weit über die meisten Versuche der Zeit, auf den

[39] Zit. nach Nossack: Die Tagebücher 1943–1977. Kommentar. S. 268

[40] Nossack: Tagebücher, Band 1, S. 483 f.

[41] So notierte er im November 1969: »Schon wieder eine weitere Auflage von ›Der Untergang‹. Seltsam! Dieser erste Sprechversuch nach der Katastrophe, die einen sprachlos gemacht hatte. Geschrieben im Oktober 1943 an einem fremden bürgerlichen Eßtisch in der Isestraße.« Nossack: Tagebücher, Band 2, S. 1053

Luftkrieg mit literarischen Mitteln zu reagieren. Intuitiv hatte Nossack erfaßt, daß es keinerlei Ausschmückung, keiner Fiktion bedarf: Es reichte hier die pure Bestandsaufnahme, um ein meisterhaftes Stück Literatur cntstehen zu lassen. Der Leser kann sich der Führung Nossacks durch diese zertrümmerte Welt anvertrauen: In mehreren Anläufen nähert der Autor sich in seinem Bericht der völlig veränderten, nicht mehr wiederzuerkennenden Stadt, einer Stadt voller Toter und Traumatisierter. »Es ist sehr zu bezweifeln«, schrieb Nossack im Dezember 1943, kurz vor Abschluß des Manuskripts, »ob sich über etwas, was noch so nah und in aller Munde ist, mit Abstand berichten läßt; kaum daß man es mit Abstand wird lesen können.« Es ist ihm eine zaghafte Annäherung gelungen, so etwas wie eine langsame Kamerafahrt auf die Stätte des Grauens zu – mit aller Scheu gegenüber den Überlebenden: »Ich höre genau, wie vorsichtig die Menschen über das reden, was hinter ihnen liegt, und man muß diese Vorsicht achten. Man darf niemand zwingen, sich umzusehen; noch nicht, die Gefahr ist noch zu groß.«[42]

Das spielte auf die biblische Geschichte vom Untergang der Städte Sodom und Gomorrha an: Entgegen Gottes Ratschlag schaut Lots Weib zurück, sieht das Feuer vom Himmel regnen und erstarrt zur Salzsäule. Die Bibelstelle aus dem Alten Testament fiel angesichts des im Sommer 1943 erstmals zur vollen Wirkung gebrachten alliierten Luftkriegs auch anderen ein. Ernst Jünger etwa notierte am 29. Juli in Paris, wo er als Wehrmachtssoldat Zeit für seine Aufzeichnungen hatte: »Neue Schreckensmeldungen treffen aus Hamburg und Hannover ein. Bei den Phosphorangriffen soll der Asphalt zu brennen beginnen, so daß die Fliehenden in ihn einsinken und zu Kohle verglüht werden. So-

[42] Nossack: Briefe, Band 1, S. 19 f.

dom ist erreicht.«[43] Tatsächlich trugen, was damals kaum bekannt sein konnte, die mehrere Tage und Nächte andauernden Angriffe auf Hamburg den Decknamen »Operation Gomorrha« – ein gespenstisch eingelöster Anspruch: Es entstand dabei, wie später auch noch in anderen deutschen Städten, ein künstlich erzeugter Feuersturm; mehr als 40000 Menschen kamen in wenigen Tagen zu Tode, rund 900000 verließen danach fluchtartig die Stadt.[44]

Wo sind die sonstigen literarischen Zeugnisse aus den Zentren der brennenden Städte, wo sind die während des Krieges entstandenen Aufzeichnungen, Erzählentwürfe, Romananfänge von jenen Autoren, die »den Bombenhagel auf deutsche Städte lebend« zu überstehen wußten (Thieß)? Oder hat der Luftkrieg tatsächlich, wie später der Schriftsteller und Germanist W. G. Sebald behaupten sollte, bei den Deutschen »kaum eine Schmerzensspur« hinterlassen?[45] Das gilt zumindest nicht für zahllose Briefe und Tagebücher, die während des Krieges im Deutschen Reich geschrieben, allerdings nur zum geringen Teil nach Kriegsende veröffentlicht worden sind.

Sirenen, Radiomeldungen, Bunkergänge, Flak- und Bombenlärm, Nervenanspannung, Feuer und Rauch, Tod und Überleben: Die Notizen der Städtebewohner sind gespickt mit den Ritualen des Bombenalltags, die im Verlauf des Krieges mehr und mehr zur Routine geworden waren – und

[43] Ernst Jünger: Tagebücher III. Strahlungen II. Sämtliche Werke, 1. Abt., Band 3. Stuttgart 1979. S. 112 – Ein fachlich kompetenter Chronist des Hamburger Feuersturms hat den Gerüchten widersprochen, daß der Asphalt gebrannt habe; allenfalls sei stellenweise »bituminöser Straßenbelag in der Hitze weich geworden«, und »Fladen brennender Phosphor-Brandbomben oder andere brennbare Flüssigkeiten mögen ein Bild brennender Straßen vorgetäuscht haben«. Hans Brunswig: Feuersturm über Hamburg. Stuttgart 1994 (10. Aufl.). S. 246

[44] Vgl. dazu auch das Nachwort in: Hamburg 1943. Literarische Zeugnisse zum Feuersturm. Hrsg. von Volker Hage. Frankfurt a. M. 2003

[45] W. G. Sebald: Luftkrieg und Literatur. München 1999. S. 12

routiniert ist oft auch der Ton, in dem das alles, neben anderen Sorgen des Lebens, festgehalten wird: »Die Sirene ist ein so vertrautes Geräusch, daß wir sie kaum noch ernst nehmen. Man streckt sich im Keller zur Ruhe«, beginnt ein solcher Eintrag über einen Angriff auf Berlin im August 1943. Dann aber, kurz darauf: »Wir würgen, wir husten. Rechts brennt es, links brennt es. Von allen Seiten regnet es Feuer. Die Zeit steht still. Die Ewigkeit hat begonnen. Ein furchtbarer Knall.« Und nachdem es überstanden ist: »Der Morgen ist da. Das heißt, es ist kein richtiger Morgen. Nur die Uhr zeigt an, daß es Tag sein muß. Wir sehen den Himmel nicht. Wir sehen die Sonne nicht. Wir sehen nur Rauch, schwarzwirbelnde Dunstmassen und die Riesenfackeln der brennenden Häuser.«

So steht es – in einer typischen Mischung aus Apathie und Erschrecken – in einem der bedeutenderen Dokumente, im Tagebuch der Journalistin und Widerstandskämpferin Ruth Andreas-Friedrich, das erstmals 1947 publiziert wurde – und schon früh dokumentierte, daß die vom Luftkrieg Betroffenen sich keineswegs allesamt nur und ausschließlich als Leidende empfanden. In einem früheren Eintrag (Februar 1943) wird vom Abtransport jüdischer Nachbarn durch die SS berichtet, und am Tag drauf ist zu lesen: »Die Engländer haben die Untat gerächt. Mit einem Großangriff auf Berlin, wie er bisher nicht seinesgleichen sah.«[46] Es sind vor allem Tagebücher von Frauen, die ein genaues Bild des Kriegsalltags in den deutschen Städten zeichnen – nicht selten regimekritisch. Ebenfalls in Berlin machte die Journalistin Ursula von Kardorff regelmäßig ihre geheimen Notate: Die »Berliner Aufzeichnungen« (1962) wurden »auf Grund von Tagebucheintragungen,

[46] Ruth Andreas-Friedrich: Der Schattenmann. Tagebuchaufzeichnungen 1938–1948. Frankfurt a. M. 2000. S. 114f. und 105 – Diese Ausgabe ist eine spätere, um Aufzeichnungen der Jahre 1945–1948 ergänzte Edition.

Notizen in Taschenkalendern und Briefen« von ihr nach Kriegsende zusammengestellt.[47]

Die Bevölkerung habe sich damit abgefunden, notierte im Februar 1945 in Berlin auch der Schriftsteller Erich Kästner, »daß es Tag und Nacht Bomben regnet, ohne jede Gegenwehr, und daß die fremden Geschwader, auch tagsüber und bei blauem Himmel, in Paradeformationen daherkommen«. Man reiße Witze: »Roosevelt und Hitler, sagt man, hätten die für den Rest des Krieges verbindliche Übereinkunft getroffen, daß jener die Flugzeuge und dieser den Luftraum zur Verfügung stelle.« Wieweit solche späteren, noch zu Lebzeiten der Autoren publizierten Tagebücher Korrekturen und Eingriffe erfuhren, ist im Einzelfall nicht immer leicht zu klären.

Kästner (1899–1974) veröffentlichte sein Tagebuch 1961 unter dem Titel »Notabene 45« und berichtete, daß seine Notizen zum Teil »nur aus Stichworten, halben Sätzen und Anspielungen« bestanden hätten; vor der Veröffentlichung habe er den Wortlaut ergänzen müssen. Ursprünglich hatte er die Absicht, seine Aufzeichnungen für einen »Roman der Jahre 1933 bis 1945« zu nutzen – und sah das schon bald nicht mehr als Möglichkeit an: »Wer es unternähme, brächte keinen großen Roman zustande, sondern ein unter künstlerischen Gesichtspunkten angeordnetes, also deformiertes blutiges Adreßbuch, voll erfundener Adressen und falscher Namen.«[48]

Das Journal schien offenbar vielen als die geeignetere Form, den Schrecken und den Alltag, bisweilen auch die Faszination des Krieges festzuhalten. Nicht alle konnten dabei – wie im Mai 1944 Ernst Jünger – von so enthobener, erhobener Position aus, nämlich vom Dach des »Raphael« in

[47] Ursula von Kardorff: Berliner Aufzeichnungen. Aus den Jahren 1942–1945. München 1962. S. 5

[48] Erich Kästner: Gesammelte Schriften für Erwachsene. Band 6. München/Zürich 1969. S. 71 und 58 ff.

Paris, den gewaltigen Sprengwolken bei einem Luftangriff und den alliierten Geschwadern in großer Höhe zuprosten: »Beim zweiten Mal, bei Sonnenuntergang, hielt ich ein Glas Burgunder, in dem Erdbeeren schwammen, in der Hand. Die Stadt mit ihren roten Türmen und Kuppeln lag in gewaltiger Schönheit, gleich einem Kelche, der zu tödlicher Befruchtung überflogen wird. Alles war Schauspiel, war reine, von Schmerz bejahte und erhöhte Macht.« Jünger (1895–1998), der schon im Ersten Weltkrieg als Soldat ein Tagebuch geschrieben hatte (»In Stahlgewittern«, 1920), war dieses Mal als deutscher Besatzer allem sonderbar entrückt – schon ein Jahr zuvor, am 30. Juli 1943, als die Angriffe auf Hamburg noch im Gange waren, hatte er notiert: »So seltsam es klingt: es liegt auch eine tiefe Freude im Verlust – sie ist der Vorgeschmack jener Freude, die uns im letzten zeitlichen Verlust, in dem des Lebens, überraschen wird.«[49]

Anderen Kollegen fehlte diese Gelassenheit, sie waren nur noch gehetzt oder verzweifelt. Wie Gottfried Benn (1886–1956), der als Militärarzt arbeitete und im Februar 1945 aus Berlin in einem Brief die Luftangriffe als »schauerlich« bezeichnete (»hier kein Gas, kein Wasser, kein Telefon, nichts zu essen«). Oder wie der greise Gerhart Hauptmann (1862–1946), der im selben Monat den »Terrorangriff über Dresden« erlebte: »Schüsse von gewaltigstem Ausmass aus der von Menschen entehrten Luft. Auch dies sollte ich noch erleben.« Es seien dies »Gewitterschrecken ins Dämonische, höllische, verstärkt«.[50]

Manche solcher Beschreibungen des Luftkriegs wurden, wie gesagt, schon bald nach dem Krieg publiziert: so auch 1949 Jüngers Pariser Tagebücher unter dem Titel »Strah-

[49] Jünger, S. 271 und 113

[50] Zit. nach Walter Kempowski: Das Echolot. Fuga furiosa. Ein kollektives Tagebuch Winter 1945. Band IV. München 1999. S. 316 und 791

lungen«, oder schon 1947 die »Aufzeichnungen und Meditationen aus den Jahren 1943 bis 1945« von Emil Barth (1900–1958), dem späteren Mitbegründer der Deutschen Akademie für Sprache und Dichtung: »Lemuria«. Barth, ein Pazifist, war trotz mehrfacher Nachmusterungen während des Krieges als »wehruntauglich« eingestuft worden. Seine Sorge galt, im Gegensatz zu vielen seiner Zeitgenossen, vor allem den Kunstschätzen, die unter dem Bombardement verlorengingen, der »Substanz an Überlieferung« – der Verlust von Wohnraum schien ihm dagegen eher zweitrangig zu sein (obgleich Barth selbst in Düsseldorf zwei Mal eine Wohnung aufgeben mußte, die eine wurde durch eine Luftmine, die andere durch einen Brand zerstört).[51]

Andere Zeugnisse sind bis heute nur in den Archiven zu finden, wie etwa Briefe von Hans Fallada (1893–1947) an seine Mutter – der Schriftsteller, der ebenfalls nicht zur Wehrmacht mußte (im April 1944 wurde er endgültig als »völlig untauglich« ausgemustert), schrieb im Januar 1944 aus Berlin: »Natürlich ist das Leben hier sehr grau und monoton, alles lebt unter den Eindrücken der Terrorangriffe, alles spricht nur von ihnen. In der letzten Nacht hatten wir wieder einen recht schweren Angriff zu bestehen, ein paar Mal wackelte es im Keller recht tüchtig.«[52] Auch in solch beruhigend-munterem Ton wurde über das Entsetzliche geschrieben.

[51] Emil Barth: Lemuria. Aufzeichnungen und Meditationen aus den Jahren 1943 bis 1945. Hrsg. von Bernhard Albers. Aachen 1997. S. 173 f.; vgl. auch 235

[52] Brief vom 28. 1. 1944. Diesen Hinweis verdanke ich Hannes Lamp; die Briefe befinden sich im Hans-Fallada-Archiv in Carwitz. Vgl. auch Werner Liersch: Hans Fallada. Sein großes kleines Leben. Berlin (Ost) 1981. S. 354

Unverzagte Stadt, sterbende Jagd

Berlin, Dresden und Hamburg – das sind im wesentlichen auch die Schauplätze jener deutschen Nachkriegsromane, in denen der Luftkrieg zum Thema wurde. Einer der ersten, der sich an die Arbeit machte, war Bruno E. Werner (1896–1964). Der Autor hatte schon am Ersten Weltkrieg teilgenommen, war dann Kulturjournalist in Berlin geworden und begann mit der Niederschrift seines Romans »Die Galeere« (1949) nach eigenen Angaben im Jahr 1943; später war er als deutscher Kulturattaché in Washington, wo er 1957/58 sein Buch für eine Neuausgabe überarbeitete.

Auch in diesem Roman wird ein Blick vom Dach auf eine bombardierte Stadt geworfen, hinunter auf Berlin, Silvester 1944: »Sie fanden eine schmale, eiserne Leiter und standen oben im Freien. Man konnte nach Westen und Süden sehen. Die Brände waren erloschen. Die Ruinen ringsum gähnten schwarz. Die Stadt lag im Dunkeln, nur in Richtung zur Havel sah man hinter den Wäldern einen helleren Schein. Kein Geräusch kam von der Straße.« Es sind stille, unaufdringliche Szenen vom Untergang, die in diesem Buch gezeichnet werden. Gegen Schluß des Buches irrt der Held ahnungsvoll durch das zerstörte Dresden: »Wer dies hier überlebt, der kehrt von einem anderen Gestirn auf die Erde zurück und selbst, wenn der Himmel blau ist, wird er die Schatten der Engel sehen.«[53] Einen Rilke-Satz stellte Werner seinem Werk anonym voran: »Wer, wenn ich schriee, hörte mich denn aus der Engel Ordnungen?«[54] Auf den letzten Seiten gibt es sogar – der Held ist auf dem Weg nach We-

[53] Bruno E. Werner: Die Galeere. Frankfurt a. M. 1958. S. 337 und 387

[54] Vgl. Rainer Maria Rilke: Werke. Band I/2. Frankfurt a. M. 1980. S. 441. – Es handelt sich um den Beginn der ersten der »Duineser Elegien« (1923): »Wer, wenn ich schriee, hörte mich denn aus der Engel/Ordnungen?«

sten – eine für einen deutschen Roman dieser Zeit recht ungewöhnliche Überlegung, wobei nicht ganz eindeutig ist, ob sie sich auf den Luftkrieg, den Krieg überhaupt oder sogar die deutsche Schuld bezieht: »Und die Amerikaner kommen wahrscheinlich als Racheengel und begreifen gar nicht, daß sie eigentlich Beichtväter und Psychoanalytiker mitbringen müßten.«[55]

Bis Anfang der sechziger Jahre erschienen in Deutschland Ost und West eine ganze Reihe von Romanen, in denen die Figuren immer wieder in Bunkern sitzen müssen, durch brennende Straßen laufen oder von Tieffliegern attackiert werden. Die Bücher tragen Titel wie: »Die unverzagte Stadt« (1949), »Der Himmel war unten« (1951), »Die sterbende Jagd« (1953), »Nie war die Nacht so hell« (1953), »Am Tor des Himmels« (1954), »Wolke Orkan und Staub« (1955), »Verlöschende Feuer« (1956), »Als die Uhren stehenblieben« (1957), »Die Staffel« (1958) oder »Die Feuer sinken« (1960).

Die meisten davon sind mittlerweile längst vergessen, auch wenn durchaus einige beim Publikum Erfolge verbuchen konnten – wie der 1943/44 spielende Berlin-Roman von Michael Graf Soltikow (Jahrgang 1902), sein Buch »Nie war die Nacht so hell« beginnt im Luftschutzkeller mit einer sich anbahnenden Liebesgeschichte und hat mehrere Auflagen (auch im Lesering) erzielen können; oder wie der Hamburg-Roman »Die unverzagte Stadt« von Otto Erich Kiesel (1880–1956): ein Werk, das in der Nazi- und unmittelbaren Nachkriegszeit spielt und mehr als 860 Seiten umfaßt, von denen allein 150 die Folgen der »Operation Gomorrha« am Boden mit allen grausigen Details zeigen – bis 1957 wurden immerhin 18000 Exemplare gedruckt. Trotz der Unerschrockenheit, mit der beide Autoren den Tod auch von Frauen und Kindern im Feuerinferno dra-

[55] Werner, S. 399

stisch schildern, steht die Geläufigkeit des Schreibens doch in auffälligem Widerspruch zu dem dargestellten Grauen. So schwankt Kiesel zwischen forschem Pathos einerseits (»Über den Häusern das mordlustige Gedröhn tieffliegender Bomber«) und spürbarer Hilflosigkeit andrerseits, was freilich angesichts einer Szene wie der folgenden nach dem Hamburger Feuersturm nicht verwunderlich ist, einer Szene, deren Beschreibung wohl auch größere Schriftsteller überfordert hätte:

»Es riß ihn fast um: Gott, drei Menschen in der Fernsprechzelle! Daß hier die Fernsprecher noch gehen! Gottlob, das Leben ließ sich also nicht unterkriegen. Aber wie standen die Menschen denn da? Was rissen sie den Mund zum Lachen auf? Was gab es hier zu lachen? Und da er heranging, prallte er zurück. Drei Leichen starrten, stierten ihn mit kugelig vorgetriebenen Augen an; den Mund aufgerissen zu einem Schrei oder in Atemnot. Dicht nebeneinander, zwei Männer, eine Frau; ein verunglücktes Panoptikumstück.«[56]

Der damals noch junge, 1932 in Dresden geborene Eberhard Panitz bevorzugt in seinem 1960 (in der DDR) veröffentlichten Roman »Die Feuer sinken« statt der Nahperspektive den Blick vom Rande, beschreibt das Inferno in seiner Heimatstadt im Februar 1945 aus einer gewissen Entfernung, was gleichwohl zu sprachlichen Stereotypen in der Darstellung des Feuersturms führt.[57] Zwei hauptsächlich in Breslau spielende Romane – »Als die Uhren stehenblieben«

[56] Otto Erich Kiesel: Die unverzagte Stadt. Hamburg 1973 (Reprint). S. 298 und 403

[57] Zum Beispiel: »Dresden war eine zerschlagene Stadt. Der Pesthauch der Verwesung strich darüber hin.« Oder: »Die Gerüche der Verwesung umgeben ihn, drohen ihn zu ersticken und sind doch nur ein schwacher Hauch aus den Grüften, in denen die Leichen zu Hunderten schwelen. Einen winzigen Teil des Schmerzes trägt der einzelne davon, aber eingebrannt auf Lebzeiten, Kainszeichen des Krieges, den Menschen entfesselt haben.« Eberhard Panitz: Die Feuer sinken. Berlin (Ost) 1980. S. 53 und 39 f.

(der ebenfalls in der DDR recht erfolgreich war) von Werner Steinberg (1913–1992) und »Der Himmel war unten« von Hugo Hartung (1902–1972) – beschreiben die Luftangriffe der Sowjets auf die von den Deutschen zur Festung erklärten Stadt im März und April 1945, die Tieffliegereinsätze in der Umgebung und die Ruinenfelder: Das alles läßt die Romanfiguren zwar nicht ungeschoren als Helden aus dieser Hölle kommen, doch die Form der Erzählung geht aus allem weitgehend unbeschädigt hervor und sucht allenfalls mit recht grellen Effekten der Realität zu genügen.[58]

Bei Gerd Gaiser (1908–1976) klingt das Elend sogar fast poetisch: Wenn in seinem Roman »Die sterbende Jagd« vom »Morgen zerstörter Städte mit ihrer übernächtigen Qual« die Rede ist oder gar die »Nacht der getroffenen Stadt« beschworen wird (»in welche das Feuer aus einem röhrenden Himmel herunterfloß und die Seelen sich krümmten in Feuerstürmen, die Menschen wegschmolzen wie Staub«), und wenn es dann noch heißt: »der Engel des Herrn barg sein Angesicht, der das Unheil nicht wenden durfte«[59] – so ist das nicht nur äußerst distanziert und stilisiert wahrgenommen, sondern mit dem vermeintlichen »Engel« wird zugleich auch der Gegenstand des Romans benannt: Im Mittelpunkt stehen die deutschen Jagdflieger und ihr Scheitern angesichts wachsender alliierter Bomberströme. Für

[58] Etwa bei Steinberg: »Darüber steppen unfreundliche Flugzeuge durch graue Wolken, steppen und steppen. Man hat sich daran gewöhnt, sie sind immer am Himmel wie Sternbilder. Wie aus den Sternbildern Sternschnuppen schießen, so schießen manchmal aus den Flugzeugen kleine und große Bomben. Unten, auf dem Rollfeld, auf der Kegelbahn des Todes, platzen sie, werfen eine Mutterbrust einem zehnjährigen Jungen ins Gesicht, klatschen die Eingeweide eines zwölfjährigen Mädels einem Greis in den grauen Bart.« Werner Steinberg: Als die Uhren stehenblieben. Halle (Saale) 1965 (11. Aufl.). S. 365 f.

[59] Gerd Gaiser: Die sterbende Jagd. München 1959 (12. Tsd.). S. 265 und 31 f.

das Personal am Boden bleiben da nur Nebenszenen. Ebenfalls aus der Perspektive der Piloten, in diesem Fall der Besatzungen deutscher Sturzkampfbomber an der Ostfront, erzählt Emil Schuster (Jahrgang 1921) in seinem fünf Jahre später – 1958 – publizierten Roman »Die Staffel«: Zwar vermeidet er Poesie und Pathos (und wurde dafür als Debütant von der Kritik einhellig gelobt), doch bleibt auch hier bei allem Bemühen des Autors um einen nüchternen, reportagehaften Tonfall am Ende der Eindruck eines Heldenlieds auf die Fliegerei zurück.

Der Roman »Wolke Orkan und Staub« von Günther Birkenfeld (1901–1966) spielt zum Teil in der »Leitstelle des Berliner Flugwachkommandos«, überwiegend aber in der Stadt selbst; geschildert wird sowohl die Bedrohung der dort lebenden Juden und Widerstandskämpfer durch die Gestapo als auch die aus der Luft durch die alliierten Bomberströme – die Zerstörungen und Opfer am Boden werden in überschaubarer Form an wenigen Romanfiguren illustriert. Diesem 1955 veröffentlichten Berlin-Roman folgte im Jahr darauf »Verlöschende Feuer« von Horst Lange (1904–1971), die Geschichte eines verwundeten deutschen Soldaten, der sich während seiner Genesungszeit in der Reichshauptstadt in eine Studentin verliebt; auch hier ist beiläufig vom Widerstand, von Flugblattaktionen die Rede, im Zentrum aber steht die Ausweglosigkeit der Liebe in den Zeiten des Luftkriegs: gespenstisch und eindrucksvoll etwa die Schilderung eines Marsches über die unterirdische U-Bahntrasse während eines Angriffs – auf der Suche nach der Geliebten. Für beide Romane gilt: wenig Pathos, selten ein falscher Ton, in der Schilderung des Grauens eher zurückgenommen und vorsichtig.

Ebenso die Novelle »Am Tor des Himmels« von Gertrud von Le Fort (1876–1971): eine klassische Rahmenerzählung, bei der die Erzählgegenwart in einer Bombennacht, irgendwo in einer namenlosen deutschen Stadt, die eigentliche Geschichte bedrohlich und am Ende vernichtend umklammert hält. Kurz bevor der Angriff beginnt, wird dem Ich-Erzähler eine unersetzliche Handschrift aus der Zeit des Dreißigjährigen Kriegs und der Ketzerprozesse zum ersten Mal gezeigt und vorgelesen – gleichzeitig auch zum letzten Mal, denn nach dem Bombardement geht sie in den Wirren und Bränden für immer verloren. So dramatisch das Geschehen aus dem Rom der Inquisition in der Binnenerzählung dargestellt wird, so behutsam läßt die Autorin ihren Erzähler die Parallelhandlung im Zweiten Weltkrieg andeuten und die hilflose Panik im Luftschutzkeller lediglich umschreiben: »Ich übergehe die Stunden, die nun folgten, weiß ich doch nicht einmal, ob es Stunden waren – Todesängste werden nicht mit dem Zeiger der Uhr gemessen, wir waren außerhalb der Zeit.«[60]

Damit wird zugleich vermieden, was romanhafte Schilderungen des Luftkriegs selbst bei grausamsten Szenen unweigerlich demonstrieren: eine große Allgemeinheit, eine verwirrende Austauschbarkeit. Es ist für den Romancier offenbar nur schwer möglich, jenem grausamen Paradox zu entgehen, das auch schon die Wirklichkeit (soweit durch Augenzeugenberichte dokumentiert) für die Betroffenen bereithält: Daß nämlich das, was für den einzelnen eine von Grund auf erschütternde Erfahrung sein kann, gleichzeitig eine Erfahrung ist, die neben ihm Millionen andere in nahezu identischer Weise gemacht haben. Und deshalb mag es für einen Schriftsteller am Ende gar nicht die entscheidende Rolle spielen, ob er selbst dabei war oder nicht, ob er dieses kollektive Geschehen als Augenzeuge erlebt oder ob er es sich von anderen hat berichten lassen.

Nur so nämlich ist zu erklären, daß mindestens zwei deutsche Romanciers, die im Exil waren, nach dem Krieg Schilderungen von Luftangriffen auf deutsche Städte zu-

[60] Gertrud von le Fort: Am Tor des Himmels. Wiesbaden 1954. S. 76

wege brachten, die den Vergleich mit den zuvor genannten Beispielen nicht zu scheuen brauchen. Als Darstellung aus zweiter Hand, niedergeschrieben nach Recherchen und Befragungen, sind sie mehr als akzeptabel. Einer davon ist der Roman »Berlin« (1954) von Theodor Plivier, der die Nazijahre in der Sowjetunion überlebte. Die Geschichte hebt mit einer von Umwegen und Unterbrechungen geprägten Bahnfahrt Richtung Hauptstadt an, in den letzten Kriegswochen, vorbei an der kurz zuvor zerstörten Stadt Dresden, deren Anblick den kriegsmüden und gebildeten Helden denken läßt: »Im Schutt die Bauten von Chiaveri, von Canzler, Dunger, Semper ... Im Schutt die Brühlsche Terrasse, der Zwinger, im Schutt Sgraffitomalereien, Fresken, im Schutt oder in tiefen Schächten versteckt Gemälde von Raffael, Giotto, Holbein, Dürer, Cornelius. Von einem Lächeln Europas blieb nichts als Staub.«[61]

Das ist immerhin ein neuer Ton, ein umfassenderer Blick auf das Elend der zerstörten deutschen Städte, als man es von den anderen Romanen her kennt – wobei die späteren Szenen in diversen Berliner Luftschutzkellern an Konkretheit und Überzeugungskraft durchaus nicht zurückstehen, wie übrigens auch nicht diejenige Romanpassage, die sich oben am Himmel abspielt und in der die »sterbende Jagd« in wenigen Absätzen treffend skizziert ist. Plivier (1892–1955) hatte schon für seinen weitaus berühmteren und literarisch bedeutenderen Roman »Stalingrad« (1945) im sowjetischen Kriegsgefangenenlager Ljunowo recherchieren und mit deutschen Soldaten sprechen dürfen. Nachdem er am 15. Mai 1945 zusammen mit anderen Exilschriftstellern nach Berlin geflogen war, begann er auch hier Informationen zu sammeln (im Juli 1947 verließ er die sowjetische Einflußzone und siedelte in den Westen über).

Erich Maria Remarque, der seine Exilzeit hauptsächlich

[61] Theodor Plivier: Berlin. Augsburg 1998 (Reprint). S. 12

in den Vereinigten Staaten zubrachte (und auch später nicht nach Deutschland zurückkehrte, sondern in der Schweiz lebte), war sich des Problems verschärft bewußt: Ein Roman aus seiner Feder über den Zweiten Weltkrieg würde besonders kritisch betrachtet werden, nachdem sein 1929 publizierter Weltbestseller über den Ersten (»Im Westen nichts Neues«) längst ein Mythos war – und das war der Roman eines Kriegsteilnehmers und Augenzeugen gewesen. Im US-Exil hatte Remarque (1898–1970), nicht anders als seine deutschen Kollegen, nur vage Nachrichten aus Deutschland erhalten und in Beverly Hills am 19. August 1942 nach dem Luftangriff auf die Stadt seiner Geburt lediglich skizzenhaft notieren können: »Morgens gelesen, daß Osnabrück mit 50000 Incendiary-Bomben u. 2 tons Bomben in Ruinen u. Flammen gelegt sei.«[62]

Remarque läßt, ähnlich wie Plivier, in seinem Roman »Zeit zu leben und Zeit zu sterben« (1954) den Helden, den Soldaten Graeber, vom Osten her in die Heimat reisen. Wenige Tage nach seiner Hochzeit gerät Graeber dort entsetzt und fassungslos in einen Luftangriff und ertappt sich dabei, wie er, ohne es recht zu bemerken, angesichts eines vor seinen Augen von Splittern aufgespießten kleinen Mädchens gen Himmel schreit: »Schweine! Schweine! Verfluchte Schweine!« Dabei ist Graeber alles andere als ein überzeugter Nazi, und er ist sich der Zusammenhänge dieses Krieges durchaus bewußt: »Er hatte mehr tote Kinder gesehen als diese – er hatte sie überall gesehen, in Frankreich, in Holland, in Polen, in Afrika, in Rußland, und alle hatten Mütter gehabt, die um sie weinten, nicht nur die deutschen – falls sie noch weinen konnten und nicht bereits von der SS liquidiert worden waren.«[63]

[62] Erich Maria Remarque: Briefe und Tagebücher. Das unbekannte Werk, Band 5. Hrsg. von Thomas F. Schneider und Tilman Westphalen. S. 369 – »Incendiary-Bomben« sind Brandbomben.
[63] Remarque: Zeit zu leben und Zeit zu sterben. Köln 1998. S. 285 und 290

Die Veröffentlichungsgeschichte des Romans ist höchst aufschlußreich. Da Remarque, der sich bei der Niederschrift auf Berichte und Interviews stützen mußte, eine gewisse Unsicherheit verspürt hatte, stand er Korrekturwünschen von seiten des Verlags zunächst offen gegenüber. Sein Verleger Joseph Caspar Witsch schrieb ihm im März 1954, nachdem der Autor das Manuskript abgegeben hatte, »daß wir die eine oder andere Stimme im Verlag hatten, die ganze Partien des Romans als unzumutbar empfand«. Er habe – »wenigstens für die deutsche Ausgabe« – die Absicht, »Unwahrscheinlichkeiten« wegzunehmen, so auch eine »Diskussion der Rassenfrage«, die es seiner Meinung nach innerhalb der Wehrmacht nicht gegeben haben könne.[64]

Tatsächlich wurde der Roman erheblich entschärft: Der positiv gesehene Kommunist wurde zum Sozialdemokraten, Hinweise auf Verbrechen der Wehrmacht wurden teilweise getilgt und Passagen gestrichen, in denen deutsche Soldaten sich selbst als Mörder bezeichnen. Natürlich fiel das bald nach der Publikation des Werks auf, denn zuvor und parallel waren – anhand des unveränderten Manuskripts – ausländische Ausgaben des Romans erschienen, und während einige deutsche Zeitungen die auf diese Entdeckung folgenden Ausflüchte des Kölner Verlags ungeprüft übernahmen, sahen andere genauer hin und sprachen schon damals von einer »Liquidation mit dem Rotstift«.[65] Seinen Ärger über die Veränderungen – und wohl auch über die eigene Bereitschaft zum Zugeständnis – hat der Autor öffentlich nie kundgetan, aber sehr wohl seinem Tagebuch anvertraut. Er las aus den Zeilen des Verlegers den »Ton des

[64] Brief vom 24. 3. 1954. Zit. nach: Wilhelm von Sternburg: »Als wäre alles das letzte Mal«. Erich Maria Remarque. Eine Biographie. Köln 1998. S. 375 f.

[65] So der »Spiegel« am 15. 12. 1954. Vgl. zu den Vorgängen im einzelnen auch das Nachwort von Tilman Westphalen in der späteren vollständigen deutschen Ausgabe, die erstmals 1989 erschien. Remarque, S. 401 ff.

Lehrers« heraus, der ihm eigentlich sagen wollte: »Sie waren ja nicht dabei; es war doch anders, (u. nicht ganz so schlimm).« Die Verlagsleute »wollen die Wehrmacht hochhalten«, notierte er sich verbittert in Porto Ronco, im Tessin.[66]

Wer damals, 1954, als ehemaliger Wehrmachtsoldat und nun vielleicht Literaturkritiker »sachliche Unrichtigkeiten« finden wollte, tat das natürlich trotzdem – und in der »Zeit« wurde aus der Kritik an Einzelheiten ein eigenartig intoniertes Fazit: »Ihm, dem Autor, haben unsere Sünden niemals wehgetan, und über ein solches Manko vermag auch Routine nicht hinwegzutäuschen.«[67] Andere wurden noch deutlicher, in den »Ruhr-Nachrichten« war in derselben Woche zu lesen: »Ressentiments gegen die SS, Giftigkeiten gegen die Nazis, grimmige Pfeile gegen braune Maulhelden können nicht verdecken, daß Remarque seine Füße an amerikanischen und Schweizer Kaminen gewärmt hat, als das den Untergang ahnende Entsetzen durch die deutschen Städte zog. Dieses Leben 1944 kann man nicht aus Einmachgläsern nachträglich löffeln.«[68]

Das klang nicht besser, eher noch entlarvender und selbstgerechter als das, was neun Jahre zuvor Thomas Mann sich hatte anhören müssen (der sich ja wie Remarque ebenfalls mit der Frage herumschlug, ob es statthaft sei, aus der Ferne das Inferno zu rekonstruieren) – und es dürfte die Stimmung recht gut widerspiegeln, mit der in Deutschland damals Romane über den Krieg, auch den Luftkrieg, völlig jenseits von Fragen literarischer Qualität aufgenommen worden sind: Nicht selten verbarg sich im vermeintlich literarkritischen das ideologische Urteil, jede Kritik an Deutschland abwehrend. Die Schuld werde in Deutschland ver-

[66] Remarque: Briefe und Tagebücher. S. 495
[67] Herbert Eisenreich: Im Osten nichts Neues. In: Die Zeit vom 20. 10. 1954
[68] Zit. nach Remarque: Zeit zu leben und Zeit zu sterben, S. 404

drängt, weshalb »keine Besserung, Änderung« zu erwarten sei: »Die Deutschen sind so großzügig darin, ihre Untaten zu vergessen u. indignant zu werden, wenn andere es nicht wollen«, skizzierte Remarque in seinen Aufzeichnungen (im September 1954)[69]. Und schon früher (im Februar) hatte er sich notiert: »Die Deutschen haben vor allem Angst; (die Verleger) daß die D. so empfindlich sind. Das sich rechtfertigende Volk.«[70]

[69] Remarque: Briefe und Tagebücher, S. 501
[70] Zit. nach Sternburg, S. 377 – Diese Passage ist in der gekürzten Tagebuch-Ausgabe nicht enthalten und befindet sich in der »Remarque Collection« in New York.

Der Fall Gert Ledig

Doch gab es Mitte der fünfziger Jahre plötzlich auch einen deutschen Roman über den Bombenkrieg, der nahezu alles aufwog, was bisher von der Nachkriegsliteratur an Belletristik zu diesem Thema geleistet worden war. Die Eröffnungsszene zeigt eine Stadt im Bombenhagel. »Mitteleuopäische Zeit 13^{01}«, heißt es vorweg, und: »Lasset die Kindlein zu mir kommen.« Dann: »Als die erste Bombe fiel, schleuderte der Luftdruck die toten Kinder gegen die Mauer. Sie waren vorgestern in einem Keller erstickt. Man hatte sie auf den Friedhof gelegt, weil ihre Väter an der Front kämpften und man ihre Mütter erst suchen mußte. [...] Das war der Beginn.« Frauen versuchen, sich und ihre noch lebenden Kinder in Sicherheit zu bringen. Vergebens: »Neben der Mutter stand eine Frau und brannte wie eine Fackel. Sie schrie. Die Mutter blickte sie hilflos an, dann brannte sie selbst. Von den Beinen herauf über die Unterschenkel bis zum Leib. Das spürte sie noch, dann schrumpfte sie zusammen.« In solch gehetzt-lakonischem Stil geht es unerbittlich weiter.[71]

Dieser kalt anmutende, völlig unsentimentale, ja rabiate Ton des Romans »Vergeltung« (1956) läßt noch heute aufhorchen. Damals stand er in der deutschen Nachkriegsliteratur einzigartig dar. So klar, so hart, so unverblümt hatte vorher noch niemand vom Luftkrieg erzählt, ganz ohne Schnörkel, mit einem Pathos der Nüchternheit. Der Verfasser, Gert Ledig (1921–1999), war nicht ganz unbekannt. Sein erster Roman »Die Stalinorgel« (1955) galt, in vielen Übersetzungen verbreitet, als internationaler Erfolg und als einer der besten deutschen Romane über den Zweiten Weltkrieg. Im Frühjahr 1955 war der von der Literaturkritik ge-

[71] Gert Ledig: Vergeltung. Frankfurt a. M. 1999. S. 9 f.

feierte junge Autor sogar zu einer Tagung der Gruppe 47 eingeladen worden, hatte aber mit der Begründung abgesagt, er könne unmöglich neben einer Dichterin wie Ilse Aichinger bestehen: Seine »Stalinorgel« sei lediglich eine Kampfschrift, alles andere ein »Mißverständnis« (später besuchte er dann doch zwei Mal Tagungen der Gruppe).[72] Er selbst hatte als Schrifsteller dennoch einen hohen Anspruch an sich; für ihn war, wie er Jahrzehnte später im Gespräch erklärte, das Schreiben eine Notwendigkeit gewesen, aber er könne nur von dem erzählen, was er durchlebt habe: »Die Angst muß dir selbst im Genick sitzen, du mußt das genau kennen. Sonst bist du bloß ein Berichterstatter, kein Schriftsteller.«[73]

Ledig, frisch ausgebildeter Elektrotechniker, war gerade 18 geworden, als er sich 1939 freiwillig zur Wehrmacht meldete. Doch bald machte er wegen »Hetzrede« Bekanntschaft mit einer Strafkompanie, und nach zwei schweren Verwundungen (die eine kostete ihn zwei Finger der rechten Hand, die andere hatte einen demolierten Unterkiefer zur Folge) wurde er 1942 in die Heimat geschickt. Er ließ sich zum Schiffbauingenieur ausbilden und besuchte von 1944 an für die Kriegsmarine bayerische Zulieferbetriebe. Dabei erlebte er häufiger Luftangriffe – eine Erfahrung, die ihn kaum weniger als sein Fronterlebnis verstörte: Schon das Inferno des Kampfes um Leningrad 1942 hatte er als nachhaltigen Schock erfahren. Und nun zählte Ledig nach dem Krieg zu den wenigen, die beides intensiv aus eigener Anschauung kannten: den Klang der Stalinorgel an der Ostfront und den der Sirenen bei einem Luftangriff.

[72] Der Lyriker Günter Eich las während der Tagung 1956 am Starnberger See mit großer Resonanz Szenen aus dem Manuskript der »Vergeltung« – Ledig hatte nach seiner Kriegsverletzung Probleme mit dem mündlichen Vortrag.

[73] Aus einem Gespräch, das ich am 21. 10. 1998 mit Ledig am Ammersee führte.

Doch während andere schon bald nach dem Krieg die ersten Frontberichte und Kriegsromane publizierten, hatte Ledig es nicht eilig mit dem Schreiben, sondern ließ sich durch die Trümmerstadt München treiben. Versuche, sich als Geschäftsmann zu etablieren, scheiterten. In Österreich, wo er schließlich für drei Jahre eine Stelle bei der amerikanischen Armee fand, begann er dann, seinen ersten Roman zu skizzieren. Ledig untersagte sich jede wehleidige Regung, jede verklärende oder heroisierende Geste. Seine »Stalinorgel« zeigt den Kampf um eine Höhe bei Leningrad im Sommer 1942 als puren Wahnsinn, als absurdes Horrorspektakel – schon das ein ungewöhnlich radikales Buch. Ledig wurde als der »erste Chronist eines Grauens« gerühmt, »das die deutsche Kriegsliteratur so noch nicht widergespiegelt hat«.[74] Schon zwei Jahre nach Erscheinen waren 14 Übersetzungen in andere Sprachen abgeschlossen – eine Erfolgsgeschichte, die die heftige Reaktion auf Ledigs folgenden Roman um so überraschender macht.

Als die »Vergeltung« im Herbst 1956 erschien, war die öffentliche Reaktion verheerend. Die »Frankfurter Allgemeine« empörte sich über eine angeblich »gewollte makabre Schreckensmalerei«, die »Zeit« sah »den Rahmen des Glaubwürdigen und Zumutbaren« verlassen, der »Rheinische Merkur« glaubte »abscheuliche Perversität« zu entdecken, ein »Gruselkabinett« – und die »Badische Zeitung« drückte noch deutlicher aus, worum es bei der Ablehnung des Romans ging: Zehn Jahre nach dem Krieg lehne der Leser Darstellungen ab, »die jeden positiv gerichteten metaphysischen Hintergrund und Ausblick vermissen lassen«.[75]

[74] In: Der Spiegel vom 2. 3. 1955 (Nr. 10/1955)

[75] Wolfgang Schwerbrock: Im Stil von Malaparte, in: Frankfurter Allgemeine (FAZ) vom 22. 9. 1956; Peter Hornung: Zuviel des Grauens, in: Die Zeit vom 15. 11. 1956; E. R. Dallontano: Gruselkabinett mit Bomben, in: Rheinischer Merkur vom 7. 12. 1956; Flr.: Frontkämpfe – Bombennächte, in: Badische Zeitung vom 16. 10. 1956

Mit anderen Worten: Man wollte mit dem Thema in Ruhe gelassen werden.

In »Vergeltung« hatte der Autor das literarische Verfahren der mosaikartigen Montage synchroner Ereignisse zugespitzt. Während er in seinem Erstling einen Ausschnitt von 48 Stunden (mit einem drei Tage später spielenden Epilog) präsentierte, konzentrierte er hier das Geschehen auf lediglich 70 Minuten: auf jene überlange Stunde an einem Julimittag des Jahres 1944, die das Bombardement auf eine ungenannte deutsche Großstadt währt. War er in der »Stalinorgel« zwischen beiden Seiten der Front mit harten Schnitten hin- und hergesprungen, so zerlegte er diese Geschichte gewissermaßen in verschiedene Höhenlagen: Ganz oben die angreifenden US-Flugzeuge, darunter die fallenden Bomben und die Fallschirme einer abspringenden Bomberbesatzung, die Tiefflieger, die Flaktürme, schließlich, unten, die Luftschutzbunker, die Häuser und die Straßen, auf denen stürzende Menschen im kochenden Teer »gegrillt«[76] werden, noch darunter die Keller. All das wird atemlos präsentiert als ein einziges Durch- und Nebeneinander, scheinbar ungeordnet – damals literarisches Neuland. Und erstmals der Versuch, nicht nur von deutscher Seite auf das Geschehen zu blicken; der Titel »Vergeltung« deutete schon an, daß das Bombardement für Ledig eine Ursache, eine Vorgeschichte hatte.

Die Romanfiguren, namenlos zumeist: junge Flakhelfer, ein Priester, Soldaten und Zivilisten, russische Zwangsarbeiter, ein altes Ehepaar allein in seiner Wohnung, Hunderte in einem Bunker, ein Mädchen und ein Fremder, verschüttet im Keller. Dazwischen in kursiver Schrift kleine Lebensläufe als Ruhepole mitten im Chaos, Stimmen von Sterbenden oder gerade Getöteten. Fragmente von Handlung, soweit davon noch gesprochen werden kann: Ein abge-

[76] Ledig, S. 128

sprungener Sergeant treibt drohender Lynchjustiz entgegen. Das Mädchen wird im Dunkel des Kellers vergewaltigt. Eine Mutter auf dem Fahrrad im Bombenhagel, um ihren einzigen, längst getöteten Sohn im Flakturm zu sehen. Die wütende Verzweiflung im Bunker, die plötzlich in einen Rest von Anstand umschlägt, als der sterbende US-Flieger hereintorkelt: »Aus der Menge kam ein Schluchzer [...] Von den Bänken erhoben sie sich. Männer nahmen ihre Hüte ab.«[77] Solch menschliche Regungen sind selten in diesem Buch. Getrieben von schonungsloser Chronistenpflicht, spart der Erzähler kein noch so blutiges Detail des Luftangriffs aus.

Reales Vorbild für die Schreckenscollage waren jene schweren Juli-Angriffe des Jahres 1944 auf München, bei denen die US-Luftwaffe an mehreren Tagen mit zumeist mehr als 1000 Bombern die Stadt angriff (und in deren Umfeld es auch Lynchjustiz gegeben hat[78]). Der Versuch, das lärmende, zersplitternde Fiasko erzählend zu bändigen, ohne es zu glätten oder im reinen Faktenbericht zur Ruhe zu bringen, hat seinen Preis: Es gibt keine Erzählerstimme mehr, die aus der Rückschau oder aus dem Überblick eine vermittelnde Funktion übernimmt. Auch das mag zu der verstörenden Wirkung des Buches beigetragen haben. War das, was der Romancier Ledig an Grausamkeit von der Ostfront zu berichten wußte, Kritik und Publikum in den fünfziger Jahren als Bild vom Soldatentod noch gerade erträglich, so ging die blanke Schilderung der Tötung von Frauen und Kindern in diesem Roman ganz offenbar zu weit; einen Begriff wie »gegrillt« empfand man als zynisch, die Darstellung einer Vergewaltigung im verschütteten Keller als obszön (zumal der Gewaltakt zwischen Todesangst

[77] Ebd., S. 195

[78] Vgl. dazu Irmtraud Permooser: Der Luftkrieg über München 1942–1945. Oberhaching ^{2}1997. S. 237 ff.

und verzweifelter Lust irritierend changiert)[79]. Nur sehr wenige Kritiker erkannten damals, daß Ledig in beiden Romanen von derselben Sache sprach – und mit verwandter Methode: Alle kohärenten Lebensgeschichten werden sinnlos angesichts des Irrsinns, der sich Krieg nennt, und gerade darum dürfen sie nicht preisgegeben werden. Noch im fratzenhaften Fragment entdeckt der Autor Spuren dieser Geschichten – und der Leser folgt ihm, erst ungläubig, dann zunehmend gefesselt, oft regelrecht bangend mit den namenlosen und eigentlich austauschbaren Figuren.

Der Autor zog aus den Ablehnungen die Konsequenzen: Als 1957 auch noch der dritte Roman Ledigs (»Faustrecht«) durchfiel, wandte er sich dem Journalismus zu und publizierte keinen Roman mehr. Er ließ die literarische Welt ganz hinter sich, in die er sich für ein paar Jahre mit großem Elan und Eifer, mit Ehrgeiz und Wahrheitsanspruch gestürzt hatte. Ihre Chance erhielten Ledigs Romane erst, als sie mehr als 40 Jahre danach noch einmal ediert wurden. »Inzwischen ist Gert Ledig wieder so bekannt, wie er es vor Erscheinen von ›Vergeltung‹ im Herbst 1956 war«, konnte die »FAZ« zur Frankfurter Buchmesse 2000 melden: Im Herbst 1999 war »Vergeltung« und im Jahr darauf der Debütroman »Die Stalinorgel« wieder veröffentlicht worden – ein Jahr später erschien dann noch der Roman »Faustrecht« in einer neuen Ausgabe.

Nun plötzlich wurde die »Vergeltung« von der Kritik gebührend wahr- und vom Publikum angenommen. Was seinerzeit Verstörung und Empörung ausgelöst hatte, »das Fehlen jeder metaphysischen Absicherung, die ungeschönte Bilderfülle der Hölle auf Erden« – jetzt wurde es uneingeschränkt als Qualität erkannt. »Diese Rhetorik der Bomben, des Feuers, der Ruinen, des Blutes, der zerfetzten Leiber und

[79] Vgl. Die Zeit vom 15. 5. 1956 – Zur Szene im Keller vgl. Ledig, S. 96ff., 121f., 131, 157ff., 192f.

der Kadaver läßt keinen Ausweg, gewährt keinen Ruhepunkt«, hieß es in der »Süddeutschen Zeitung« zustimmend; und in der »FAZ« war zu lesen: »Dieser Roman ist ein Meteor. Er belegt beides zugleich: daß es den Roman zum Luftkrieg in der Nachkriegszeit gab – und warum ihm kein großer Erfolg beschieden war. Wer sich vom parataktisch geknüpften Seil der Sätze in ihn hineinziehen läßt, hat bald den Eindruck, dieses Buch müsse damals von einem anderen Stern nach Deutschland hinabgefallen sein.«[80]

Gert Ledig erlebte die positive Resonanz nicht mehr, im Juni 1999 erlag er einem Herzleiden, noch bevor die Neuausgabe der »Vergeltung« erschienen war: die letzte bittere Pointe einer komplizierten deutschen Autorenlaufbahn. Erfreulich immerhin, daß mittlerweile alle drei Romane wieder zugänglich sind, denn sie gehören untergründig zusammen: eine Art Dreiklang von Stalinorgel, Luftschutzsirene und Stille – jener der Trümmerwelt. Die Wucht und Atemlosigkeit der beiden Kriegsromane besitzt »Faustrecht« zweifellos nicht. Ledig setzte auf das leichte Dialogstück; offenbar war ihm bewußt, daß die kleinen und großen Tragödien zwischen Ruinen nicht in derselben Tonlage wie ein Stellungskampf oder ein Luftangriff zu schildern waren.

»Faustrecht« spielt in der unmittelbaren Nachkriegszeit, vor der Kulisse der Trümmerlandschaft von München. Alltagsszenen: die Straßenbahnfahrt auf den Puffern zwischen den Waggons oder der Besuch in einer Apotheke, wo die dringend nötigen Medikamente nicht zu erhalten sind (»Wir haben den Krieg verloren«, sagt der Apotheker voller Sarkasmus zum Ich-Erzähler. »Wußten Sie das nicht?«). Ohne die unmittelbare Vergangenheit ständig zu betonen,

[80] Andreas Kilb: Es bellen die Mörser, es rasseln die Ketten, in: FAZ vom 17. 10. 2000; Wilfried F. Schoeller: Collage des Kahlschlags, in: Süddeutsche Zeitung vom 11. 12. 1999; Lothar Müller: Späte Vergeltung, in: FAZ vom 28. 10. 1999

läßt Ledig sie doch stets präsent sein, und sei es dadurch, daß am Bahnhof Gefangene unter US-Aufsicht Leichen bergen, die schon »länger als ein halbes Jahr unter den Trümmern« gelegen haben. Auf diese Weise sind auch die ersten beiden Werke insgeheim präsent. »Ihre Hygiene ist vorbildlich«, sagt der Ich-Erzähler einmal über die Amerikaner, und sein Freund antwortet ihm: »Deswegen verbrannten sie auch unsere Säuglinge mit Phosphor.« Oder es heißt kühl über die vergebliche Hoffnung einer Mutter, daß ihr Sohn aus Rußland heimkehren könnte: »Etwas Langweiligeres als die Geschichte von jemandem, der aus den Welikaja-Sümpfen nicht zurückgekehrt war, gab es nicht.«[81]

[81] Ledig: Faustrecht. München 2001. S. 22, 40, 181

Draußen vor der Tür: die Schuldfrage

Schwer vorstellbar, nur die von deutschen Truppen eroberten europäischen Landstriche hätten nach dem Krieg in Trümmern gelegen, Deutschland selbst aber nicht. Die zerstörten deutschen Städte mögen schon während des Krieges und bald danach einigen ihrer Bewohner – den Ausgebombten, Verschonten und Befreiten, vielleicht sogar denen, die sich nach Kriegsende unter der Knute der »Besatzer« wähnten[82] – als Abbild der deutschen Verfehlungen erschienen sein. Für die nachgeborenen Jahrgänge jedenfalls ist das Bild der Trümmerlandschaft (das die meisten nur noch von Fotos kennen) mit der schuldhaften Aggression der Elterngeneration aufs engste verknüpft: Ebenso riesig und ebenso schwer abzutragen wie die Schuttberge erschien auch die deutsche Schuld; noch 1989 beschied eines der Nachkriegskinder, der 1947 geborene Peter Sloterdijk, der Generation der Eltern kühl und zugleich mit einem Anflug von Verständnis: »Man bringt nicht alle Tage ein Tausendjähriges Reich hinter sich; nicht in jedem Jahrhundert kommt es vor, daß ein Volk sich in den Trümmern einer Großlüge

[82] Das waren offenbar nicht wenige. Der in der Schweiz lebende Hermann Hesse schrieb am 23. 4. 1946 in einem Brief an Luise Rinser (der später als »Ein Brief nach Deutschland« auch in verschiedenen deutschen Tageszeitungen zu lesen war) über jene Deutschen, die »mit an Hitlers Triumphwagen gezogen« hätten: »Sie schreiben mir jetzt rührend freundliche Briefe, erzählen mir eingehend von ihrem Alltag, ihren Bombenschäden und häuslichen Sorgen, ihren Kindern und Enkeln, als wäre nichts gewesen, als wäre nichts zwischen uns, als hätten sie nicht mitgeholfen, die Angehörigen und Freunde meiner Frau, die Jüdin ist, umzubringen [...]. Weit größer aber ist die Zahl derer, die mich auffordern, draußen in der Welt meine Stimme zu erheben und als Neutraler und als Vertreter der Menschlichkeit gegen Übergriffe oder Nachlässigkeiten der Besetzungsarmeen zu protestieren. So weltfremd, so ohne Ahnung von der Welt und Gegenwart, so rührend kindlich ist das!« – Hermann Hesse: Gesammelte Briefe. Dritter Band 1936–1948. Frankfurt a. M. 1982. S. 343

solchen Ausmaßes wiederfindet.«[83] Wie die Stimmung zwischen den Ruinen damals wirklich war, was die Menschen über ihre Lage, den gerade beendeten Krieg hören wollten, was lieber nicht – es ist heute schwer zu greifen.

Für die deutschen Schriftsteller, die aus dem Krieg zurückkamen (auch für solche, die erst noch Schriftsteller werden wollten), war das bald ein gewohnter Anblick – »unsere Augen sehen Trümmer: die Städte sind zerstört, die Städte sind Friedhöfe«, schrieb 1952 Heinrich Böll in einem »Bekenntnis zur Trümmerliteratur«, »wir kehrten heim aus diesem Krieg, wir fanden Trümmer und schrieben darüber«.[84] Aber das, so Böll (1917–1985), war offenbar gar nicht erwünscht: »man schien uns zwar nicht verantwortlich zu machen dafür, daß Krieg gewesen, daß alles in Trümmern lag, nur nahm man uns offenbar übel, daß wir es gesehen hatten und sahen, aber wir hatten keine Binde vor den Augen und sahen es: ein gutes Auge gehört zum Handwerkszeug des Schriftstellers.«[85]

Doch hatte ein deutscher Schriftsteller schon darum ein gutes Auge, weil er Krieg und Trümmer sah? Von wann an hätten ihm das Ausmaß des Holocaust bekannt und die Verbrechen der deutschen Wehrmacht zu Ohren gekommen sein können? Sieht man von heute zurück, so waren in dieser Hinsicht die ersten Schritte der deutschen Nachkriegsliteratur nicht besonders überzeugend. In der legendären Zeitschrift »Der Ruf«, aus deren Mitarbeiterkreis später die Gruppe 47 erwachsen sollte, war ein Beitrag des ehemaligen Wehrmachtssoldaten Alfred Andersch (1914–1980) zu finden, der der Meinung war, daß das deutsche Schuldenkonto sich allmählich zu schließen beginne: im ersten Heft vom

[83] Peter Sloterdijk: Versprechen auf Deutsch. Rede über das eigene Land. Frankfurt a. M. 1990. S. 36
[84] Heinrich Böll: Werke. Essayistische Schriften und Reden 1. Hrsg. von Bernd Balzer. Köln o. J. (1979). S. 35
[85] Ebd., S. 31

August 1946. Zwar stellte der spätere Schriftsteller die »grundsätzliche Kriegsschuld der deutschen Führung und die von ihr begangenen Verbrechen« (freilich eben die der Führung) nicht in Frage, doch sah er diese Schuld mittlerweile kompensiert durch »die Fülle der Leiden« (der deutschen Bevölkerung) – als Beispiel nannte er gleich an erster Stelle »die physische und psychische Wirkung der Bombenangriffe«. Und schnell wird von der deutschen auf die europäische Situation überblendet und von den jungen Trägern eines »europäischen Wiedererwachens« geredet: Diese Menschen, so Andersch in einer bezeichnenden Wendung, »kommen nicht aus der Stille von Studierzimmern – dazu hatten sie keine Zeit –, sondern unmittelbar aus dem bewaffneten Kampf um Europa, aus der Aktion«.[86]

Aus dem bewaffneten Kampf um Europa? Was sich wie ein um Jahrzehnte vorauseilendes Baader-Meinhof-Flugblatt ausnimmt, war damals offenbar kein isoliertes Gedankenspiel. Im »Ruf« vom September 1946 legte Hans Werner Richter (1908–1993), der eigentliche Gründungsvater und spätere Mentor der Gruppe 47, noch einmal nach: »Vor dem rauchgeschwärzten Bild dieser abendländischen Ruinenlandschaft, in der der Mensch taumelnd und gelöst aus allen überkommenen Bindungen irrt, verblassen alle Wertmaßstäbe der Vergangenheit.«[87]

Nun ist ja nicht zu leugnen (und Bestandteil der deutschen Schuld), daß nach dem Zweiten Weltkrieg ganz Europa ein einziges Trümmerfeld war und zusammen mit den Städten und ihren Menschen auch unersetzliche abendländische Kulturgüter zugrunde gegangen waren. Junge Schriftsteller aus anderen Ländern haben das nicht anders wahrgenommen, so etwa Alain Robbe-Grillet (1922 in Brest

[86] Zit. nach Klaus Briegleb: Mißachtung und Tabu. Eine Streitschrift zur Frage: »Wie antisemitisch war die Gruppe 47?«. Berlin/Wien 2003. S. 239 f.
[87] Zit. nach Heinrich Vormweg: Prosa in der Bundesrepublik seit 1945. In: Kindlers Literaturgeschichte der Gegenwart. Band 1, a.a.O., S. 199

geboren, in Paris aufgewachsen), der sich viel später an seine literarischen Anfänge nach dem Krieg so erinnern sollte: »Wir schrieben auf Ruinen [...], das alte Europa war ausgebombt, seine Vergangenheit in Rauch aufgegangen, seine Geburtshäuser zerstört: das von Goethe in Frankfurt, jenes von Wagner in Leipzig, das arme meinige in Brest.«[88] Es klang nur anders, wenn ein ehemaliger deutscher Soldat, nun Schriftsteller in der Gruppe 47, das eigene Leid mit dem europäischen in eins setzen wollte – ohne die »Schuldfrage«, die schon 1946 der Philosoph Karl Jaspers zum Titel eines Buches gemacht hatte, in ihrem ganzen Ausmaß überhaupt an sich heranzulassen.

Der berühmteste Held der frühen deutschen Nachkriegsliteratur war eine Theaterfigur: der Heimkehrer Beckmann in Wolfgang Borcherts legendärem Drama »Draußen vor der Tür«, das innerhalb weniger Tage im Herbst 1946 entstanden war und 1947 uraufgeführt wurde. Der Soldat Beckmann kommt zurück in das zerstörte Hamburg, steht vor dem Trümmerberg seines ehemaligen Hauses und klagt an, nicht Seinesgleichen oder die Nazis, nicht einmal die alliierten Flieger, sondern – Gott: »Und irgendwo da unten liegt mein Junge. Ein bißchen Mud und Mörtel und Matsch. Menschenmud, Knochenmörtel. Er war gerade ein Jahr alt und ich hatte ihn noch nicht gesehen. [...] Warst du da lieb, als du ihn ermorden ließt, lieber Gott, ja?«[89] Offenbar war das die Tonlage, in der kurz nach dem Krieg die Schuldfrage zu verhandeln war: Das Stück wurde ein großer Erfolg.

Aufschlußreich ist, wie in diesem Text des früh verstorbenen Borchert (1921–1947) nicht nur das Thema des Luftkriegs zur Sprache kommt, sondern auch schon der Mord an den europäischen Juden indirekt angesprochen, aber nicht ausgesprochen wird. Von einer ehemaligen Nachbarin

[88] Zit. nach Jürg Altwegg: Rache des Radiergummis. In: FAZ vom 4. 1. 2003
[89] Wolfgang Borchert: Das Gesamtwerk. Reinbek 1998. S. 110 und 148

erfährt Beckmann, daß seine Eltern nicht mehr leben und Selbstmord begangen haben. Nur in der Theaterfassung findet sich die folgende Begründung (sie fehlt sowohl in der früheren Hörspiel-, als auch in der späteren Kino- und der Fernsehfassung): »Im Luftschutzkeller, wissen Sie, immer wenn eine Bombe runterging, hat er einen Fluch auf die Juden losgelassen. War ein bißchen sehr aktiv, Ihr alter Herr. Hat sich reichlich verausgabt bei den Nazis. Na, und als das braune Zeitalter vorbei war, da haben sie ihn dann hochgehen lassen, den Herrn Vater. Wegen der Juden. War ein bißchen doll, das mit den Juden. Warum konnte er auch seinen Mund nicht halten.«[90]

Kaum sonst irgendwo in der deutschen Literatur dieser Jahre treibt die unbewußte Abwehr des Themas so deutlich und verquer zugleich an die Oberfläche, gipfelnd in der Formulierung: »War ein bißchen doll, das mit den Juden«[91] – was wie eine unheimliche Vorwegnahme der Debatten in vielen deutschen Wohnstuben Jahrzehnte später klingt, als die Generation der Täter den Jüngeren wenigstens das Zugeständnis machen mußte, daß, wenn auch vieles im Nazireich so übel nicht gewesen sei, der Mord an den Juden doch nicht gerechtfertigt werden könne. Im übrigen: bei Borchert ist es eine nachbarliche Denunziation erst nach dem Krieg, die die Eltern Beckmanns in den Tod getrieben hat (auch hier befremdlich im Ohr und zu ergänzen: »Wegen der Juden«), also nicht etwas, das auch noch den Nazis anzulasten wäre. Die Juden seien schuld – das ist die unterschwellige Botschaft.

Vollends befremdlich mutet heute der nüchterne Kommentar der Nachbarin zur Art des Selbstmords an: Mit »dem Gas« hätte man einen ganzen Monat lang kochen

[90] Ebd., S. 141

[91] Vgl. dazu auch die Analyse von Jan Philipp Reemtsma. In ders.: Der Vorgang des Ertaubens nach dem Urknall. Zürich 1995. S. 24–61

können. Wie mag das ein Publikum 1947 verstanden haben? Und wie jene makabre Auflistung in den Ohren geklungen haben, die Beckmann anstellt: »Zwei alte Leute sind in die Gräberkolonie Ohlsdorf abgewandert. Gestern waren es vielleicht zweitausend, vorgestern vielleicht siebzigtausend. Morgen werden es viertausend oder sechs Millionen sein. Abgewandert in die Massengräber der Welt. Wer fragt danach? Keiner.«[92] Abgewandert in die Massengräber der Welt? Oder nicht doch eher verschwunden in den deutschen Krematorien? Wie zufällig werden diese Zahlen aufgezählt, und sind es doch nicht: 70000 dürfte für die von Borchert angenommene Summe der Toten des Hamburger Feuersturms 1943 stehen, die sechs Millionen aber können (obgleich als zukünftige hingestellt) eigentlich nur auf den Holocaust anspielen – und hinter Beckmanns Überlegung, wer danach überhaupt frage, könnte sich am Ende der heimliche Wunsch auch des Autors (und seines Publikums) verbergen, keiner möge weiter danach fragen.

Borchert ist zu früh gestorben, als daß man ermessen könnte, wie er mit den Informationen umgegangen wäre, die später zur Verfügung standen – seine Reaktionsweise wird hier nur zitiert, weil sie offenbar intuitiv auf den Geschmack der damaligen Zeit und die latente Bereitschaft zugeschnitten ist, über das eigene Leid hinaus nicht noch anderes wahrnehmen und damit am Ende das eigene vielleicht sogar relativieren zu müssen. Daß Borchert mit dieser Betrachtungsweise nicht völlig unrecht getan wird, läßt sich in aller Kürze an einer Nebenarbeit demonstrieren, einer Rezension über »KZ-Literatur«; womit im übrigen nicht die Vernichtungslager gemeint waren, die überhaupt nicht ins Blickfeld rückten, sondern die Lager auf deutschem Boden wie Buchenwald oder Neuengamme. Zunächst wird von Borchert die »fortwährend anwachsende Flut der KZ- und

[92] Borchert, S. 142 f.

Gefängnisliteratur« beklagt – und daß hier von Verlegern mit »dem Konzentrationslager« Geschäfte gemacht werden. Schwer zu entscheiden bleibt, ob Borchert die folgenden Fragen und Antworten nur glossiert oder sich nicht doch auch ein wenig zu eigen macht: »Hatten die Häftlinge Hunger? Den haben wir auch. Haben die Häftlinge gefroren? Das tun wir auch. Häuften sich die Toten vor den Krematorien? Wenn es so weitergeht, werden sie das bald wieder tun. Waren die Häftlinge eingesperrt? Das sind Tausende von Kriegsgefangenen auch.« Ob solche »Begründung der Ablehnung der KZ-Literatur« zu Recht oder zu Unrecht bestehe – so zieht sich der Rezensent aus der Affäre –, könne »heute keiner entscheiden«.[93]

Immerhin zeigte sich bei Borchert, daß ihn das Thema, wenn es ihn auch überforderte, ganz offensichtlich nicht losließ. Es gab da in den unmittelbaren Nachkriegsjahren ganz andere Töne. Der ebenfalls aus Hamburg stammende Hans Henny Jahnn (1894–1959) etwa, der als Pazifist schon im Ersten Weltkrieg nach Norwegen und 1933 zunächst in die Schweiz, 1934 nach Dänemark emigriert war, schrieb Ende 1945 in einem privaten Brief, für ihn sei »der letzte Rest von Wahrheit aus den Berichten entschwunden«: gemeint waren die Informationen über die deutschen KZs (ihm war zu Ohren gekommen, daß in Dänemark angeblich kolorierte Bilder in Umlauf waren). Seine Schlußfolgerungen klingen geradezu gespenstisch: »Die Natur hat immer Verschwendung getrieben. Es ist ja auch irrig, einen Krieg als das Werk eines Mannes oder eines Volkes anzusehen. [...] Judenverfolgungen sind auch immer gewesen, sind auch jetzt, in Frankreich, in Polen. Nun ist diese Sucht der Menschen, andere zu verfolgen, eben auf Deutsche ausgedehnt worden.«[94]

[93] Borchert: Allein mit meinem Schatten und dem Mond. Briefe, Gedichte und Dokumente. Reinbek 1996. S. 267 ff.

[94] Hans Henny Jahnn: Briefe. Zweiter Teil. Werke in Einzelbänden. Hrsg. von Ulrich Bitz und Uwe Schweikert. Hamburg 1994. S. 263

Ein anderes Beispiel ganz im Zeichen der Abwehr versteckt sich in Kasacks Roman »Die Stadt hinter dem Strom«. Dort heißt es an eher unauffälliger Stelle: »Dieser millionenfache Tod geschah, mußte in dieser Maßlosigkeit geschehen, wie der Chronist mit langsamem Schauder einsah, damit für die andrängenden Wiedergeburten Platz geschaffen wurde. Eine Unzahl von Menschen wurde vorzeitig abgerufen, damit sie rechtzeitig als Saat, als apokryphe Neugeburt in einem bisher verschlossenen Lebensraum auferstehen konnte.«[95] Die Rede ist hier nicht von realen Kriegs- oder Holocaustopfern, trotzdem läßt die offenbar bedenkenlos publizierte Passage, die im übrigen stilistisch recht unbeholfen ist, bei einem deutschen Roman aus dem Jahr 1949 in der Tat schaudern (allerdings kaum mit »langsamem Schauder«). Dagegen ist Borchert mit seiner konkreten Unbeholfenheit fast sympathisch, zumal er in seiner Sammelrezension über »KZ-Literatur« vom Januar 1947 eine Möglichkeit offenließ: Vielleicht, schrieb er, sei das Erlebnis des Lagers »so ungeheuer und aufwühlend, so unfaßbar in seiner fürchterlichen Gewalt, daß eine vollendete Gestaltung einen wirklich ganz großen Dichter verlangt«.[96]

Doch wo war dieser große Dichter? Wer unter den deutschen Autoren wäre zu einer solchen »Gestaltung« in der Lage gewesen? Bertolt Brecht jedenfalls antwortete 1948 in einem imaginären »Gespräch mit jungen Intellektuellen« (zu ergänzen: deutschen) auf die offenbar häufig geäußerte Behauptung, daß die »Vorgänge in Auschwitz, im Warschauer Ghetto, in Buchenwald« keine Beschreibung in literarischer Form vertrügen, eher zustimmend: »Die Literatur war nicht vorbereitet auf und hat keine Mittel entwickelt für solche Vorgänge.« Diese Gedanken machte er

[95] Hermann Kasack: Die Stadt hinter dem Strom. Frankfurt a. M. [11]1991. S. 315

[96] Borchert, S. 268; vgl. auch S. 273 (wo immerhin von der »dunkelsten Zeit unserer Geschichte« die Rede ist.)

sich noch in der Schweiz, wo er auch notierte, offenbar nach ersten Begegnungen mit jungen Deutschen: »Von dem Anblick der Ruinenstädte erwarte ich keinen übermäßigen Schock. Von dem Anblick der Ruinenmenschen habe ich ihn schon bekommen.«[97]

Warum konnte ein Schweizer, jener Max Frisch, der später Deutschland mit offenen Augen bereisen und beschreiben sollte, schon kurz vor Kriegsende so klare Kommentare zu den ersten Nachrichten aus den deutschen Lagern abfassen? »Buchenwald bei Weimar, ich sehe nicht ein, wie unsereiner, wenn es uns nicht einfach an Vorstellung fehlt, mit diesen Nachrichten fertig werden soll«, schrieb er im April 1945. Das stehe »wie ein nächtlicher Fels vor uns«.[98] Und händeringend wartete Frisch danach auf entsprechende Überlegungen und Signale auch aus Deutschland, auf die »Stimme eines sogenannten anderen Deutschland« – doch was er nach dem Krieg von deutschen Autoren zu lesen bekam, zeigte ihm vor allem eine Tendenz, »die den vorhandenen Abgrund leugnen, vergessen, ästhetisieren oder sonstwie übertünchen will«.[99]

Auch Frisch studierte damals die ersten KZ-Berichte, die bald nach Kriegsende erschienen waren, so den autobiographischen, in dritter Person verfaßten Bericht »Der Totenwald« (1945) des deutschen Schriftstellers Ernst Wiechert (1887–1950), der sich schon früh in den dreißiger Jahren öffentlich gegen die neuen Machthaber erklärt hatte und 1938 für zwei Monate in Buchenwald einsaß (danach erhielt er Schreibverbot). Frisch las dieses Buch erwartungsvoll, kam aber – wie bald danach der zehn Jahre jüngere Wolfgang Borchert – zu einem kritischen Urteil. Doch wieviel klarer erkannte er die heikle Stelle, die sich selbst bei

[97] Brecht: Schriften 3. Werke, Band 23. Hrsg. von Werner Hecht u. a. Berlin und Frankfurt a. M. 1993. S. 101 und 99
[98] Frisch: Jetzt ist Sehenszeit, S. 19
[99] Frisch: Werke, Band 2, S. 311

einem von den Nazis verfolgten Deutschen fand, nämlich Wiecherts befremdlichen Satz über die Juden im KZ: »Und mochten jene [die Juden] schuldig sein an manchem in der Summe ihres Lebens, mochte das ganze Volk schuldiger sein als andere Völker: hier zerging ihre Schuld in nichts vor der Schuld derjenigen, die sich als das neue Volk priesen. Furchtbarer war niemals gebüßt worden als jene büßten.«[100]

Das sei alles, merkt Frisch an, was Wiechert über »die deutsche Lösung der Judenfrage« zu sagen habe – und mit was für einer Wortwahl, mit welchem Dünkel: Eigentlich habe er, Frisch, erwartet, »daß uns ein vollkommen veränderter Ton begegne, ein Ton der tiefen Ernüchterung, ohne Hymnik, ohne die verfängliche Ehrfürchtigkeit vor allem Unklaren, die sich auch überall dort, wo man die Dinge durchaus beim Namen nennen kann, im Ahnungshaften begnügt und berauscht«. Was er nicht ersehne, sei ein deutsches Kunstwerk zum KZ-Thema; vor jener »großen Symphonie des Todes«, von der Wiechert hoffte, daß sie »einmal von berufeneren Händen geschrieben werden wird«, grauste es ihm offenbar.[101]

Eigentlich nur ein einziger deutscher Romancier versuchte es: sich vorzustellen und erzählerisch nachzuvollziehen, wie es in einem KZ zugegangen ist – einer aus dem amerikanischen Exil. Erich Maria Remarque war es, der 1952 einen Roman veröffentlichte, in dem der Held nur »509« heißt, also nichts als eine Nummer ist: »Der Funke Leben«. Geschrieben hatte er fünf Jahre daran, hatte ehemalige Lager besucht, Hunderte von Personen interviewt – wie der Autor zu Recht annahm, »würde dieses Buch nicht nur von Nazi-Sympathisanten in Deutschland und andernorts angegriffen werden, sondern auch von jedem kritisiert

[100] Zit. nach ebd., S. 301
[101] Vgl. ebd., S. 301, 304

werden, der wußte, daß ich nicht in Deutschland war, als die Nazis kamen«.[102]

Gewidmet hatte Remarque das Buch dem Gedächtnis seiner Schwester Elfriede, die 1943 wegen »Wehrkraftzersetzung« von Freisler und seinem Volksgerichtshof zum Tode verurteilt und in Plötzensee hingerichtet worden war – unerklärlicherweise fehlte diese Widmung in der ersten deutschen Ausgabe. Überhaupt gestaltete sich die Suche nach einem Verlag, der bereit war, das Buch zu veröffentlichen, für den weltberühmten Erfolgsautor äußerst schwierig: Ein Schweizer Verlag, mit dem es schon einen Vertrag gab, fürchtete den Boykott seiner Buchproduktion in Deutschland und zog sich zurück, andere Verlage verlangten Veränderungen; vielleicht auch deshalb war Remarque dann nicht mehr überrascht, als es zwei Jahre später mit seinem Roman »Zeit zu leben und Zeit zu sterben«, dem Buch über Krieg und Luftkrieg, ähnliche Probleme gab. Er notierte im Juli 1952 während eines Berlin-Besuchs in seinem Tagebuch über die Menschen, die er auf der Straße sah: »Ausgebombte Seelen. Auskommandierte Seelen. Schiefe Gesichter. Flüstern. Schweigen. [...] Ein Start ohne Illusionen. Nacktes Leben. Funktionen. Der Druck der Gefahr. Die Blicke nach oben, wenn ein Flugzeug dröhnt. Ob es schon wieder Bomben bringe.«[103]

Als »Der Funke Leben« im August desselben Jahres endlich in Deutschland erschien, ließ die befürchtete Reaktion nicht lange auf sich warten. Der »Spiegel« meldete kurz und schlicht: »KZ-Gemälde eines Nicht-dabei-gewesenen für Nicht-dabei-gewesene. Klischees aus der Retorte, von einem Schriftsteller zusammengesetzt, der beschreiben kann, wenn er erlebt hat.«[104] Die »Zeit« sprach gar von Remarques

[102] Remarque, Briefe und Tagebücher, S. 158 f.
[103] Ebd., S. 472
[104] Der Spiegel vom 24. 9. 1952 (Nr. 39/52)

angeblicher »Verantwortungslosigkeit« und befand: »ein beschämendes Buch«.[105] Was dabei verwundert, sind Wortwahl und Heftigkeit der Zurückweisung – denn selbst wenn der Roman literarisch mißlungen sein sollte, war er ja zunächst einmal ein Wagnis, das andere deutsche Autoren noch nicht unternommen hatten. So sah es dann auch Remarques Kollege Heinrich Böll. Er fand es wenigstens betrüblich, daß ein politisch begrüßenswertes Buch »sich literarisch als teilweise angreifbar erweist«. Und seine Einwände gegen den Roman hielten Böll nicht davon ab, immer wieder zu betonen: Bei allen Schwächen werde das Remarque-Buch eine wichtige Funktion erfüllen, nämlich »die ermüdete Aufmerksamkeit« auf einen Stoff lenken, »der zuerst im Bausch der Kollektivschuld betont wurde, nun aber im Bogen der Verzeihung offenbar vergessen werden soll«.[106]

Doch selbst der klarsichtige Böll träumte Anfang der fünfziger Jahre von einem umfassenden »Roman unserer Zeit, der KZ, Krieg und Nachkrieg umfaßt« – und glaubte, der könne vielleicht »Die Baracke« heißen.[107] Auch dieser gutgemeinte Vorschlag verkannte ganz offenbar noch die Dimension und Qualität des Holocaust, indem Böll glaubte, unter diesem Symbol alle Leiden in einem Romantitel zusammenfassen zu können. Dieser umfassende Roman ist weder von Böll noch von sonst einem Autor je angepackt

[105] Zit. nach Remarque: Der Funke Leben. Köln 1998. S. 394 (Nachwort) – Ganz anders klang es 1952 in der »Allgemeinen Wochenzeitung der Juden in Deutschland«, wo ein ehemaliger KZ-Häftling schrieb: »Die Ehre der deutschen Schriftsteller ist wiederhergestellt. Denn endlich hat das Grauen der deutschen Konzentrationslager seinen Einzug auch in die deutsche Literatur gefunden.« Und der Rezensent kommt zu einem völlig anderen Schluß als die übrigen Kritiker: »Remarque hat das Konzentrationslager nicht selbst erleben, erleiden müssen. Deshalb konnte er es beschreiben.« Zit. nach ebd., S. 394 f.

[106] Böll: Essayistische Schriften und Reden 1, S. 42 und 58

[107] Ebd., S. 44

worden; es sei denn, man nimmt jene Großcollagen, die rund ein halbes Jahrhundert später unter dem Titel »Echolot« entstehen sollten, als eine Art Statthalter für einen solchen Roman – verantwortet und komponiert von einem einzelnen Schriftsteller, Walter Kempowski, jedoch nicht mehr von ihm selbst geschrieben, sondern aus Tagebüchern, Briefen und Augenzeugenberichten montiert.

Dichten oder schweigen?

Die grundsätzliche Skepsis formulierte der Philosoph und Soziologe Theodor W. Adorno, der 1934 Deutschland verlassen und in den USA als Wissenschaftler gearbeitet hatte: Skepsis gegenüber den Möglichkeiten von Literatur und Kunst, auf die grauenvollen Erfahrungen des Zweiten Weltkriegs angemessen zu reagieren. Es waren vor allem zwei pointierte Formulierungen, die ihn zu einem der meistzitierten und -diskutierten Literaturtheoretiker der jungen Bundesrepublik werden ließen.

Es lasse sich »nicht mehr erzählen«, lautet der eine, 1954 publizierte Satz, »während die Form des Romans Erzählung verlangt«. Begründung: »die Identität der Erfahrung« und damit »die Haltung des Erzählers« sei verlorengegangen: Man brauche sich nur, so Adorno, die Unmöglichkeit zu vergegenwärtigen, »daß irgendeiner, der am Krieg teilnahm, von ihm so erzählte, wie früher einer von seinen Abenteuern erzählen mochte«.[108] Der andere Satz, 1949 formuliert und 1951 erstmals veröffentlicht, bezieht sich auf den Holocaust: nach Auschwitz ein Gedicht zu schreiben, sei »barbarisch« – so heißt es am Ende eines Essays über »Kulturkritik und Gesellschaft«, wo dieser Satz in die Überlegungen eingebettet ist, daß »die gesamte traditionelle Kultur nichtig« und deren Erbschaft überflüssig, »Schund« geworden sei: Selbst das »äußerste Bewußtsein vom Verhängnis« drohe noch, »zum Geschwätz zu entarten«.[109]

Schon während des Krieges, im Herbst 1944 im amerikanischen Exil, hatte Adorno (1903–1969) notiert, der Ge-

[108] Theodor W. Adorno: Noten zur Literatur I. Frankfurt a. M. 1973 (33. Tsd.). S. 61 f.
[109] Zit. nach: Lyrik nach Auschwitz? Adorno und die Dichter. Hrsg. von Petra Kiedaisch. Stuttgart 1995. S. 48 f. – In diesem Band sind die wichtigsten Texte der Debatte übersichtlich ediert.

danke sei »idiotisch«, daß danach das Leben »normal« weitergehen oder gar die Kultur »wiederaufgebaut« werden könnte: »Millionen Juden sind ermordet worden, und das soll ein Zwischenspiel sein und nicht die Katastrophe selbst. Worauf wartet diese Kultur eigentlich noch?« In diesen Notizen – später aufgenommen in den Band »Minima Moralia« (1951) – deutete er erstmals seine Überzeugung an, aus dem neuen Weltkrieg könne keiner mit Erfahrungen zurückkommen, die sich für Kunst oder Literatur nutzbar machen ließen. »Schon das vorige Mal machte die Unangemessenheit des Leibes an die Materialschlacht eigentliche Erfahrung unmöglich«, schrieb er, bezogen auf den Ersten Weltkrieg; der Zweite jedoch sei der Erfahrung »völlig entzogen« und werde kein stetiges »Erinnerungsbild« hinterlassen – mutmaßte Adorno aus der Ferne (»Weit vom Schuß«, so der Titel seiner Betrachtung): Überall, »mit jeder Explosion« habe dieser Krieg den Reizschutz durchbrochen, »unter dem Erfahrung, die Dauer zwischen heilsamem Vergessen und heilsamem Erinnern sich bildet«.[110]

Das klingt wie eine Ferndiagnose auch der Befindlichkeit von Überlebenden des Bombenkriegs, ob nun in Warschau, London, Hamburg oder Kassel – und Adorno setzte nicht zufällig eine Überlegung zum Luftkrieg an die Spitze seines Textes: »Bei den Meldungen über Luftangriffe fehlen selten die Namen der Firmen, welche die Flugzeuge hergestellt haben: Focke-Wulff [sic!], Heinkel, Lancaster erscheinen dort, wo früher einmal von Kürassieren, Ulanen und Husaren die Rede war.«[111] Das soll heißen: nicht Menschen, nicht Individuen mehr bestimmen das Kriegsgeschehen, sondern Firmen und Maschinen. Inbegriff für Adorno waren »Hit-

[110] Adorno: Minima Moralia. Reflexionen aus dem beschädigten Leben. Frankfurt a. M. 2001 (Reprint der Erstausgabe von 1951). S. 88 ff.

[111] Ebd., S. 87 – Die deutsche Firma Focke-Wulf stellte allerdings hauptsächlich einmotorige Jagdflugzeuge her; die zweimotorigen Standardbomber der Luftwaffe wurden bei Heinkel und Junkers gebaut.

lers Robotbomben« (gemeint: die ersten einsatzfähigen Raketen, die V1 und die V2) – »subjektlos« vereinten sie »äußerste technische Perfektion mit vollkommener Blindheit«.[112]

Die Diskussion der Thesen Adornos, der von 1950 an in Frankfurt am Main lehrte, begann nicht sogleich, sondern setzte erst Ende der fünfziger Jahre ein, und sie setzte sich im folgenden Jahrzehnt fort. Das war die Zeit, als sich eine neue Generation deutscher Autoren durchzusetzen begann, die Mehrzahl von ihnen bei der bald an Bedeutung zunehmenden Gruppe 47 dabei: Autoren der Jahrgänge ab 1927, die meisten unter ihnen (anders als die Gründungsmitglieder der Gruppe) dem regulären Soldatendienst knapp entgangen, viele noch zu militärischen Hilfsaktionen einberufen – die Generation der Flakhelfer. In den Jahren 1959/60 schlug die Stunde dieser neuen deutschen Literatur: Es erschienen die Romane »Mutmaßungen über Jakob« von Uwe Johnson (1934–1984), »Halbzeit« von Martin Walser und »Die Blechtrommel« von Günter Grass (beide Jahrgang 1927) und machten ihre Autoren bekannt – letzterem gelang mit seinem Werk gar der erste internationale Bestseller der deutschen Nachkriegsliteratur.

Ihm, Grass, der zuvor als Lyriker hervorgetreten war, kam seinerzeit »Adornos Gebot als Verbot« geradezu »widernatürlich« vor (so sollte er sich Jahrzehnte später erinnern) – »als hätte sich jemand gottväterlich angemaßt, den Vögeln das Singen zu verbieten«. Die abwehrende Reaktion des aufstrebenden Talents basierte allerdings »auf bloßem Hörensagen«, und doch ließ ihn und seine Kollegen Adornos Satz nicht unbeeindruckt: »Wir alle, die damals jungen Lyriker der fünfziger Jahre – ich nenne Peter Rühmkorf, Hans Magnus Enzensberger, auch Ingeborg Bachmann –, waren uns deutlich bis verschwommen bewußt, daß wir zwar nicht als

[112] Ebd., S. 90 f.

Täter, doch im Lager der Täter zur Auschwitz-Generation gehörten [...]; aber auch soviel war uns gewiß, daß das Adorno-Gebot – wenn überhaupt – nur schreibend zu widerlegen war.«[113] In diesem Sinne äußerte sich auch schon 1959 (in der Zeitschrift »Merkur«) als einer der ersten der 1929 geborene Enzensberger: »Wenn wir weiterleben wollen, muß dieser Satz widerlegt werden.«[114]

Das Bewußtsein der jüngeren Autoren war ein anderes als das derjenigen, die unmittelbar nach dem Krieg Romane über den Krieg publiziert hatten, ihr Reflexionsvermögen größer, ihr Informationsstand besser, doch die neuen Kräfte wollten sich überhaupt erst einmal durchsetzen, bevor sie gleich wieder ans Schweigen dachten – oder sich gar an ein so gewaltiges Thema trauten, wie es der Mord an den europäischen Juden darstellt. Ein Roman jedenfalls, in dem der Holocaust zum zentralen Thema wird, kam aus den Reihen der Gruppe 47 nicht.

Es sei denn, man würde ein Werk aus den Anfangstagen der Gruppe dazurechnen: den Roman »Die größere Hoffnung« (1948), mit dessen Niederschrift die Autorin allerdings schon mitten im Krieg begonnen hatte. In ihrem Debütroman erzählt die 1921 in Wien geborene Ilse Aichinger, deren jüdische Großmutter 1942 in ein Vernichtungslager deportiert worden war, die Geschichte des Mädchens Ellen, das während des Krieges weitgehend auf sich gestellt in einer namenlosen Großstadt lebt (erkennbar Wien), in Sorge um die Großmutter – und in ständiger Angst vor Verfolgern, die freilich ebenfalls nicht beim Namen genannt werden. Geschildert wird alles aus dem Blickwinkel des Kindes, dessen jüdische Mutter auswandern konnte und dessen Vater die Familie im Stich gelassen hat. Am Ende kommt

[113] Günter Grass: Schreiben nach Auschwitz. Frankfurter Poetik-Vorlesung. Frankfurt a. M. 1990. S. 15 und 17 f.

[114] Hans Magnus Enzensberger: Die Steine der Freiheit. Zit. nach: Lyrik nach Auschwitz?, S. 73

auch noch die Bedrohung durch Luftangriffe, durch Tiefflieger und Bombenabwürfe hinzu, geschildert in surrealen Bildern, die mit nüchterner Betrachtung wechseln: »Und ehe irgend jemand es fassen konnte, entstand in der Luft ein Heulen und Johlen, Häuser stürzten tief und fraglos in sich, als sänken sie auf die Knie, die Teufel sangen Kanon und Mauern barsten, um den Durchblick freizugeben. [...] Grauen und rieselnder Staub drang in ihre Gesichter.«[115] Auch wenn – anders als in Remarques Roman »Der Funke Leben« – die konkrete Welt der Lager ausgespart blieb, war das Buch in Deutschland zunächst kein großer Erfolg.

Wer aber von den deutschen Autoren, die keinen vergleichbaren autobiographischen Hintergrund wie Ilse Aichinger hatten, wer von denen, deren Eltern und Großeltern nicht verfolgt wurden, die selbst in keinem Lager waren, konnte sich ein solches Thema sonst zutrauen? Doch wenn dieses Grauen – und sei es aus angemessener Zurückhaltung – nicht darzustellen war, so konnte erst recht vom Leid der deutschen Zivilbevölkerung nicht erzählt werden, schon gar nicht so unbefangen, wie es den Autoren der ersten Nachkriegsstunde noch möglich erschien. Der Blick der jüngeren Schriftsteller in der Bundesrepublik richtete sich denn auch zunehmend auf die neue Wohlstandsgesellschaft – und damit zugleich kritisch zurück auf jene Kriegsteilnehmer, die in der unbestreitbaren Leistung des Wiederaufbaus eine Chance sahen, von der Schande der Vergangenheit abzulenken und nicht mehr darüber sprechen zu müssen: Die Trümmer waren weggeräumt, die Keller zugeschüttet.

Wenn ein noch unbekannter Autor wie der junge Martin Walser 1955 seinen Debütband »Ein Flugzeug über dem Haus« nannte, so war damit kein alliierter Bomber mehr gemeint. Und bei Grass ist der Luftangriff in der »Blechtrommel« (1959) zum Gegenstand einer kurzen komischen

[115] Ilse Aichinger: Die größere Hoffnung. Frankfurt a. M. 1976. S. 245

Szene geworden, in der sein Zwergenheld Oskar der Liliputanerin Roswitha in dem Augenblick beiwohnt, »als über uns die Luftminen runtergingen, den Keller mit Inhalt schüttelten und verschütteten, das Licht und Notlicht wegnahmen, als alles durcheinanderlag« – und das gleich zwei Mal, wie der Ich-Erzähler zu erwähnen nicht versäumt, »während eines Großangriffs auf die Reichshauptstadt [...], bis die vom Luftschutz uns ausbuddelten«.[116]

Die Autoren der Gruppe 47 begannen sich in den sechziger Jahren durchzusetzen, zunächst noch gegen heftigen Widerstand des konservativen Publikums und weiter Teile der Literaturkritik. Während sie sich zu etablieren bemühten und eben doch wieder Romane und Erzählungen schrieben, als hätte es Adornos Vorbehalte nie gegeben, wurde dessen Erzählskepsis von anderer Seite indirekt aufgegriffen: von den Autoren des Experiments, die sich zwar zu keiner Gruppierung zusammenschlossen (und schon gar keine regelmäßigen Treffen abhielten), die aber der Wunsch einte, sich gegen die in ihren Augen konventionellen Erzähler abzuheben. Statt traditioneller Formen wie Lyrik oder Prosa boten sie an: gattungslose Texte, statt Handlung und Fabel: Zitat und Montage, statt Helden und Schicksalen: selbstreflexive Sprachspiele.

Als Beispiel kann das Werk von Helmut Heißenbüttel (1921–1996) gelten, der nach 1960 sechs »Textbücher« publizierte (1970 unter dem Titel »Das Textbuch« in einem Band gesammelt) und einflußreich als Theoretiker auftrat. »Literatur braucht nun weniger Einbildungskraft als vielmehr Material«, lautete sein poetologisches Credo: »Material, an dem sie sich aufschlüsselnd und kombinatorisch, analytisch und montierend betätigt.« Und: »Die Erfindung von Figuren und Handlungen (oder Emotionen und Refle-

[116] Grass: Die Blechtrommel. Werkausgabe in zehn Bänden. Band II. Hrsg. von Volker Neuhaus. Darmstadt/Neuwied 1987. S. 402 f.

xionen), in denen sich die Motivkonflikte darstellen und offenlegen lassen, verlor an Zeugniswert. Zeugniswert gewinnt statt dessen das Nicht-Fiktive.«[117]

Wie sah das aus? Im »Textbuch 6« (1967) findet sich ein Prosastück, das den Titel »Deutschland 1944« trägt – schon äußerlich streng in der Form: 13 Textblöcke mit je 13 gleichlangen Zeilen. Der Aufbau erweist sich allerdings als rein äußerlich, es sind willkürlich gesetzte Zäsuren bei einem durchlaufenden Text, der seinerseits ohne Punkt und Komma dahinfließt und offenbar aus lauter historischen Versatzstücken montiert ist, die nahtlos ineinander übergehen; manche tauchen wie bei einem Rondo mehrfach auf. Obgleich der Autor die Fundorte der Textpartikel verschweigt, lassen sich einige identifizieren und nachweisen (wobei sich ergibt, daß Heißenbüttel, anders als der Titel suggeriert, keineswegs nur Zitate aus dem Jahr 1944 verwendet hat)[118]. Es handelt sich vorwiegend um Auszüge aus Tagebüchern, Briefen, literarischen Texten, Protokollen der SS – und aus dem Bericht des Oberkommandos der Wehrmacht, wie auch zu Beginn des folgenden Textbeispiels, in dem der Luftkrieg eine Rolle spielt:

»[...] nordamerikanische Bomberverbände führten von Westen und Süden Terrorangriffe gegen West- Südwest- und Süddeutschland vor allem in den Wohnbezirken der Städte München Koblenz Schweinfurt und Saarbrücken entstanden Schäden die Bevölkerung hatte Verluste dabei wurden durch die Luftverteidigungskräfte 61 Flugzeuge zum Absturz gebracht Charons schwarzer Nachen kann nicht nach dem anderen Ufer finden [...]«[119]

[117] Helmut Heißenbüttel: Zur Tradition der Moderne. Neuwied 1972. S. 81

[118] Vgl. dazu Jörn Stückrath: Helmut Heißenbüttels »Deutschland 1944«. Deutung und Theorie einer Zitatmontage. In: Literarische Collagen. Texte, Quellen, Theorie. Hrsg. von Volker Hage. Stuttgart 1981. S. 233–257

[119] Heißenbüttel: Das Textbuch. Neuwied 1970. S. 271

So sind die einzelnen Zitate gleichwertig verwoben, und es entsteht ein Klangteppich, der vordergründig suggestiv wirken kann, den Reiz nach Einblick in Muster und Machart allerdings rasch einbüßt und eine Ratlosigkeit provoziert, die sich kaum als ästhetischer Gewinn verbuchen läßt. Daß die theoretischen Überzeugungen des Autors, die hinter einem solchen Text standen, keineswegs eine deutsche Erfindung waren, mag die folgende Stimme aus Frankreich illustrieren. Nathalie Sarraute (1902–1999) fragte sich schon Mitte der fünfziger Jahre – noch deutlich auf die Erfahrung des Weltkriegs bezogen –, welche erfundene Geschichte es denn »mit den Berichten aus den Konzentrationslagern oder von der Schlacht um Stalingrad« aufnehmen könne. »Aus sehr guten Gründen also«, war ihr Fazit, »zieht der Leser heute den Tatsachenbericht oder doch mindestens das, was einen ähnlich vertrauenerweckenden Eindruck macht, dem Roman vor.«[120] Auch das war zunächst einmal eine Behauptung, wies allerdings in eine andere, fast entgegengesetzte Richtung als bei Heißenbüttel: in Richtung einer Dokumentarliteratur, die sich zu ihren Quellen bekennt und nicht zum bloßen Patchwork wird.

Die sechziger Jahre waren das Jahrzehnt der Protokolle. Im Eichmann-Prozeß in Jerusalem und in den beiden Frankfurter Auschwitz-Prozessen wurde erstmals vor Gericht aktenkundig, was die Generation der Täter in Deutschland zum überwiegenden Teil nicht wahrhaben, was sie verschweigen und verdrängen wollte. Es wurden im Gerichtssaal Zeugen befragt, Aussagen und Beweise aufgenommen, Angeklagte verurteilt. Der Schriftsteller Peter Weiss (1916–1982), Sohn eines jüdischen Fabrikanten, der 1934 mit seinen Eltern nach London emigriert war und von 1939 an in Stockholm lebte, erschien als regelmäßiger Gast

[120] Nathalie Sarraute: Zeitalter des Argwohns. Über den Roman. Aus dem Französischen von Kyra Stromberg. Köln 1963. S. 50f.

bei den Frankfurter Prozessen – und machte ein Dokumentarstück für das Theater aus dem, was er mitgeschrieben hatte und den Zeitungsberichten entnehmen konnte: »Die Ermittlung« (1965).

Daß Verhöre und historische Dialoge, wie verändert und rhythmisiert auch immer, auf die Bühne kamen, brachte eine neue Form des politischen Theaters in Deutschland hervor. Es ging dabei um Themen wie die Erfindung der Wasserstoffbombe oder den Krieg in Vietnam[121], um das Stillschweigen des Vatikans zum Judenmord oder die Frage des Kriegsrechts am Beispiel der Bombardierung der deutschen Städte – die letzten beiden, »Der Stellvertreter« (1963) und »Soldaten« (1967), von Rolf Hochhuth verfaßt.

Auf Adorno konnte sich das dokumentarische, politisch engagierte Theater allerdings kaum berufen. Der hatte schon 1962 in einem »Engagement« betitelten kritischen Kommentar abfällig von Werken »geringeren Ranges« gesprochen, die als »Aufarbeitung der Vergangenheit« vom Publikum »bereitwillig geschluckt« würden: »Indem noch der Völkermord in engagierter Literatur zum Kulturbesitz wird, fällt es leichter, weiter mitzuspielen in der Kultur, die den Mord gebar.«[122] Das war freilich ein so weitgehender Vorbehalt, daß damit im Grunde Kunst überhaupt zum Schweigen verurteilt war. Hochhuth (Jahrgang 1931) begehrte – nachdem sein »Stellvertreter«-Stück ein großer Erfolg geworden war und politische Debatten ausgelöst hatte – heftig dagegen auf.

Es kam sogar zu einem Schlagabtausch mit Adorno: 1965 wagte der Dramatiker in einem Beitrag für eine Festschrift zu Ehren von Georg Lukács eine Polemik, ohne Adorno beim Namen zu nennen (der taucht allerdings erkennbar als

[121] »In der Sache J. Oppenheimer« (1964) von Heinar Kipphardt und »Diskurs über die Vorgeschichte und den Verlauf des langandauernden Befreiungskrieges in Viet Nam« (1968) von Peter Weiss.

[122] Adorno: Noten zur Literatur III. Frankfurt a. M. 1976 (20. Tsd.). S. 127

»unser modischer Chef-Theoretiker« auf). Hochhuth berief sich vor allem auf einen Satz des von ihm geschätzten Literaturtheoretikers aus Ungarn: In der Literatur sei »der konkrete, der besondere Mensch das Primäre, der Ausgangs- und Endpunkt des Gestaltens«. Die Antwort Adornos war ein »Offener Brief an Rolf Hochhuth«, publiziert pünktlich 1967 zur Uraufführung des neuen Stücks »Soldaten« – für den Philosophen Gelegenheit, die eigene Position noch einmal zu präzisieren. Der von Hochhuth hochgehaltene Satz »dünkt mir nicht so selbstverständlich wie dem ungarischen Ästhetiker«, schreibt Adorno. Es lasse sich von unverwechselbaren Menschen nicht mehr so erzählen »wie anno dazumal«. Er rät Hochhuth mit kaum verhohlenem Groll, »nicht Gedanken in Verruf zu bringen, die dem Bestürzenden sich stellen ohne den Trost, noch im äußersten Schrecken überlebe das Menschliche« – gar zu leicht nämlich arte solcher Trost »in die Rechtfertigung jenes Schreckens aus«.[123]

Immerhin machte Adorno in seiner Gegenpolemik auch einige aufschlußreiche Anmerkungen zum Theater allgemein und zu Hochhuths Stücken. So bezweifelt er, daß das Theater, wie Hochhuth unterstellt, am Ende wäre, »wenn es je zugäbe, daß der Mensch in der Masse kein Individuum mehr sei«. An Hochhuth gewendet: »Sie stellen sich immer noch vor, daß man eine faszinierende Szene aus Stalin und Truman in Potsdam machen könnte, die nur einige Nebensätze der Waffe des Genocids widmen, nachdem der Tenno die Kapitulation seit zehn Tagen angeboten hat. Beiläufig werde der überflüssige Entschluß gefaßt, die Bombe über Hiroshima abzuwerfen.« Adorno wendet sich mit Grausen von dieser Vorstellung, doch versteht er durchaus, was Hochhuth »zur Stoffwahl Ihrer Stücke« gebracht hat, dazu also, die politischen Akteure auf der Bühne erscheinen und reden zu lassen: »Wollte man dagegen das

[123] Adorno: Noten zur Literatur IV. Frankfurt a. M. 1974. S. 138 ff.

Grauen an den Opfern darstellen, so überhöht es sich, ohne Durchblick auf die Machtverhältnisse, die es bedingen, in unausweichliches Schicksal«, weiß auch Adorno. Doch seine Antwort bleibt: »Aus diesem Schreckenszirkel führt nichts hinaus.« Dem Künstler, »der weder dem Äußersten sich entziehen noch es gestalten kann«, bleibe nichts übrig, »als bei den Opfern anzusetzen«.[124] Nur wie? Das verrät auch der Kritiker nicht, es sei denn, man nimmt Adornos schon 1962 formulierten Satz zum Maßstab: »Die authentischen Künstler der Gegenwart sind die, in deren Werken das äußerste Grauen nachzittert.«[125]

Der Dramatiker Hochhuth aber wollte mit seinen Stücken Einfluß nehmen und deutlich auftreten. So läßt er in seinen »Soldaten« den britischen Premier Winston Churchill mit einem Kritiker des von der Royal Air Force betriebenen Luftkriegs gegen die deutschen Städte debattieren, dem Bischof Bell von Chichester (der die militärische Strategie tatsächlich während des Krieges im britischen Oberhaus öffentlich angriff). Der Bischof stellt auf der Bühne die Frage, ob ein Pilot, der »vorsätzlich Wohnzentren verbrennt«, noch als Soldat anzusprechen sei. »In Hammerbrook«, so Bell gegenüber Churchill, »verbrannte jeder dritte Bewohner oder mehr.« An den Außenwänden vieler Häuser in Hamburg habe man »verkohlte Mütter mit Kindern« gefunden.[126]

»Natürlich hätte ich viel lieber, statt nur die Generalstäbler zu zeigen, wie sie über die Strategie debattieren, Hamburg zu verbrennen, eine Familie in Hamburg-Hammerbrook gezeigt, im Arbeiter- und Hafenviertel«, erklärte Hochhuth mehr als 30 Jahre später, Adornos Kritik im Ohr. Man sei als Autor buchstäblich in Verlegenheit, »daß man

[124] Ebd., S. 140 ff.
[125] Adorno: Jene zwanziger Jahre. Zit. nach: Lyrik nach Auschwitz?, S. 53
[126] Rolf Hochhuth: Soldaten – Nekrolog auf Genf. Tragödie. Reinbek 1995. S. 225 f.

das Grauen an Ort und Stelle nicht einmal andeuten, geschweige denn zeigen kann«. Sein eigentliches Bestreben aber war, vergeblich, Einfluß auf das internationale Kriegsrecht zu nehmen: »Ich fand und finde noch heute, ein Genfer Verbot, offene Städte zu bombardieren, sei an der Zeit – besonders seit es die Atombombe gibt.«[127]

[127] Siehe Interview mit Hochhuth (in diesem Band)

Exkurs: Die Angst vor der Bombe

»Flieger waren über der Stadt, unheilkündende Vögel«, so lautet der Anfangssatz von Wolfgang Koeppens Roman »Tauben im Gras« (1951), der ein Bild Deutschlands wenige Jahre nach Kriegsende vermittelt. »Anflug und Abflug, Übungen des Todes, ein hohles Getöse, ein Beben, ein Erinnern in den Ruinen. Noch waren die Bombenschächte der Flugzeuge leer. Die Auguren lächelten. Niemand blickte zum Himmel auf.« Ein furioser Romanauftakt, der eine Gesellschaft zwischen wirtschaftlichem Aufbruch und neuer Kriegsangst skizziert: Die Zeitungen melden Bedrohliches (»Krieg um Öl«, »Verschärfung im Konflikt«, »Flugzeugträger im Persischen Golf«, »Atomversuche in Neu-Mexiko«, »Atomfabriken im Ural«), man lebt im geteilten Land, »im Spannungsfeld« zwischen östlicher und westlicher Welt, also »an der Nahtstelle, vielleicht an der Bruchstelle«, denn: »hier und dort horteten sie Pulver, den Erdball in die Luft zu sprengen«.[128]

Er habe den Roman kurz nach der Währungsreform geschrieben, »als das deutsche Wirtschaftswunder im Westen aufging«, erläuterte Koeppen (1906–1996) in einem Vorwort zur zweiten Auflage. Der Kopf sei »von Hunger und Bombenknall noch etwas wirr« gewesen, »und alle Sinne suchten Lust, bevor vielleicht der dritte Weltkrieg kam«.[129] Koeppen stand mit seiner Beobachtung nicht allein, viele Schriftsteller waren von der Angst vor einem Atomkrieg ergriffen – einer Angst, die das kulturelle Leben in Deutschland vom Sommer 1945 an ständig begleitete, im Grunde bis weit in die achtziger Jahre hinein, bis zum Ende des Kalten Krieges.

[128] Wolfgang Koeppen: Gesammelte Werke 2. Hrsg. von Marcel Reich-Ranicki u. a. Frankfurt a. M. 1990. S. 11
[129] Ebd., S. 9

»Atombomben und V2-Waffen werden die zukünftigen Kriege entscheiden«, davon war schon 1945 Hans Henny Jahnn überzeugt.[130] Ernst Jünger suchte, als er im August desselben Jahres vom Abwurf der ersten Atombombe über Hiroshima erfuhr, wieder einmal Zuflucht zu biblischen Vergleichen. »Es scheint, daß man durch Strahlung Mauern umwerfen kann«, notierte er im Tagebuch. »Das überbietet die Trompeten von Jericho.« Nicht nur Jünger dürfte in jenen Tagen die Überlegung angestellt haben, was geschehen wäre, »wenn wir den Krieg weiter in die Länge hätten ziehen können«, wenn also der Zweite Weltkrieg in Europa nicht schon im Mai 1945 zu Ende gegangen wäre – »man hätte uns dann noch mit einigen dieser Dinger aufgewartet, zu allgemeiner und inniger Genugtuung.« (Mit grimmiger Ironie und kommentarlos zitiert er in seinen Notizen den angeblichen Ausspruch eines Amerikaners in Deutschland: Es sei gut, daß Hitler diese Waffe nicht gekannt habe – »er würde sie verwandt haben!«)[131]

Thomas Mann hielt in den USA schon am Tag des Abwurfs, am 6. August, im Tagebuch fest: »Erster Angriff auf Japan mit Bomben, in denen die Kräfte des gesprengten Atoms (Uran) wirksam.« In den folgenden Tagen blieb das in seinem Tagebuch Hauptthema. Er schrieb über die »un-

[130] Jahnn: Briefe, S. 263

[131] Jünger: Tagebücher III, S. 505 f. – Es ist wohl nicht abwegig, hinter der späteren deutschen Protestwelle gegen Atomrüstung, der ersten großen außerparlamentarischen Opposition in der Bundesrepublik, auch einen verschobenen Protest gegen die tatsächliche Zerbombung der Städte und den möglicherweise nur durch das Kriegsende in Europa verhinderten Einsatz gegen Berlin oder Dresden zu erblicken. Der nach dem Krieg geborene Autor Durs Grünbein schreibt noch am 6. August 2000 in sein Tagebuch: »Gesetzt den Fall, sie hätten den Plan ausgeführt, die Bombe, statt auf dem Exerzierfeld Ostasien, im Herzen Europas zu testen. Sie hätten die faszinierende Fracht zielgenau abgeladen über der Heimatstadt Dresden, in deren Straßen die Wölfe damals ihrem kollektiven Untergang entgegenheulten. Was wäre gewesen, wenn … « Durs Grünbein: Das erste Jahr. Berliner Aufzeichnungen. Frankfurt a. M. 2001. S. 109

heimliche Zerstörung der Stadt« und formulierte: »Enormer Staubsturz himmelwärts.«[132] Bertolt Brecht drückte seine Abscheu Anfang September, ebenfalls im Tagebuch, unverblümter aus: »Der Sieg in Japan scheint denen, die ungeduldig ihre Männer und Söhne zurückerwarten, vergällt. Dieser Superfurz übertönt alle Siegesglocken.«[133]

Einer, der ebenfalls im US-Exil überlebt hatte, der jüdische Schriftsteller und Philosoph Günther Anders (1902–1992), machte die Warnung vor der Atombombe in den folgenden Jahrzehnten sogar zu seinem Lebensinhalt und zum zentralen Gegenstand seines Schreibens. Bis zu seinem Tod wurde er nicht müde, vor der apokalyptischen Potenz der Bombe zu warnen. Hiroshima und Auschwitz waren für ihn Chiffren des mörderischen Unheils des 20. Jahrhunderts. Er besuchte die Schauplätze des Schreckens: Hiroshima und Nagasaki 1958, Auschwitz 1966. Seine Reisenotizen publizierte er in den Büchern »Der Mann auf der Brücke« (1959) und »Die Schrift an der Wand« (1967) – das zweite Tagebuch (mit dem Auschwitz-Kapitel »Besuch im Hades«) umfaßt die Jahre 1941 bis 1966[134].

Hinter der berühmten Formel von der »Antiquiertheit des Menschen« (so der Titel von Anders' zweibändigem Hauptwerk, 1956/1980) verbarg sich die Überzeugung, daß der Mensch unfähig sei, für die Folgen seiner Erfindungen

[132] Thomas Mann: Tagebücher 1944–1946. Hrsg. von Inge Jens. Frankfurt a. M. 1986. S. 237 f.

[133] Brecht: Journale 2, S. 232

[134] Anders' Aufzeichnungen von der »Rückkehr nach Europa 1950«, vergleichbar den Notizen von Max Frisch aus der Zeit, sind bisher kaum beachtet worden. In Wien notierte er, August 1950: »Hausbesitzerin im Zentrum. – Als ich ihr erzählte, London oder Rotterdam, von deutschen oder polnischen Städten zu schweigen, seien unvergleichlich schlimmer zerbombt als Wien, da blickte sie mich argwöhnisch an; argwöhnisch und beleidigt, als mißgönnte ich ihr etwas, als wollte ich ihr etwas aberkennen, als sei die Beschädigung ihres Hauses ein Ehrentitel, den ich ihr streitig machen wollte.« Günther Anders: Tagebücher und Gedichte. München 1985. S. 135

und technischen Errungenschaften geradezustehen, sie überhaupt noch überschauen zu können. Der Abwurf der Atombombe war für Anders Sinnbild für die »Zerfällung« des Tatorts: Während früher der »Tatort« zugleich der Ort des Täters und des Opfers gewesen sei, »wird er nunmehr dividiert, wird er nun in zwei Ort zerfällt«[135]. Der Bomberpilot vermag nur noch zu ahnen, allenfalls aus sicherer Entfernung zu beobachten, nicht aber zu erfahren, was er angerichtet hat. Der Täter, glaubte Anders, fühle sich – anders als auf einem historischen Schlachtfeld – nicht mehr als Handelnder und Verursacher der Tat. Das alles aber, so betonte Anders ausdrücklich, gelte nicht für jene SS-Männer, »deren Taten sich ja direkt am Tatort abspielten«. Auschwitz, so stellt Anders am Ende fest (in einer 1979 verfaßten Nachschrift) sei moralisch »ungleich entsetzlicher« als Hiroshima.[136]

So mühsam sich in der frühen Bundesrepublik ein Bewußtsein für die von den Nazis begangenen Verbrechen und Massenmorde durchsetzte, so rasch und kontinuierlich entwickelte sich das Gefühl für die neue Bedrohung durch die Atombombe. Gut möglich, daß sich mancher Deutsche als Teil der internationalen Antiatombewegung (zu deren Vorreitern auch Anders zählte, er steuerte 1959 seine »Thesen zum Atomzeitalter« bei) insgeheim der erlittenen Ängste in den Bombennächten erinnerte, daß sich also in die Phantasie über erwartete kommende Schrecken die Bilder der schon erlebten mischten. Auffällig ist jedenfalls, wie gerade in der deutschen Literatur eine Vorliebe für das Sujet des Atomkriegszenarios Platz griff. Mit viel Liebe zum Detail entwarfen die Autoren die zu erwartenden Alpträume, erzählten in aller Farbigkeit von einer Apokalypse, deren rea-

[135] Anders: Hiroshima ist überall. München 1982. S. 86

[136] Anders: Besuch im Hades. Auschwitz und Breslau 1966. Nach »Holocaust« 1979. München 1979. S. 203 f.

les Eintreten in den Zeiten des Kalten Krieges für recht wahrscheinlich genommen wurde – was mittlerweile fast vergessen ist, nachdem der Ost-West-Konflikt ein halbes Jahrhundert nach Ende des Zweiten Weltkriegs ebenfalls zum Abschluß fand, ohne daß es zum befürchteten atomaren Schlagabtausch gekommen war.

Die Reihe der deutschen Untergangsvisionen begann schon in den fünfziger Jahren mit den Romanen »Keiner kommt davon! Berichte aus den letzten Tagen Europas« (1957) von Hans Helmut Kirst und »Die Kinder des Saturn« (1959) von Jens Rehn. Prädestiniert zum Schreiben solch apokalyptischer Fiktionen glaubten sich offenbar besonders Autoren, die im Hauptberuf Ärzte waren, wie Josef Gollwitzer (Pseudonym) mit dem Roman »6. August« (1975) oder Udo Rabsch mit »Julius oder Der schwarze Sommer« (1983). Gollwitzer entwarf keine Zukunftsbilder, sondern bemühte sich mit den Mitteln des Trivialromans, das Geschehen von Hiroshima zu rekonstruieren: Ein Amerikaner (ehemals Bomberpilot, nun Mitglied einer Delegation, die sich über die Folgeschäden unterrichtet) verliebt sich während eines dienstlichen Besuchs in Fernost in eine junge Japanerin (Opfer der Bombe, gezeichnet von Folgeschäden) – in einem Hörsaal werden vor Medizinstudenten die grauenhaften Verwundungen der Überlebenden erläutert. Rabsch ließ seine medizinischen Kenntnisse indirekter einfließen und verlegte die atomare Katastrophe in eine nahe Zukunft. Mitten in Europa wankt sein Held Julius durch verseuchte Landstriche, verkohlte Wälder und zerglühte Dörfer. Im selben Jahr wie Rabschs Roman, 1983, erschienen noch zwei ganz ähnliche Werke: »Glückliche Reise« von Matthias Horx und »Der Bunker« von Gerhard Zwerenz – Szenarien nach dem Atomschlag.

Die Romane sind allesamt kaum beachtet, schnell vergessen worden, und ein Nachzügler, der auch in diese Reihe gehört, »Die Rättin« (1986) von Günter Grass, wurde nur dank der Prominenz des Verfassers ausführlicher wahrgenommen, aber von der Kritik überwiegend abgelehnt. Angeführt werden die Bücher hier als Beleg für eine ehemals verbreitete Stimmung unter deutschen Autoren. Die bekannteren unter ihnen, abgesehen von Grass, mißtrauten allerdings der epischen Ausmalung des Schreckens und verlegten sich auf publizistische Wortmeldungen – oder auf Anspielungen wie Christa Wolf in ihrer Erzählung »Kassandra« (1983).

Man lebe mit der Bombe, so hatte Heinrich Böll schon 1966 das Grundgefühl definiert, »wir haben sie alle in der Tasche, neben den Zündhölzern und den Zigaretten, mit ihr, der Bombe, hat die Zeit eine andere Dimension gewonnen, die Dauer fast ausschließt.«[137] Rund 15 Jahre später schrieb Botho Strauß: »Kein Mensch kann unentwegt mit diesem menschheitlichen Einschnitt im Kopf herumlaufen.« Die Bedrohung möge dem Bewußtsein oft entschwinden, »dem Unbewußten aber vielleicht nicht«.[138] In der ersten Hälfte der achtziger Jahre wurden diese Ängste in Ost und West im Zusammenhang mit der Nachrüstungsdebatte noch einmal besonders virulent. »Was die anonymen nuklearen Planungsstäbe mit uns vorhaben, ist unsäglich«, erklärte Christa Wolf im Sommer 1982 vor Studenten in Frankfurt am Main. »Doch schreiben wir weiter in den Formen, an die wir gewöhnt sind. Das heißt: wir können, was wir sehen, noch nicht glauben. Was wir schon glauben, nicht aussprechen. [...] Sich den wirklichen Zustand der Welt vor Augen zu halten, ist psychisch unerträglich.«[139] Zwei Jahre später gab sich an derselben Stelle in Frankfurt ein Kollege aus der Bundesrepublik, Peter Härtling, noch eine Spur pa-

[137] Böll: Werke. Essayistische Schriften und Reden 2. Hrsg. von Bernd Balzer. Köln o. J. (1979). S. 44 f.

[138] Botho Strauß: Paare, Passanten. München 1981. S. 166 f.

[139] Christa Wolf: Voraussetzungen einer Erzählung: Kassandra. Darmstadt/Neuwied 1983. S. 85, 97

thetischer: »Wir schreiben, ob wir es wahrhaben wollen oder nicht, eine Endzeit-Literatur, erzählen beharrlich von dem Menschen vor der uns alle bedrohenden Fiktion.«[140]

Freilich gab es aus den Reihen der Autoren auch Gegenstimmen. Kurz und prägnant hielt etwa Peter Handke in seinem Journal »Phantasien der Wiederholung« (1983) fest: »Sicheres Zeichen, daß einer kein Künstler ist: wenn er das Gerede von der ›Endzeit‹ mitmacht«[141] – und Hans Christoph Buch merkte in einem Zeitungsartikel an, er werde den Verdacht nicht los, »daß es sich bei der hierzulande herrschenden Weltuntergangsstimmug um eine spezifisch deutsche Variante der allgemeinen Apokalypse handelt«; auch in anderen Ländern sorgten sich die Menschen um Krieg und Frieden, »aber, so scheint mir, ohne die bei uns verbreitete Endzeithysterie und die daraus entspringende Panik.«[142]

[140] Peter Härtling: Finden und Erfinden. Darmstadt/Neuwied 1984. S. 51
[141] Peter Handke: Phantasien der Wiederholung. Frankfurt a. M. 1983. S. 89
[142] Hans Christoph Buch: Wider die neue Wehleidigkeit. In: Frankfurter Rundschau vom 14. 5. 1983

Die Kinder des Bombenkriegs

So war es vielleicht gar kein Wunder, daß die jüngeren deutschen Autoren, die als Kinder im Luftschutzkeller gesessen hatten oder als Jugendliche zu Flakhelfern wurden, vorerst über ihre Erfahrungen schwiegen. Warum über den vergangenen Krieg reden, wenn ein neuer ins Haus zu stehen schien? Dieses Gefühl war keineswegs auf Deutschland beschränkt – wie es durchaus kein deutsches Exklusivschicksal war, in zartem Alter mit Bombergeschwadern konfrontiert zu sein. Der Niederländer Harry Mulisch etwa (1927 in Haarlem geboren) sah als Jugendlicher, freilich mit Freuden, alliierte Flugzeuge über seine Heimat gen Hannover oder Berlin fliegen, und sein Landsmann Cees Nooteboom (1933 in Den Haag geboren) erlebte im Mai 1940, wie Heinkel-Bomber und Stukas den Flugplatz Ypenburg in der Nähe des Elternhauses zerstörten (»mein Vater hat einen Sessel auf den Balkon gestellt und schaut zu«) und später Rotterdam angriffen (»der Horizont rot gefärbt«). Für das Kind ein unvergeßlicher Eindruck: »Der Sechsjährige war von einem unaufhörlichen Zittern erfaßt, damit es aufhörte, wurde sein Rücken mit eiskaltem Wasser abgewaschen. Unterdessen wurde am Roman meines Lebens geschrieben, ich brauchte nichts dazu zu tun.«[143]

Als Mulisch 1959 in Holland seinen Roman »Das steinerne Brautbrett« veröffentlichte, in dem das zerstörte Dresden Schauplatz ist und die Frage nach der Moral der Bombardierung im Zentrum steht, wurde er gefragt, warum er sich jetzt noch mit dem vergangenen Weltkrieg beschäftige – und nicht mit dem »nächsten«. Mulisch hatte sich als junger Mann in Dresden umgeschaut, und der Anblick der

[143] Cees Nooteboom: Wie wird man Europäer? Aus dem Niederländischen von Helga van Beuningen. Frankfurt a. M. 1993. S. 11

Trümmerstätte ließ ihn nicht los (»Die Stadt war eben nicht da! Völlig weg!«).[144] Zehn Jahre nach Mulisch publizierte der Amerikaner Kurt Vonnegut den Roman »Schlachthof 5«, der die Schwierigkeiten zum Thema macht, über die Erlebnisse im Einsatz zur Leichenbergung zu erzählen: als Kriegsgefangener in den Trümmern der Stadt.[145] Das Buch, das ein Welterfolg wurde, ist ein Lehrstück von überraschender Lebendigkeit: Das kaum Erzählbare – oder allenfalls nach vielen Jahren andeutungsweise Erzählbare – wird beharrlich, phantasievoll und in paradoxen Schritten umkreist. Die beiden besten und formal überzeugendsten Romane über den Dresdner Feuersturm vom Februar 1945 jedenfalls kommen aus dem Ausland.

In Deutschland gab es in den sechziger und siebziger Jahren nur wenige Versuche, den Luftkrieg zum Thema der Literatur zu machen, nachdem die frühe Welle der zumeist konventionell und unreflektiert erzählten Nachkriegsromane über die Front- und Bunkererlebnisse ohne viel Nachhall abgeflaut war – literarisch Bedeutsames war außer den Werken von Borchert, Ledig und Nossack, außer einigen Reise- und Tagebüchern kaum dabeigewesen. Offenbar wartete auch niemand mehr auf dieses Thema: Als 1967 ein noch kaum bekannter Autor namens Hans J. Fröhlich (1932–1986) einen Roman mit dem Titel »Tandelkeller« veröffentlichte, wurde die darin beschriebene unterirdische und scheinbar zeitenthobene Welt zumeist als surrealer Schauplatz gedeutet. Typisch dafür etwa folgende Kurzbeschreibung des Buches im Katalog einer öffentlichen Bücherei: »Das Vegetieren einer zusammengewürfelten Gesellschaft im labyrinthischen Keller eines Hauses wird zum Modellfall des Lebens unter den Bedrohungen unserer Zeit.«[146]

[144] Siehe dazu das Interview mit Mulisch (in diesem Band)
[145] Siehe dazu das Interview mit Vonnegut (ebd.)
[146] So 1968 in einer Hamburger Öffentlichen Bücherhalle

Daß hinter dieser Erzählwelt eine ganz konkrete traumatische Erfahrung stand, wollte kaum jemand erkennen: Fröhlich war in seiner Heimatstadt Hannover als Kind in einem Luftschutzkeller verschüttet gewesen – und wer das weiß, erkennt das Echo davon nur zu deutlich. Im Grunde hat Fröhlichs Prosastück eine ganz ähnliche Struktur wie Vonneguts Roman. Die Erinnerung drängt schubweise – in kursiv gesetzten Passagen – an die Oberfläche (wo es dann heißt: »nur die Angst bleibt und das Schreien aus dem Keller«), unterbricht gewissermaßen die parabelhafte Erzählung, um am Schluß, einem psychoanalytischen Prozeß vergleichbar, die Oberhand zu gewinnen – »jetzt liege ich hier und nun ist alles zuende«, so lautet doppeldeutig der letzte Satz, interpretierbar als Durchbruch der mit Todesangst besetzten Erinnerung ebenso wie vordergründig als Abschluß des Erzählexperiments.[147]

Hubert Fichte (1935–1986), der in Hamburg geboren war und den seine Mutter 1942/43 für einige Zeit in einem bayerischen Waisenhaus untergebracht hatte, war kurz vor den großen Angriffen auf Hamburg im Juli/August 1943 wieder zurückgekehrt. In seinem Werk erscheint der Bombenkrieg zunächst nur am Rande: in den ersten beiden Romanen »Das Waisenhaus« (1965) und »Die Palette« (1968), auch in einer kurzen Erzählung aus seinem Debütband »Der Aufbruch nach Turku« (1963)[148] – erst in Fichtes Roman »Detlevs Imitationen ›Grünspan‹« (1971) taucht das Thema mit Nachdruck auf, in einem eigenen, formal eigenwilligen Kapitel. Fichtes Alter ego Jäcki wird im Jahre 1968 zu einem Rechercheur in Sachen »Operation Gomorrha«, 25 Jahre nach dem Ereignis: Er sucht nach Informationen in Büchern – und vergleicht das Gelesene mit der

[147] Hans J. Fröhlich: Tandelkeller. Frankfurt a. M. 1967. S. 92, 215

[148] »Der dreiundzwanzigste Juli«, wieder abgedruckt in: Hamburg 1943, a.a.O., S. 126–131 – vgl. dazu auch das Nachwort.

eigenen Erinnerung. »Jäcki will alles über den Terrorangriff lesen«, heißt es, und in einer Art Selbstgespräch wird der auch von den Nazis verwendete Begriff »Terrorangriff« auf Tauglichkeit hin untersucht: »Wer wirft mir das Wort vor? Das Wort ist reingerüttelt in meinen Bregen von einigen zigtausend Kilo Sprengstoff. Das bedeutet für mich kein Kürzel mehr für die Propaganda von Dr. Joseph Goebbels. Für mich: Zebras in der Julius-Vosseler-Straße. Der Geruch der Leichen am Krüppelheim. Der Verlust des Begriffes Dauer. Wörterbuch des Unmenschen? Was ist ein Unmensch?«[149] Auch in diesem Prosastück wird der Prozeß der mühsamen Rekonstruktion, der Wiederaneignung eines kaum erzählbaren Erinnerungsstoffs vorgeführt.

Einen ebenso eindrucksvollen, streng komponierten und kompakten Text zum Bombenkrieg stellt die Erzählung »Der Luftangriff auf Halberstadt am 8. April 1945« von Alexander Kluge dar, enthalten in dem Band »Neue Geschichten. Hefte 1–18« (1977). Im Vorwort zu dem Buch machte der 1932 geborene Autor klar, daß er diesen Angriff als Kind miterlebt hatte, auch die Detonation einer Sprengbombe direkt neben sich: »Ich war dabei, als am 8. April 1945 in 10 Meter Entfernung so etwas einschlug.«[150] Nicht davon aber erzählt der Adorno-Schüler in seinem Text, sondern er bemüht sich, in der Montage aus echten oder vorgeblichen Zitaten, Fotos, Tabellen und Schaubildern die Ereignisse dieses Tages zusammenzusetzen, die Splitter unterschiedlicher Wahrnehmungen nebeneinanderzustellen, streng getrennt nach »Strategie von unten« (am Boden) und »Strategie von oben« (aus der Sicht der Angreifer). Die Unterscheidung zwischen Dokument, Zitat und Fiktion macht

[149] Fichte: Detlevs Imitationen »Grünspan«. Frankfurt am Main 1982. S. 34 – ebenfalls abgedruckt in: Hamburg 1943, S. 132–155.
[150] Alexander Kluge: Neue Geschichten. Hefte 1–18. »Unheimlichkeit der Zeit«. Frankfurt a. M. 1977. S. 9 – siehe auch das Interview mit Kluge (in diesem Band)

Kluge bewußt schwer. Am Ende freilich steht ein schlichter, eindringlicher Satz, einem Zeugen in den Mund geschoben: »An einem gewissen Punkt der Grausamkeit angekommen, ist es schon gleich, wer sie begangen hat: sie soll nur aufhören.«[151]

Schon zuvor, in der 1974 veröffentlichten erweiterten Neuausgabe seines Debütbands »Lebensläufe« (1962), lieferte Kluge eine grausame Anekdote zum Thema, die dort als kurzer Text für sich steht, Titel: »Kooperatives Verhalten«: »In einem Haus in Blaubach wurden nach dem Fliegerangriff vom 11. Februar 1943 die verkohlten Reste eines Menschen gefunden. Eine Hausbewohnerin behauptete, es handele sich um die Überreste ihres Mannes. Eine zweite Frau aus demselben Haus meldete sich und erklärte, ihr Mann habe ebenfalls in diesem zerstörten Keller gesessen, wahrscheinlich saß da einer neben dem anderen. Es seien Leichenreste ihres Mannes dabei. Auch sie möchte gerne eine Grabstätte besuchen können. Daraufhin machte die Hausbewohnerin, die zuerst zum Trümmerstück zurückgekommen war, den Vorschlag, die Reste des verkohlten Menschen zu teilen.«[152]

Hinter solch epigrammatischer Verdichtung der Katastrophe trat das autobiographische Moment zurück. Wie er selbst mit den Erlebnissen vom 8. April 1945 fertiggeworden war, erklärte Kluge allenfalls einmal im Interview: daß er als Kind zunächst nur daran dachte, ob möglicherweise nun die Klavierstunde ausfallen werde, oder was er danach seinen Freunden alles zu erzählen hätte – aber: »Solche Erlebnisse wirken lange nach«, so Kluge. Jahrzehnte später werde die Erinnerung immer intensiver.[153] In einer lobenden Kritik der »Neuen Geschichten« schrieb Hans Magnus Enzensber-

[151] Ebd., S. 106
[152] Kluge: Lebensläufe. Anwesenheitsliste für eine Beerdigung. Frankfurt a. M. 1974. S. 218
[153] Vgl. Interview in diesem Band

ger seinerzeit, Kluges Erzähltechnik mache ihn beim lesenden Publikum vielleicht nicht unbedingt beliebt, qualifiziere den Autor aber dazu, jene »Regungen und Gefühle« ausfindig zu machen, »die das fortdauernde Bombardement verschüttet hat und die oft jahrzehntelang später an den überraschendsten und ›verbotensten‹ Stellen wieder zutage treten, wie Blindgänger, in denen enorme Energien aufgespeichert sind.«[154]

Wie hat das auf die Kinder gewirkt, die damals in den bombardierten Städten gelebt hatten und später Schriftsteller wurden? Wie hat das nachgewirkt? Und hat es wirklich so wenige literarische Spuren hinterlassen – einen kafkaesken Roman bei Fröhlich, ein Romankapitel bei Fichte, eine Prosamontage bei Kluge? Vielleicht muß man sich einmal versuchsweise vorstellen, um sich das Ausmaß der Verstörung zu verdeutlichen, man hätte Kinder damals gelegentlich mit an die Front genommen, sie gewissermaßen zur Anschauung den Beschuß mit einer Stalinorgel oder ähnlichem erleben lassen. Ein absurdes Gedankenspiel. Qualitativ nicht viel anders aber war das, was sie daheim erlebten – Erfahrungen, die, um das mindeste zu sagen, »absolut neuartig« waren (Kempowski)[155]. Tatsächlich lassen sich diese Spuren finden. Ist man einmal hellhörig geworden, läßt sich das Echo der Luftangriffe und Tieffliegerattacken in den Texten zahlreicher deutscher Autoren nachweisen, die den Krieg als Kinder und Jugendliche erlebten.

Eine der eindringlichsten Schilderungen einer Schulzeit unter der Bedrohung des Bombenkriegs findet sich im ersten Kapitel des 1975 publizierten Erinnerungsbandes »Die

[154] Hans Magnus Enzensberger: Ein herzloser Schriftsteller. In: Der Spiegel vom 2. 1. 1978 (Nr. 1/1978) – Einen kleinen Seitenhieb kann sich der Rezensent Enzensberger bei allem Wohlwollen allerdings doch nicht verkneifen: »Es gehört zu den Spesen einer solchen Literatur, daß ihr Status als Literatur immer undeutlich bleiben wird.«

[155] Vgl. Kempowski-Interview (in diesem Band)

Ursache« von Thomas Bernhard (1931–1989). Die Brutalität, die der Salzburger Internatszögling in den letzten Kriegsjahren vom dortigen Direktor, einem Nazi, erfahren hat, quälte den jungen Bernhard ebenso wie die Erfahrung der Bedrohung aus der Luft (»in Form von Hunderten und Tausenden tagtäglich den Himmel verdüsternden und verfinsternden, dröhnenden und drohenden Flugzeugen«). Bei jedem Alarm suchten die Menschen die in den Berg getriebenen Luftschutzstollen auf, Menschen, an denen der Junge »die ununterbrochene Demütigung und Zerstörung ihres Wesens« diagnostizierte. Waren er und seine Mitschüler zunächst noch heimlich neugierig darauf, daß, »nach Hunderten von deutschen und österreichischen Städten, die schon bombardiert und zum Großteil auch schon völlig zerstört und vernichtet waren«, Salzburg bombardiert werde, so änderte sich das im Oktober 1944, nach dem ersten Angriff, recht schnell. »Wir schauten auf die Schutthaufen und die auf den Schutthaufen verzweifelt nach Menschen Suchenden, die ganze Hilflosigkeit der plötzlich unmittelbar in den Krieg Hineingekommenen hatte ich in diesem Augenblick gesehen, den vollkommen ausgelieferten und gedemütigten Menschen, der sich urplötzlich seiner Hilflosigkeit und Sinnlosigkeit bewußt geworden ist.«[156]

Vergessen hat der spätere Schriftsteller diesen Luftangriff und seine Folgen nie – für ihn war es ein entscheidendes, »mich für mein ganzes Leben verletzendes Geschehen«. Immer wieder zog es den Schüler in die Stadt, »in welcher es von Tag zu Tag immer neue Zerstörungen zu entdecken und zu bestaunen« gab. Einmal trat er kurz nach einem Bombardement »auf einen weichen Gegenstand« und glaubte, es handle sich um eine Puppenhand, tatsächlich aber handelte es sich um eine »von einem Kind abgerissene Kinderhand«.

[156] Thomas Bernhard: Die Ursache. Eine Andeutung. München 1988 (51. Ts.). S. 21, 23 f., 26

Ihm seien »diese furchtbaren Erlebnisse immer noch so gegenwärtig, wie wenn sie gestern gewesen wären«, schrieb Bernhard dreißig Jahre später in seinen Erinnerungen, auch den Beschuß der Züge durch Tiefflieger, »das Knattern der Bordkanonen«, habe er »heute noch genauso im Ohr wie damals«. Schließlich hatte er im April 1945 die weitgehende Zerstörung von Traunstein in Bayern miterlebt: »Diese kleine Stadt an der Traun hatte nur ein paar Tage vor dem Ende des Krieges einen der schrecklichsten und sinnlosesten Bombenangriffe überhaupt erleben müssen.« Mit Erstaunen und Befremden registrierte Bernhard später, daß seine Mitmenschen »alles vergessen haben oder nichts mehr davon wissen wollen«, niemand außer ihm wolle noch darüber reden – »die Zeit macht aus ihren Zeugen immer Vergessende«, so seine Erkenntnis.[157]

Von Christa Wolf (Jahrgang 1929) gibt es eine autobiographische Erzählung »Blickwechsel«, im Mai 1970 geschrieben, also 25 Jahre nach der Befreiung, eine Erzählung, in der sie beschreibt, wie sie als junges Mädchen aus dem zertrümmerten Berlin Richtung Westen flieht (»im Eilmarsch nach Schwerin, da sind die Amerikaner, und wer noch fähig war, sich Fragen zu stellen, der hätte es eigentlich merkwürdig finden müssen, wie alles jenem Feind entgegendrängte, der uns seit Tagen nach dem Leben trachtete«). Wie in einer Filmszene wird ein Angriff auf die Flüchtenden geschildert: »Erst sah ich die weißen Sterne unter den Tragflächen, dann aber, als sie zu neuem Anflug abdrehten, sehr nahe die Köpfe der Piloten in den Fliegerhauben, endlich sogar die nackten weißen Flecken ihrer Gesichter [...], und es kam mir unnatürlich vor, daß ich mich für eine Sekunde fragte, ob ihnen das Spaß machte, was sie taten.« Und sehr gefaßt schildert die Autorin aus der Erinnerung, wie neben ihr ein Mann stirbt, »nachdem die Tiefflieger ihm in den

[157] Ebd., S. 27 f., 55 f., 58

Bauch geschossen hatten«. Ihr trockener Kommentar: »So sah ich mit sechzehn meinen ersten Toten, und ich muß sagen: reichlich spät für jene Jahre.«[158]

Noch unerschrockener klingt das bei Peter Rühmkorf (Jahrgang 1929), der 1944 als vierzehnjähriger »Fronthelfer« Panzergräben zu ziehen und Schützenlöcher auszuheben hatte und in seinen Erinnerungen »Die Jahre die Ihr kennt« (1972) diese Erfahrungen fast als Abenteuer schildert: »Nach jedem Fliegerangriff, gleich nach der Entwarnung, erwachte fieberhaft mein Jagdtrieb. Hörte ich von Bombenabwürfen und Flugzeugabstürzen in der näheren Nachbarschaft, wallfahrtete ich zu den Fundstellen und fahndete nach neuesten Informationen. [...] Während ich mich auf die Bomben setzen mußte, um sie vorm Abrollen zu sichern, entfernte Klaus Staats mit feinen Radiobastlerfingern die Zündsysteme.« Er habe niemals Angst vor Bomben gehabt, »immer nur vor den eigenen Leuten«, den verhaßten Nazis, so Rühmkorf.[159]

[158] Christa Wolf: Gesammelte Erzählungen. Darmstadt/Neuwied 1980. S. 13 ff. – Ein noch früheres Beispiel aus der DDR ist, neben den Romanen des schon erwähnten Eberhard Panitz, der 1960 veröffentlichte und auch im Westen erfolgreiche Roman »Die Abenteuer des Werner Holt« von Dieter Noll (Jahrgang 1927): Darin muß der jugendliche Held als Flakhelfer Dienst tun (»Nachts dröhnte der Himmel von Bombermotoren«) und erlebt eine Nacht in einem Luftschutzkeller, wo er ein kleines Kind durch einen Mauerdurchbruch rettet, um dann zu erkennen, daß es längst tot ist. Dieter Noll: Die Abenteuer des Werner Holt. Roman einer Jugend. Berlin/Weimar 1990 (41. Aufl.). S. 260, 312 ff.

[159] Peter Rühmkorf: Die Jahre die Ihr kennt. Werke 2. Hrsg. von Wolfgang Rasch. Reinbek 1999. S. 13, 22 – Derartige Schilderungen in lockerer Tonart finden sich auch andernorts in der deutschen Literatur der siebziger Jahre, etwa in den frühen Werken Kempowskis (vgl. das Interview in diesem Band) oder auch zu Beginn des Debütromans des 1939 geborenen Horst Ulbricht, der seinen Helden im Kindesalter nach einer Bombardierung von N. (wahrscheinlich Nürnberg) einen Blick aus der Ferne auf die brennende Stadt werfen läßt: »Nach dem Luftangriff wird er von seinen Eltern auf den Dachboden des unbeschädigten Reihenhauses mitgenommen. Papa läßt ihn durch die Bodenluke die Brände sehen. Eine schöne Nacht: die Feuer. Nach anfänglicher Angst, schutzsuchendem Anklam-

Bei den noch jüngeren, im Krieg geborenen Autoren klingt das wieder ganz anders: Es wird weniger leichthin erzählt – wenn überhaupt. So hat der Österreicher Gerhard Roth, Jahrgang 1942, der im Januar 1945, noch keine drei Jahre alt, den Angriff eines Tieffliegers auf einen vollbesetzten Zug miterlebte, diese Erfahrung nur verschlüsselt in einer märchenhaften Miniatur zu Literatur gemacht, enthalten in seinem umfangreichen Roman »Landläufiger Tod« (1984).[160] Sein Landsmann Peter Handke, ebenfalls 1942 geboren, erlebte als Kind Luftangriffe sowohl in Berlin (woher sein Vater stammte) als auch in seiner Kärntner Heimat (sogar auf seinen Geburtsort Altenmarkt, Gemeinde Griffen, fielen Bomben). Er habe die als Kleinkind erfahrene Kriegsangst (»als die Bomben entweder auf Südkärnten oder auf Berlin gefallen sind«) noch lange als Trauma mit sich herumgeschleppt, sagte er später in einem Interview[161]. »Jetzt erinnerte ich mich, daß in der Nacht die Bomber geflogen waren«, heißt es in seinem Romandebüt »Die Hornissen« (1966)[162], und gleich auf der ersten Seite der Erzählung »Der kurze Brief zum langen Abschied« (1972) sagt der Held von sich: »Soweit ich mich zurückerinnern kann, bin ich wie geboren für Entsetzen und Erschrecken gewesen. Holzscheite lagen weit verstreut, still von der Sonne beschienen, draußen im Hof, nachdem ich vor den amerikanischen Bombern ins Haus getragen worden war.«[163] Viel mehr findet sich in Handkes Werken dazu nicht – dennoch liegt es nah, daß die spätere vehemente Stellungnahme des Autors im Zusammenhang mit dem Kosovo-Krieg sich

mern an Papa, gefällt ihm besonders der weihnachtskerzenhaft brennende Turm von St. P.« Horst Ulbricht: Kinderlitzchen. Reinbek 1978. S. 7

160 Siehe das Interview mit Roth (in diesem Band)

161 Zit. nach Adolf Haslinger: Peter Handke. Jugend eines Schriftstellers. Salzburg/Wien 1992. S. 22

162 Peter Handke: Die Hornissen. Frankfurt a. M. 1966. S. 12

163 Handke: Der kurze Brief zum langen Abschied. Frankfurt a. M. 1972. S. 9

auch aus diesen Kindheitsängsten speiste, zumal Handke vor allem die Bombardierungen durch Nato-Flugzeuge verurteilte.

Von Rolf Dieter Brinkmann (1940–1975) sind frühe Ängste nur posthum zu erfahren gewesen: aus seinem 1971 verfaßten, 1987 publizierten Tage- und Skizzenbuch »Erkundungen«. Der Autor, dem es während eines Aufenthalts in Rom nicht gelingen wollte, einen zweiten Roman zu schreiben (sein erster und einziger war 1968 erschienen: »Keiner weiß mehr«), haderte in den privaten Aufzeichnungen mit seiner Generation: »Sie können nicht einmal Schmerz darstellen, sie können weder Freude, noch Lust, noch Wut, noch Haß, noch Verachtung darstellen, nichts, spüren sie das nicht mehr, erfahren sie das nicht? So gepanzert? So ängstlich? Erledigt?« Und dann machte er einen bemerkenswerten gedanklichen Sprung. »Nach der dumpfen Enge und permanenten Betäubung von 1940 bis 1945, diese Angstatmosphäre, dieser Tod, plötzlich waren Leute verschwunden, kamen nicht mehr wieder, verhängte Fenster, Fliegeralarm, Bunker, Sand rieselt runter, ich muß immerzu den Mund offen halten, vor Angst singende Mutter, immer wieder«, heißt es unvermittelt. Er sei etwas über vier Jahre alt, kommt es dann wie eine jähe Erinnerung – »und jetzt ist die Verwüstung da/: kaputte Städte [...], erstarrte Körper, das ist Krieg, sieht das keiner???/: diese negativen Rückkoppelungen, die in Gang gesetzt worden sind, zu durchbrechen erfordert Kraft und Mut, wer geht schon gern durch seine eigene erstarrte Hölle?«[164]

Die eigene erstarrte Hölle: Selten wird so greifbar wie in diesen wenigen, in einer wüsten Collage aus Notizen, Entwürfen, Fotos versteckten Sätzen der Zusammenhang zwischen einer tief wirkenden Erschütterung und einer

[164] Rolf Dieter Brinkmann: Erkundungen für die Präzisierung des *Gefühls* für einen Aufstand. Reinbek 1987. S. 222

langfristigen Lähmung, einer Erschütterung, die nicht produktiv macht, sondern das Erzählen, das literarische Werk verhindert. Dazu noch ein Beispiel aus den siebziger Jahren: Sechs Jahre nach dem Selbstmord des Autors wurde 1977, zur Zeit des Deutschen Herbstes, das Romanfragment »Die Reise« von Bernward Vesper (1938–1971) publiziert, der der Sohn eines Nazidichters und zeitweise der Gefährte der späteren RAF-Terroristin Gudrun Ensslin war. Das Buch weist viele Ähnlichkeiten mit Brinkmanns Aufzeichnungen auf: ein Prosakonvolut aus Erinnerungen, poetologischen und autobiographischen Anmerkungen, Zitaten und Briefen, das vom Autor nicht mehr in eine Fassung gebracht wurde.

In Zürich machte Vesper im Juli 1970 eine kleine private Aufstellung, ordnete jedem Lebensjahr (von 1 bis 32) einen Begriff zu:

»1: Das Jahr der Geburt.
2: Das Jahr der Entwöhnung.
3: Das Jahr des Sprechens
4: Das Jahr der Spiele
5: Das Jahr der Nachtbomber.
6: Das Jahr des Zusammenbruchs.
7: Das Jahr des Hungers.«

Die »Nachtbomber«, als er fünf Jahre alt war: sie tauchen in der »Reise« immer wieder auf. Da ist das »Dröhnen der Bomber über dem Haus beim Nachtangriff« oder die »Angst in den Bombenkellern, wo im kochenden Heizungswasser der berstenden Rohre die Menschen verbrühten«, oder auch ein Besuch bei Verwandten in Braunschweig: »Gleich nachdem wir da waren, wurde das Haus zerbombt« – bruchstückhafte Reminiszenzen eines Mannes, der sich von seinem Vater lossagte, gleichwohl den Genossen der RAF nicht auf ihrem Weg in den Mord folgen wollte.[165]

[165] Bernward Vesper: Die Reise. Romanessay. Ausgabe letzter Hand. Frankfurt a. M. 1981 (91. Tsd.). S. 59, 231, 491

Die siebziger Jahre gingen mit der neuen Erfahrung des Terrors zu Ende, und daß das Kürzel RAF, das für die selbsternannte »Rote Armee Fraktion« steht, eigentlich die Abkürzung der »Royal Air Force« ist, war nur eines der verwirrenden Details dieser Zeit. In einem frühen Bekennerschreiben aus dem Jahr 1972 (nach einem Anschlag auf das Europa-Hauptquartier der US-Armee, bei dem drei Soldaten getötet und fünf schwer verletzt wurden) hieß es in grotesker Verkennung: »Die Menschen in der Bundesrepublik unterstützen die Sicherungskräfte bei der Fahndung nach den Bombenattentätern nicht, weil sie mit den Verbrechen des amerikanischen Imperialismus und ihrer Billigung durch die herrschende Klasse hier nichts zu tun haben wollen« – und es folgte der bemerkenswerte Zusatz: »weil sie Auschwitz, Dresden und Hamburg nicht vergessen haben«.[166]

[166] Zit. nach Mariam Lau: Der Deutsche Herbst als Exorzismus. In: Merkur, Heft 12/1997, S. 1087

Nach der Wende: der neue Blick zurück

Ähnlich wie bei Böll, Grass, Siegfried Lenz und Walser[167], in deren berühmten Nachkriegsromanen das Thema allenfalls am Rande eine Rolle spielt, wird auch bei Walter Kempowski der in »Tadellöser & Wolff« (1971) geschilderte Angriff auf Rostock vom April 1942 eher wie ein Zwischenspiel aus der Sicht des Kindes dargestellt. Der Autor selbst war später damit nicht mehr zufrieden. Er habe die eigene Erfahrung beim Schreiben »heruntergespielt«, sagte er im Gespräch – dabei sei das Erlebnis des Luftkriegs insgesamt für ihn »ungeheuerlich und lebensbestimmend« gewesen.[168] So wurde das Sammeln und Arrangieren von fremden Stimmen für den 1929 in Rostock geborenen Kempowski immer bedeutsamer: Er begann damit, Tagebücher, Briefe und Erinnerungen zu erbitten, zunächst aus der näheren Umgebung. In den achtziger Jahren systematisierte er die Suche, es entstand ein einzigartiges Archiv – Grundlage für jenes kollektive Tagebuch »Echolot«, dessen erste Lieferung dann Anfang der neunziger Jahre erschien. Das Ergebnis war eine Zusammenführung unterschiedlichster privater, dem Autor zur Verfügung gestellter Aufzeichnungen und bereits bekannter Quellen: Tag für Tag zu einem eigenwilligen Chor

[167] In Bölls Roman »Billard um halbzehn« (1959) ist die Frau eines der Protagonisten bei einem Bombenangriff ums Leben gekommen. Walser ließ erstmals in seinem Roman »Die Verteidigung der Kindheit« (1991) den Luftkrieg deutlich zum Thema werden, einem Roman, der nach authentischen Lebenszeugnissen eines Mannes geschrieben wurde, der als Kind den Feuersturm von Dresden erlebt hatte: »In jedem Augenblick konnte diese Angst vor dem Verfall ausbrechen, der Schrecken, den das Vergehen weckt. Der 13. Februar 1945. Das war immer der Tag, in dem er landete. Oft verfiel er dann in ein Weinen, bei dem er sich selber vorkam wie ein kleines Kind.« Martin Walser: Die Verteidigung der Kindheit. Frankfurt a. M.. 1991. S. 198. – Vgl. auch die Erwähnung des Luftkriegs in Günter Grass: Mein Jahrhundert. Göttingen 1999. S. 144f. und 150ff.

[168] Vgl. das Interview mit Kempowski (in diesem Band)

der Menschen in den Städten und an der Front, im Widerstand und im Exil angeordnet, ein gewaltiges Stimmen-Ensemble aus dem Alltag des Krieges, in den Luftschutzkellern und Konzentrationslagern – keineswegs nur auf die deutsche Perspektive beschränkt.

Es sah nur auf den ersten Blick so aus, als ob der Zweite Weltkrieg für die Literatur kein wichtiges Thema mehr sei. In den achtziger Jahren setzte eine Phase der Rückwendung ein. Parallel zu Kempowski etwa forschte der Regisseur Heinrich Breloer für eine TV-Dokumentation nach Tagebüchern: speziell nach Kriegsaufzeichnungen aus Kinder- und Jugendsicht, um die sich bisher niemand gekümmert hatte; 1984 erschien eine Auswahl der vielfältigen Dokumente auch in Buchform – darunter bemerkenswerte Notizen über die Erfahrung des Bombenkriegs und speziell des Hamburger Feuersturms.[169] Die »Operation Gomorrha« spielte außerdem in zwei eigenständigen Erinnerungsbüchern der achtziger Jahre eine wichtige Rolle: in Ralph Giordanos autobiographischem Roman »Die Bertinis« (1982) und in den Memoiren von Ingeborg Hecht: »Als unsichtbare Mauern wuchsen« (1984).

In beiden Fällen wird das Thema des Luftkriegs – erstmals – aus der Perspektive einer doppelten Gefährdung gezeigt: Die in den Büchern geschilderten Kinder haben jeweils einen jüdischen Elternteil und fürchten die Nazischergen nicht weniger als die Bomben, die ihnen immerhin mögliche Rettung verheißen, das Ende des Krieges und der Diktatur. »Es hat der vierzig Jahre seit der Befreiung bedurft«, schrieb Giordano (Jahrgang 1923) im Vorwort zu den Hecht-Erinnerungen, »bis das Thema nicht mehr sie, sondern sie das Thema ›hatte‹. Diese ungeheure Zeitspanne

[169] Vgl. Heinrich Breloer: Geheime Welten. Deutsche Tagebücher aus den Jahren 1939 bis 1947. Frankfurt a. M. 1999. Besonders S. 61–132, 145–166 (Das Buch enthält eine Auswahl aus einer schon 1984 publizierten Breloer-Edition unter dem Titel »Mein Tagebuch«.)

läßt sich für das gleiche Thema auch bei anderen Autoren nachweisen – ich habe für meinen Hamburger Verfolgten-Roman ›Die Bertinis‹ etwa die gleiche Frist benötigt, und aus den gleichen Gründen.«[170]

Tatsächlich brachte das Jahrzehnt für viele Jüngere die erste Annäherung an die traumatischen Erfahrungen – nach einer ganzen Weile des Schweigens und Verdrängens. Die Welle der frühen Kriegs- und Luftkriegsromane war nach 1960 abgeflaut, und die Werke waren zumeist schnell vergessen worden. Und so konnte W. G. Sebald zu dem 1982 erstmals formulierten Eindruck kommen, daß »die von Millionen Deutschen in den letzten Kriegsjahren miterlebten Luftangriffe auf deutsche Städte und die von dieser Zerstörung katastrophalen Ausmaßes bewirkte radikale Veränderung der gesellschaftlichen Lebensformen in der deutschen Literatur kaum je behandelt wurde«.[171] Auch in der historischen Forschung in Deutschland übrigens bereitete sich bereits der Wandel vor[172]. Ein Historiker aus der DDR, Olaf Groehler, arbeitete an einem übergreifenden Werk; als sein Buch »Bombenkrieg gegen Deutschland« dann 1990 endlich erschien, gab es seinen Staat schon nicht mehr, die fundierte Studie wurde nur wenig zur Kenntnis genommen.

Offenbar war in den neunziger Jahren, nach der Wende, ein neuer Blick zurück möglich geworden, ja zwingend ge-

[170] Ralph Giordano: Vorwort. In: Ingeborg Hecht: Als unsichtbare Mauern wuchsen. Eine deutsche Familie unter den Nürnberger Rassengesetzen. Hamburg 1984. S. 9 f. – Gisela Elsner (1937–1992) schilderte eigene Kindheitserlebnisse im Bombenkrieg in einem Roman mit dem Titel »Fliegeralarm« (1989), einem Buch, das so gut wie keine Beachtung fand.

[171] W. G. Sebald: Zwischen Geschichte und Naturgeschichte. In: Orbis litterarum, Heft 37/1982, S. 366

[172] Die Geschichtswissenschaft hatte sich noch weniger als die Belletristik um das Thema des Bombenkriegs gekümmert – von den in den zerbombten Städten allgegenwärtigen und viel Material bereitstellenden Lokalhistorikern einmal abgesehen.

boten: Von den Zeitzeugen, die den Zweiten Weltkrieg als Erwachsene erlebt hatten, lebten immer weniger, und auch jene, die damals Kinder oder Jugendliche waren, wurden nun langsam alt – vor allem jene, die zur Flakhelfer-Generation zählten, die also Ende der zwanziger Jahre geboren worden waren. Erinnerungen wurden geschrieben oder tauchten wie nebenbei in anderen Zusammenhängen auf – so etwa in dem Essay »Aussichten auf den Bürgerkrieg« (1993) von Hans Magnus Enzensberger, Jahrgang 1929. Er sehe sich immer noch, »nach fünfzig Jahren, in einem Keller hocken, eingewickelt in eine Decke«, heißt es bei ihm. Das Gebell der Flak könne er bis auf den heutigen Tag vom Heulen einer Luftmine unterscheiden: »Manchmal sucht mich im Traum der auf- und abschwellende Ton der Sirenen heim, eine widerwärtige Melodie.«[173]

Ludwig Harig (Jahrgang 1927) berichtete 1990 in seinem autobiographischen Roman »Weh dem, der aus der Reihe tanzt«: »Nie werde ich in den Bahnhof von Merzig einfahren können, ohne an den Tag zurückzudenken, als wir dort, von Tieffliegern angegriffen, aus dem Zug stürzten und uns kopfüber zwischen die Schienen warfen.« Eine Gruppe amerikanischer Jagdbomber attackierte die Menschen auf dem Bahnsteig, eine alte Frau schrie nach ihrer Tochter, die sich schützend über einen Kinderwagen werfen wollte und dabei stürzte: »Dort lag sie, ohne sich zu rühren, ich wußte nicht, ob sie schon tot war, doch dann strich eine Kugelgarbe über sie hinweg und perforierte sie der Länge nach vom linken Schulterblatt den Rücken hinunter bis zum Oberschenkel, und da wußte ich, daß ihr nicht mehr zu helfen war.«[174]

[173] Hans Magnus Enzensberger: Aussichten auf den Bürgerkrieg. Frankfurt a. M. 1993. S. 63

[174] Ludwig Harig: Weh dem, der aus der Reihe tanzt. Frankfurt a. M. 1993. S. 213 – Von den Folgen eines Tieffliegerangriffs 1944 in Mecklenburg handelt der Roman »Der amerikanische Traum« (1989) des 1927 gebore-

Ob Günter Kunert (Jahrgang 1929) in seinen Erinnerungen mit dem Titel »Erwachsenenspiele« (1997) beschreibt, wie er als Halbwüchsiger einer Frau zusieht, die auf der Suche nach ihrer Schwester in Berliner Trümmerbergen schreiend herumwühlt und »geschwärzte und deformierte Überbleibsel von Körpern ans Licht« zerrt[175], oder Günter de Bruyn (Jahrgang 1926) in »Zwischenbilanz« (1992) als Jugendlicher vor den Trümmern des Hauses steht, »in dem ich geboren und aufgewachsen war«, nachdem eine Luftmine im Hof detoniert war (seine Schwester half bis zum Morgen, Tote und Verwundete wegzutragen) – das Fazit ist überall das gleiche: »Meine Kindheit war nun wohl wirklich zu Ende.«[176]

Bisweilen war auch das Gefühl da, in der Stunde des Schreckens gewissermaßen erstarrt und dazu verurteilt zu sein, ein ewiges Kind zu bleiben: Wolf Biermann (Jahrgang 1936), der im Alter von sechs mit seiner Mutter durch das von der »Operation Gomorrha« entfachte Hamburger Feuerinferno um sein Leben lief, hat sich später so geäußert. Über diese Nacht könne er einen Roman schreiben, schrieb Biermann 1995, wenn er denn Romane schreiben könnte[177]. Er bilde sich ein, sagte er im Gespräch, daß in dieser Nacht der Grundstein dafür gelegt worden sei, daß er Lieder und Gedichte schreibt[178] – immerhin sind auch zwei über den Bombenkrieg darunter: »Jan Gat unterm Himmel in Rot-

nen Ernst Augustin; Stephan Wackwitz, 1952 geboren, schildert in dem autobiographischen Roman »Ein unsichtbares Land« (2003), wie seine Mutter noch Jahrzehnte nach dem Krieg unter den Verletzungen durch den Beschuß eines Tieffliegers zu leiden hatte.

175 Günter Kunert: Erwachsenenspiele. Erinnerungen. München 1997. S. 75

176 Günter de Bruyn: Zwischenbilanz. Eine Jugend in Berlin. Frankfurt a. M. 1992. S. 165

177 Wolf Biermann: Alle Gedichte, Köln 1995. S. 180 (auch enthalten in: Hamburg 1943, a.a.O., S. 247)

178 Vgl. Interview mit Biermann (in diesem Band)

terdam« und »Die Elbe bei Hamburg«, verfaßt 1988 und 1993. »Genau auf sechseinhalb blieb meine Lebensuhr da stehen«, heißt es in dem Hamburg-Gedicht über Biermanns Flucht durch den Feuersturm.[179]

Biermann war, ähnlich wie Ralph Giordano, in einer »komplizierten Interessensituation« (so seine Formulierung im Gespräch) – in Lebensgefahr durch genau jene Bomben, die seine Mutter, deren jüdischer Mann in Auschwitz ermordet worden war, eigentlich begrüßte. »Es wäre interessant«, antwortete er auf Nachfrage, »denselben Vorgang aus der Perspektive eines kleinen Jungen und einer Arbeiterfrau zu schildern, die weiß, daß ihr Mann gerade durch den Schornstein in Auschwitz gegangen ist und als Rauch in diesem verrauchten Himmel schon zuguckt, von oben. Das wäre, wenn ich denn einen Roman schreiben müßte, der raffinierte Drehpunkt, der die Sache dann auch interessant für andere Menschen macht. Denn nur Wunden vorzeigen, nur zeigen, wie schlimm es alles war und wie schrecklich – das ist die erste naive und menschliche Reaktion, aber nicht hinreichend für große Literatur. Und wenn man über sowas schon schreibt, dann reicht es nicht, daß das Feuer so groß war und das Entsetzen so gewaltig.«[180]

Kaum ein anderes Dokument aus dem Weltkrieg schildert den Zwiespalt von doppelter Angst und halber Hoffnung so hautnah wie die Tagebücher des jüdischen Wissenschaftlers Victor Klemperer (1881–1960) aus Dresden, den seine Ehe mit einer Nichtjüdin vor dem Zugriff der Nazis zunächst schützte. Er hielt die Kriegszeit in geheimen Aufzeichnungen akribisch fest, so auch die alliierten Luftangriffe vom Februar 1945. In einem größeren zusammenhängenden Bericht unter dem Titel »Die Dresdener Vernichtung am 13. und 14. (Dienstag, Mittwoch) Februar

[179] Biermann: Alle Gedichte, S. 157 (auch enthalten in: Hamburg 1943, S. 240)
[180] Vgl. Interview mit Biermann (in diesem Band)

1945« schilderte er die grausamen Erlebnisse im Feuersturm – notiert gut eine Woche danach an einem anderen Ort, wohin er sich in Sicherheit hatte bringen können: endlich ohne den Judenstern, den er sich auf Anraten von Freunden vom Mantel gerissen hatte: »In diesem Chaos und bei Vernichtung aller Amtsstellen und Verzeichnisse ... Übrigens hätte ich gar keine Wahl; mit dem Stern würde ich sofort ausgesondert und getötet.« Immer wieder, notierte er, bewege ihn die »doppelte Gefahr«: einerseits die Gefahr der »Bomben und Russen«, die er mit anderen teile, andrerseits diejenige, die er seine »eigene und die weitaus größere« nannte, die vor Verhaftung, Deportation und Ermordung. Ausgerechnet die furchtbare Bombennacht hatte ihm endlich die Möglichkeit beschert, sich von der zweiten Gefahr zu befreien; er wagte sogar wieder, sich in der Öffentlichkeit frei zu bewegen: »Ich saß in Restaurants, ich fuhr Eisenbahn und Trambahn – auf alles das steht im 3. Reich für mich der Tod.«[181]

Es mag Zufall sein, daß dieses Tagebuch ausgerechnet 1995 publiziert wurde (nach langwierigen Vorarbeiten), ein halbes Jahrhundert nach Ende des Krieges – dennoch ist die Häufung der retrospektiven Editionen in dieser Zeit auffällig. Zwei Jahre zuvor war der erste Teil von Kempowskis »Echolot« erschienen, zunächst in vier Bänden, und ein überraschender Erfolg geworden. Weitgehend ungehoben war bis 1996 auch ein Schatz, der Jahrzehnte im ehemaligen Ostberliner Stadtarchiv überdauert hatte: die wohl einzigartige Sammlung von nicht weniger als 1358 Hausaufsätzen, in denen die Schulkinder des Bezirks Prenzlauer Berg im Frühjahr 1946, teils mit Hilfe der Eltern und Geschwister, über ihr Leben unter Bomben und in Trümmern Auskunft gegeben hatten (»In sechs langen Kriegsjahren«, so ein

[181] Victor Klemperer: Ich will Zeugnis ablegen bis zum letzten. Tagebücher 1942–1945. Hrsg. von Walter Nowojski. Berlin 1995. S. 675; vgl. auch S. 661 ff.

Mädchen einer 7. Klasse, »wurde uns die Sirene ein angsteinflößendes Ungeheuer«[182]). Und erst 1998 fanden sich im Nachlaß des ehemaligen Bundesjustizministers Gerhard Jahn jene Briefe wieder, die er und seine Schwestern 1943 und 1944 an ihre in einem Lager inhaftierte jüdische Mutter geschrieben hatten – bevor Lilli Jahn nach Auschwitz transportiert und dort ermordet wurde. Die Kinder waren weitgehend auf sich allein gestellt (der Vater hatte sich 1942 von seiner Frau scheiden lassen und eine neue Familie gegründet), und sie waren der Angst um ihre Mutter, der Furcht vor den Nachstellungen der Gestapo und vor den Angriffen der Alliierten gleichermaßen ausgesetzt. In den Briefen, die sie regelmäßig in das Lager Breitenau bei Kassel schickten, wird der ungeheure Druck, der auf den Kindern und Jugendlichen lastete, ebenso greifbar wie ihr Versuch, der Mutter keine zusätzlichen Sorgen zu bereiten.

Die Realität des Luftkriegs konnten sie vor ihr nicht verheimlichen, schon gar nicht nach jenem Feuersturm, der im Oktober 1943 Kassel weitgehend vernichtete, rund 10000 Tote forderte und dessen Schein bis ins nahe gelegene Lager sichtbar war. In ergreifenden, höchst anschaulichen Briefen schildern die Kinder diese eine Nacht, in der sie überlebten, aber die Wohnung verloren, und wie sie sich in den Tagen danach mühsam zurechtfanden. »Dieser Lauf durch Feuer und Hitze war ein Lauf fürs Leben durch den Tod«, so beschreibt die älteste, 14 Jahre alte Tochter Ilse, wie sie sich und ihre Geschwister durch die brennende Stadt in Sicherheit bringt.[183] Kann die erzählende Literatur mit solch beklemmenden Dokumenten überhaupt mithalten und konkurrieren? Das ist eine Frage, die man sich bei einem Buch wie

[182] »Ich schlug meiner Mutter die brennenden Funken ab.« Berliner Schulaufsätze aus dem Jahr 1946. Hrsg. vom Prenzlauer Berg Museum, Auswahl von Annett Gröschner. Berlin 1996. S. 81

[183] Martin Doerry: »Mein verwundetes Herz«. Das Leben der Lilli Jahn 1900–1944. Stuttgart/München 2002. S. 213

»Mein verwundetes Herz« (2002) unwillkürlich stellt, in dem der 1955 geborene Autor und Enkel von Lilli Jahn, Martin Doerry, die Briefe mit großer Zurückhaltung ediert und kommentiert hat.

Doch gibt es zumindest ein Beispiel aus der jüngsten Zeit für das Gelingen von literarischer Darstellung und Erinnerung: Dieter Fortes Romantrilogie »Das Haus auf meinen Schultern«, dessen drei Bände in den neunziger Jahren erschienen sind: »Das Muster« (1992), »Der Junge mit den blutigen Schuhen« (1995) und »In der Erinnerung« (1998). Der mittlere Band bietet eine der eindringlichsten Darstellungen des Luftkriegs in der deutschen Literatur überhaupt, der dritte schildert die unmittelbare Nachkriegszeit, das Leben inmitten von Trümmern, und er endet mit einem fast verwunderten Rückblick aus der Gegenwart.

Vor allem diese beiden Bände sind Ergebnis eines von Forte mühsam erkämpften Eintauchens in die eigene Kindheit und deren Schrecken. Er brauchte Jahrzehnte, um sich an dieses Thema heranzutrauen – wie es auch anderen aus der »Generation der Kinder in den Großstädten« (Forte) erging, »die sich erinnern können, wenn sie es können, wenn sie die Sprache dafür finden, und darauf muß man ein Leben lang warten«.[184] Während des Schreibens, so Forte im Gespräch, habe sich in ihm etwas geöffnet. »Und die gesamte Erinnerung war da. Nicht nur das oberflächlich Behaltene, die gesamte Erinnerung. Auch der Schrecken und die Angst, die in mir ist. Es war ein richtiger Durchbruch. Ich habe geschrieben, geschrieben, die Manuskriptseiten sind kaum lesbar. [...] Im Grunde ist alles noch da, und vielleicht wollen die Menschen deswegen nichts davon hören.« Es sei sein Lebensinhalt, das zu berichten, »alles Vorherige war nur ein Umweg«.[185]

[184] Dieter Forte: Schweigen oder sprechen. Frankfurt a. M. 2002. S. 33
[185] Siehe Interview mit Forte (in diesem Band)

Die neunziger Jahre, das ist oft beschrieben worden, ließen in Deutschland viele politische und kulturelle Gewißheiten in sich zusammenbrechen, an die sich auch und gerade Intellektuelle und Schriftsteller geklammert hatten. Das erwies sich besonders deutlich an den Debatten über den Golfkrieg (1991) und den Krieg im Kosovo (1999), wo erstmals seit dem Zweiten Weltkrieg in Europa wieder Bombeneinsätze – nun von der Nato – geflogen wurden. Gerade an diesen Schlägen aus der Luft entzündete sich die Diskussion, und es war auffällig, wie stark die Argumentation von frühen eigenen Erfahrungen und deren späterer Interpretation geprägt war, denn nun meldete sich vor allem die Generation der deutschen Kriegskinder zu Wort.

Dieter Forte etwa bezog eine deutlich pazifistische Position: Krieg erreiche immer nur teilweise das Ziel, für das er angeblich geführt werde; er töte Menschen auf qualvolle Weise, und die Überlebenden seien bis zu ihrem Tod gezeichnet. Und dann: »Ich habe den Krieg als Kind erlebt, monatelange Bombardierungen, wochenlange Kampfhandlungen, ich habe in der totalen Angst der auf mich herunterdröhnenden Bomben gelebt, einer Angst, die bis zum heutigen Tag in mir ist.« Vielleicht sei dieses »Urgefühl des Krieges in mir« daran schuld, daß er keinem Militär und Politiker auch nur annähernd glaube.[186]

Als Christa Wolf die Nachrichten vom Beginn der Bombardements empfing, sei es »wie ein Film vor meinem inneren Auge in Sekundenbruchteilen« abgelaufen: »Menschen in Luftschutzkellern, Sirenen, Bombeneinschläge, Angst. Und Tote, Verwundete zu den Ermordeten in den Dörfern und Städten des Kosovo. Und, auch das habe ich erlebt: die Trecks der Vertriebenen, ihre Heimatlosigkeit,

[186] Antwort auf eine Umfrage unter dem Titel »Ein Territorium des Hasses. Deutsche Schriftsteller äußern sich zum Nato-Bombardement«. In: Der Spiegel vom 12. 4. 1999 (Nr. 15/1999)

ihre Entbehrungen, ihre Angst.« Sie formulierte aus Kenntnis beider Situationen am deutlichsten den Zwiespalt, in den die als Hilfe für die Flüchtlinge gedachten Bombardierungen auch sie selbst führten: »Ich sehe mich in eine Zwangslage gebracht, aus der ich keinen Ausweg weiß.«[187]

Ganz anders Hans Magnus Enzensberger: Er sei nie Pazifist gewesen, »weil ich meine Existenz den Siegern des Zweiten Weltkriegs verdanke«.[188] Die Frage, wie berechtigt, wie notwendig, wie sinnvoll speziell die alliierten Luftangriffe

[187] Ebd.

[188] Kurzinterview mit Enzensberger in: Der Spiegel vom 12. 4. 1999 (Nr. 15/1999) – Ähnlich argumentierte wenige Jahre später auch Wolf Biermann: Er sei immer »ein Furchtsamer« gewesen. »Dennoch hatte mich nie die Angst vorm Schlimmsten: vor dem Krieg.« Diese Gemütsbewegung sei ihm im Sommer 1943 abgetötet worden, »als meine Mutter mit mir unter dem Bombenhimmel der amerikanischen und britischen Fliegenden Festungen mitten im Hamburger Feuersturm in der Hammerbrookstraße aus dem Inferno kroch«: Seine Mutter habe dem Kind erklärt, daß diese »schlimmen schlimmen« Bombenflugzeuge sie befreien würden: »Es war nur so unpraktisch, daß uns die Bomben unserer Lebensretter selber auf den Kopf fielen.« Und polemisch zugespitzt schrieb Biermann, nun im Zusammenhang mit dem Krieg gegen den Irak: »Die meisten Kinder und Kindeskinder der Nazi-Täter-Generation sind reflexartig und prinzipiell gegen jeden Krieg. [...] Niemals wieder! wollen die Nachgeborenen der Nazis werden wie ihre verdorbenen Väter und Mütter: Täter.« Das sei verständlich und sympathisch. Doch, so Biermann weiter, gelte das eben auch für die Nachgeborenen der damaligen Opfer: »Leute wie ich wollen dies und das sein, aber niemals wieder Opfer.« Wolf Biermann: Brachiale Friedensliebe. In: Der Spiegel vom 24. 2. 2003 (Nr. 9/2003) – Ein Beispiel dafür, wie stark selbst die Position eines Politikers von den Erinnerungen an die Bombennächte geprägt sein kann: In der Debatte um den Irak-Krieg vertrat der ehemalige Hamburger Bürgermeister Henning Voscherau eine Gegenposition zu der Biermanns und äußerte sich deutlich gegen diesen Krieg. Bei seinen Argumenten tauchte auch dieses eine auf: »Die Geräusche von Alarm, Bombenangriffen, Detonationen und schließlich Entwarnung, die Gefühle schweigender Anpassung und Angst im Luftschutzkeller sind meine frühesten Erinnerungen. Bombenkrieg tötet stets zivile Unschuldige, Frauen und Kinder, trifft immer das Volk, kaum je den Diktator. Dem Widerstand gegen Hitler haben die Bomben nicht geholfen, im Gegenteil. Gerade Arbeiterfamilien in den roten Wohnquartieren des Widerstands wurden ausgelöscht.« Henning Voscherau: Als Freund Amerikas Nein sagen. In: Hamburger Abendblatt vom 12. Februar 2003

auf die deutschen Städte waren, hatte Enzensberger indirekt vorher schon in seinem Gedicht »Herbst 1944« gestellt. Darin heißt es über die Gefühle des Vierzehnjährigen, der er zu der Zeit war: »Zwar dem, der im Gras lag, / kamen sie herrlich vor, / wie sie hoch oben glitzerten / am wolkenlosen Oktoberhimmel, / die Bomberströme, und schade / war es nicht um die Andenken, / die in der Ferne verbrannten / auf dem modrigen Dachboden [...] –«, doch gibt es eben eine Schlußstrophe, auf die alles zuläuft: »aber im Keller die Leichen / sind immer noch da«.[189] Das ist die Sicht des Erwachsenen, in der sich die ganze Ambivalenz gegenüber dem Luftkrieg spiegelt.

Und offenbar wirkt der Schock dieser Erfahrung bis heute nach. Bemerkenswert etwa, daß selbst Autoren, die mitten im Krieg geboren wurden, die also hauptsächlich frühkindliche Erinnerungen an die Bombennächte haben, anschaulich von ihnen berichten, wenn auch zumeist bruchstückhaft. Monika Maron, 1941 in Berlin geboren, beschreibt in ihrem autobiographischen Buch »Pawels Briefe« (1999) Szenen im Luftschutzkeller, die sie im Alter von drei oder vier Jahren erlebt haben muß. Gleich zu Beginn der Erzählung – Untertitel: »Eine Familiengeschichte« – taucht die Frage auf, warum sie gerade jetzt über das Leben ihres jüdischen Großvaters schreiben wolle, »warum erst jetzt, warum jetzt noch«. Ihre Antwort: »Erinnerungen haben ihre Zeit.«[190]

Bei Wolfgang Hilbig, der 1941 in Sachsen geboren wurde, ist es – mehr als 50 Jahre danach – ein Romanheld, der ebenfalls die Frage der Erinnerung thematisiert: »Und einmal war ihm der Knall der zerspringenden Lampe in den Schlaf gefahren, so tief dieser auch gewesen war: dunkel glaubte er sich der Explosion zu entsinnen, die schwach hereinge-

[189] Enzensberger: Kiosk. Frankfurt a. M. 1995. S. 22
[190] Monika Maron: Pawels Briefe. Frankfurt a. M. 1999. S. 7

drungen war wie aus einem entfernten Gelände ... so ähnlich mußten sich in den letzten Kriegsjahren die in den Straßen zerplatzenden Luftminen angehört haben, wenn er mit seiner Mutter im Keller Schutz gesucht hatte ... wahrscheinlich konnte er sich nicht wirklich an diese Zeit erinnern; es war dies in den ersten drei Jahren nach seiner Geburt gewesen.«[191] Hilbig hat verschiedentlich bestätigt, daß es sich dabei um eigene Erfahrungen handelt: »Meine ersten Erinnerungen, die ich zu haben glaube, sind fast immer geprägt vom Feuerschein und Rauch der Bombenangriffe auf die kleine Industriestadt, in der wir wohnten.«[192] Die Ruinen und Trümmer waren seine Spielstätten.

Dem noch jüngeren, im Allgäu geborenen W. G. Sebald (1944–2001) kamen die Schutthalden lange als Inbegriff der Großstadt vor. Auch später stellte sich für ihn beim Betrachten solcher Bilder »das Gefühl einer Identität, eines Ursprungs« ein, wie er im Gespräch erläuterte.[193] »Bei Kriegsende war ich gerade ein Jahr alt und kann also schwerlich auf realen Ereignissen beruhende Eindrücke aus jener Zeit der Zerstörung bewahrt haben«, notierte er. Dennoch habe er das Gefühl, sozusagen vom Krieg abzustammen, »als fiele von dorther, von diesen von mir gar nicht erlebten Schrecknissen, ein Schatten auf mich« – ein Schatten, aus dem er nie ganz herauskommen werde[194]. »So nahe am Schrecken geboren zu werden«, nämlich im Jahr 1947, gab auch Peter Sloterdijk das Gefühl, »mitten aus diesem Krieg zu stammen«.[195]

Mittlerweile ist der Luftkrieg auch in Prosa und Lyrik von

[191] Wolfgang Hilbig: »ICH«. Frankfurt a. M. 1993. S. 139

[192] Hilbig: Über Umwege und Rückzüge. In: Buchreport vom 1. 6. 2002

[193] Siehe das Interview mit Sebald (in diesem Band)

[194] W. G. Sebald: Luftkrieg und Literatur. München 1999. S. 83

[195] »Ich glaube, wir Nachkriegskinder haben den gnostischen Schock stärker verspürt als andere, leicht geborene, ruhig getragene – denn deren Mütter führen weniger Nachbeben von Furcht und Todesangst mit sich.« Sloterdijk: Versprechen auf Deutsch, a.a.O. S. 17

Autoren, die nach dem Krieg geboren wurden, zum Thema geworden. Während Klaus Modick, Jahrgang 1951, dem jungen Helden seines Romans »Das Grau der Karolinen« (1986) einen älteren Augenzeugen des Hamburger Feuersturms zum Gesprächspartner beschert und auf diese Weise die Distanz (und die Erfahrungslücke) überbrückt, scheint der Zweite Weltkrieg in »Morbus Kitahara« (1995) des 1954 geborenen Österreichers Christoph Ransmayr nie ein Ende gefunden zu haben. Deutschland ist in dem eigenwilligen, mit historischen Fakten spielenden Roman, dessen Held zu Beginn als Frühgeburt inmitten einer Bombennacht zur Welt kommt, eine bleibende trostlose Trümmerwüste. In der autobiographischen Reportagesammlung »Drei Stunden Null« (1998) von Wolfgang Büscher, Jahrgang 1951, wird die Bombardierung von Breslau und Berlin zum historischen Hintergrund einer Analyse der 68er-Generation – auch Rudi Dutschke taucht als Kind im Luftschutzkeller auf.

Der Lyriker und Essayist Durs Grünbein, 1962 in Dresden geboren, nennt seinen Geburtsort in dem Gedichtband »Nach den Satiren« (1999) »die Restestadt«. Von den »smarten Jungs, den Fliegern«, ist die Rede, die sich »im Tiefflug Mensch und Bestie holten«. Und der Autor fragt in seinem Gedicht »Europa nach dem langen Regen«:

»War es das wert? Daß ganze Städte,
Aus denen Züge zur Vernichtung rollten,
Brachflächen wurden an den Ufern Lethes.«[196]

Ganz prosaisch hat Grünbein diese Frage 1999 auch in eine Stellungnahme zur Debatte um den Krieg im Kosovo formuliert und eine Antwort versucht. Man müsse kein Idealist sein, um einzusehen, »daß die Bombe ein Erziehungsmittel sein kann, wie wir aus Deutschland wissen«, schreibt er. »Dort wurde einer sagenhaft starrsinnigen Bevölkerung vor einem halben Jahrhundert der National-

[196] Durs Grünbein: Nach den Satiren. Frankfurt a. M. 1999. S. 150 f.

sozialismus wie ein fauler Zahn gezogen. So war Dresden, nach der Logik der Erzengel, der Preis für Auschwitz.« Und er fährt fort: »Die alte Frau, die an der Elbe im Feuersturm umkam, kann sich bei Gott bedanken für ein Regime, das genauso über sie kam wie die britischen Bomber. Hatte sie sich schuldig gemacht? Zwei Generationen haben nicht ausgereicht, um die Frage restlos zu klären. Nur soviel scheint sicher: Ein Stamm, der nicht mehr erkennen mag, auf wieviel Vernichtung und Unterdrückung sein Auskommen beruht, gehört wohl vom Ausland gezüchtigt. Wenigstens dann, wenn er selbst angreift.«[197]

»Europa in Ruinen« – mit diesem Buch hatte Enzensberger 1990 das Jahrzehnt des Rückblicks eingeläutet: einer Collage aus Reiseberichten der Jahre 1944 bis 1948, aus Büchern und Reportagen von damaligen Besuchern in der Trümmerwelt, Texten, die längst vergessen und zum Teil nie übersetzt worden waren. »Hätte jemand den Höhlenbewohnern von Dresden oder Warschau damals eine Zukunft wie die des Jahres 1990 prophezeit«, so der Herausgeber und Arrangeur im Begleittext, »sie hätten ihn für verrückt gehalten. Ebenso unvorstellbar aber ist den Heutigen ihre eigene Vergangenheit geworden.«[198] Offenbar war es an der Zeit, alte Bücher wieder hervorzunehmen, sie neu oder überhaupt erstmals vollständig zu edieren. Im Jahr 1989 schon war Remarques Roman »Zeit zu leben und Zeit zu sterben« (1954) in erweiterter Fassung erschienen; 1992 wurde ein zuvor nie komplett publizierter Böll-Roman herausgegeben: »Der Engel schwieg« – angekündigt war er als Buch 1951: »Die Handlung beginnt am Tage der Kapitulation« (Böll)[199], geschildert wird die Heimkehr in eine zer-

[197] In: Der Spiegel vom 12. 4. 1999 (Nr. 15/1999)

[198] Hans Magnus Enzensberger (Hrsg.): Europa in Ruinen. Augenzeugenberichte aus den Jahren 1944–1948. München 1995. S. 7

[199] Zit. nach dem Nachwort in: Heinrich Böll: Der Engel schwieg. Köln 1992. S. 196

trümmerte Großstadt (deutlich als Köln identifizierbar), ein bemerkenswert illusionsloses Werk, von den frühen Arbeiten des Autors die eindrucksvollste. Und 1999 erschien die Neuausgabe von Ledigs vergessenem Roman »Vergeltung« (1956).

Erzähltabu? Die Sebald-Debatte: ein Resümee

Ende der neunziger Jahre tauchte erstmals die Frage in der Öffentlichkeit auf, ob sich die deutsche Literatur des Themas Luftkrieg gebührend und ausreichend angenommen habe. Es war W. G. Sebald, der sie 1997 in einer mehrteiligen Poetikvorlesung in Zürich stellte. Der Schriftsteller und Essayist – bis dato vornehmlich einem kleinen Kreis bekannt und geschätzt als melancholischer Erzähler fremder Schicksale, vor allem jüdischer Biographien, ein Autor, der seine eigene Person allenfalls mit seiner Rechercheur-Rolle ins Spiel brachte – kam aus England angereist, wo er seit langem als Universitätsdozent lebte, und es war nicht ohne Reiz, daß er nun ausgerechnet vor einem staunenden Schweizer Publikum auf ein deutsches Thema zu sprechen kam, das er ein »mit einer Art Tabu behaftetes Familiengeheimnis« nannte.[200]

Seine Thesen über »Luftkrieg und Literatur«, die er zwei Jahre später auch in Buchform präsentierte, stießen jedenfalls von Anfang an auf großes Interesse: Der Saal im Zürcher Puppentheater war von Mal zu Mal besser besucht, die Schweizer Zeitungen ließen sich gründlich auf Sebalds Ausführungen ein.[201] Auffällig war nicht nur das, was er sagte, sondern auch, mit welchem Nachdruck er das tat. An den pointierten Formulierungen entzündete sich bald darauf

[200] Sebald: Luftkrieg und Literatur, a.a.O., S. 18

[201] Vgl. etwa Andreas Isenschmid: Deutschlands schandbares Familiengeheimnis. In: Tages-Anzeiger vom 4. 12. 1997 – Isenschmid fragt danach, ob eine »Ästhetisierung der deutschen Opfererfahrung« statthaft sei, und antwortet: »Es ist, wenn man es so tut wie Sebald. Er ist kein deutscher Revisionist. Er hat in seinen ersten vier erzählenden Büchern von deutscher Schuld und jüdischem Leiden geschrieben. Er hielt es in diesen Büchern mit den Toten. Und er tut es, ohne jeden falschen Ton, auch in seinem neuen Text.«

eine größere Debatte.[202] Sebald vertrat die Überzeugung, »daß sich die Nachgeborenen, wenn sie sich einzig auf die Zeugenschaft der Schriftsteller verlassen wollten, kaum ein Bild machen könnten vom Verlauf, von den Ausmaßen, von der Natur und den Folgen der durch den Bombenkrieg über Deutschland gebrachten Katastrophe«. Er sprach von der »Unfähigkeit einer ganzen Generation deutscher Autoren, das, was sie gesehen hatten, aufzuzeichnen und einzubringen in unser Gedächtnis«. Sein Fazit: »Gewiß gibt es den einen oder anderen einschlägigen Text, doch steht das wenige uns in der Literatur Überlieferte sowohl in quantitativer als auch in qualitativer Hinsicht in keinem Verhältnis zu den extremen kollektiven Erfahrungen jener Zeit.«[203]

Auch wenn es angesichts des auf den vorangegangenen Seiten ausgebreiteten Materials erstaunen mag: Mich überzeugten diese Ansichten damals. Es war zwar auf Anhieb deutlich, daß Sebalds Literaturliste erhebliche Lücken aufwies (worauf ich in einem Beitrag zu Beginn des Jahres 1998 hinwies; so war etwa in der Vorlesung Ledigs Roman »Vergeltung« völlig ignoriert worden) – dennoch teilte ich im wesentlichen die Meinung, daß die Darstellung des Luftkriegs in der deutschen Literatur keine nennenswerte Rolle gespielt habe.[204] Mir waren diese Überlegungen deswegen nicht fremd, weil ich 1990 bei einem Besuch in Japan auf die Erfolgsgeschichte einer Erzählung gestoßen war, die gerade in jenem Jahr – wenn auch ohne viel Aufsehen – in deutscher Übersetzung publiziert wurde: »Das Grab der Leuchtkäfer« von Akiyuki Nosaka, geschrieben 1968.

[202] Dokumentiert ist diese Debatte in ausgewählten Beispielen in: Deutsche Literatur 1998. Hrsg. von Volker Hage, Rainer Moritz und Hubert Winkels. Stuttgart 1999. S. 249–290

[203] Hier zitiert nach der Buchfassung: Sebald, S. 8 und 81 f.

[204] Vgl. Volker Hage: Propheten im eigenen Land. Auf der Suche nach der deutschen Literatur. München 1999. S. 317

Es handelt sich um eine sehr einfach erzählte, traurige Geschichte. Beschrieben wird ein konventioneller Bombenangriff im Jahre 1945 auf eine japanische Stadt (»Am 5. Juni wurde Kobe von dreihundertfünfzig B 29-Bombern angegriffen, die fünf Stadtteile Fukiai, Ikuta, Nada, Suma und Ost-Kobe durch Feuer dem Erdboden gleichgemacht«)[205] – ein fünfzehnjähriger Junge und seine vierjährige Schwester werden dadurch zu Waisen; sie versuchen, sich allein durchzuschlagen, sterben aber am Ende: erst das Mädchen, dann der Knabe. Nosakas kleine Erzählung ist in Japan berühmt: Der Autor erzählte mir, daß sie in weit mehr als zwei Millionen Exemplaren verbreitet sei, kein anderes Prosastück habe es nach dem Zweiten Weltkrieg zu einem solchen Publikumserfolg gebracht (sogar in Form eines Zeichentrickfilms und einer Comicfassung fand »Das Grab der Leuchtkäfer« Verbreitung).[206]

Etwas Vergleichbares gibt es in der deutschen Nachkriegsliteratur nicht; es läßt sich kein Text – weder ein Roman noch eine Erzählung, weder eine Reportage noch ein Gedicht – finden, der als populäres literarisches Zeugnis des Luftkriegs gelten könnte. Was immer der Grund dafür im einzelnen sein mag, der Unterschied zwischen beiden Ländern ist evident: Japan hatte – anders als Deutschland – mit dem zusätzlichen Schock der Atombombenabwürfe zu leben, es hatte zwar ebenfalls brutale Angriffskriege geführt, aber nicht die Schande des Holocaust auf sich geladen. Dort also konnte man ganz anders über das Leid der eigenen Zi-

[205] Akiyuki Nosaka: Das Grab der Leuchtkäfer. Zwei Erzählungen. Aus dem Japanischen von Irmela Hijiya-Kirschnereit. Reinbek 1990. S. 13

[206] Vgl. Hage: Langer Abschied von der Schwester. In: Die Zeit vom 7. 12. 1990 – Es ist kein Geheimnis, daß die Erzählung einen autobiographischen Hintergrund hat: Der Autor erlebte den beschriebenen Angriff auf Kobe im Alter von 14 Jahren, er selbst überlebte, konnte aber seine einjährige Adoptivschwester nicht retten, sie starb an Unterernährung; für Nosaka, wie er bestätigte, ein anhaltendes Trauma.

vilbevölkerung sprechen und auf ein entsprechendes literarisches Angebot eingehen. In Deutschland aber lähmte, nach einer Phase der Ignoranz in der Nachkriegszeit, die Kenntnis vom Ausmaß des von den Deutschen begangenen Genozids die Zunge, spätestens nach den Eichmann- und Auschwitz-Prozessen in den sechziger Jahren: Darauf konnte die Literatur im Grunde nur mit dem Rückzug auf das Protokoll, das Dokument reagieren. Erzählen war danach schwierig geworden – und so lag der Gedanke eines weitreichenden Erzähltabus nah: Wenn schon deutsche Autoren, die nicht selbst im Ghetto oder KZ gewesen waren, vom Holocaust nicht schreiben konnten (weil es eine Anmaßung gewesen wäre), dann war damit auch die Darstellung der Leiden des Tätervolks so gut wie unmöglich geworden.

So konnte Sebald zu seinem Eindruck von der großen Auslassung kommen: Die frühen Romane, in denen die Erfahrung des Bombenkriegs zum Teil eine zentrale Rolle spielte, waren längst vergessen, und die neue Hinwendung zu diesem Thema in den neunziger Jahren war noch nicht ausreichend zur Kenntnis genommen worden: Tatsächlich gab es dazwischen eine auffällige Lücke – und danach meldete sich eine andere Generation zu Wort: die der Kinder und auch schon der Enkel. Freilich konnten auch diese Autoren, die am Ende des Krieges oder in der Nachkriegszeit zur Welt gekommen waren, nicht ohne Befangenheit dem Thema gegenüber sein: nicht frei von dem Erbe, das die Generation davor hinterlassen hat, und von deren Schuldverstrickung.

Kaum einer hat das so genau formuliert wie Anfang der achtziger Jahre Botho Strauß (vom selben Jahrgang 1944 wie Sebald): »Unser Älterwerden kreist in immer erweiterten Gedächtnis-Ringen um unsere einzigartige Geburtsstätte, den deutschen Nationalsozialismus. Der Abstand vergrößert sich, doch können wir aus der konzentrischen

Bestimmung niemals ausbrechen. Für diejenigen, die aus dem Exzeß des Jahrhunderts hervorgingen, wird es keine Lebensphase geben, in der sie nicht erneut zu diesem Ursprung sich innerlich verhielten, so daß er eigentlich das geheime Zentrum, ja Gefängnis all ihrer geistigen (und seelischen) Anstrengungen bildet.« Und er fügte in seinem Buch »Paare, Passanten« (1971) hinzu: »Manchmal will es scheinen, als ob alle Bewegungen, die wir noch ausführen können, selbst die radikalsten, fantastischsten, zuletzt doch nur dem Auf- und Abarbeiten jener Bewegung des Grauens angehörten, die die uns vorangegangene Generation einmal ausführte.«[207]

Sebalds These vom weitreichenden und weitergereichten Tabu bezieht sich auf den Zustand Deutschlands bei Kriegsende. Als schandbares »Familiengeheimnis«, so glaubte er, seien die »finstersten Aspekte des von der weitaus überwiegenden Mehrheit der deutschen Bevölkerung miterlebten Schlußakts der Zerstörung« empfunden worden, als Geheimnis, »das man vielleicht nicht einmal sich selber eingestehen konnte«. Die Auswirkung, auch und nicht zuletzt auf die Literatur: »Der wahre Zustand der materiellen und moralischen Vernichtung, in welchem das ganze Land sich befand, durfte aufgrund einer stillschweigend eingegange-

[207] Botho Strauß: Paare, Passanten. München 1981. S. 171 f. – Sebald sieht diesen Zusammenhang ähnlich, in seinem Buch »Luftkrieg und Literatur« gibt es zumindest eine Passage, wo er den Generationszusammenhang autobiographisch und klar formuliert: »Heute weiß ich, daß damals, als ich [...] in dem sogenannten Stubenwagen lag und hinaufblinzelte in den weißblauen Himmel, überall in Europa Rauchschwaden in der Luft hingen, über den Rückzugsschlachten im Osten und im Westen, über den Ruinen der deutschen Städte und über den Lagern, in denen man die Ungezählten verbrannte aus Berlin und aus Frankfurt, aus Wuppertal und aus Wien, aus Würzburg und Kissingen, aus Hilversum und Den Haag, Naumur und Thionville, Lyon und Bordeaux, Krakau und Lodz, Szeged und Sarajevo, Saloniki und Rhodos, Ferrara und Venedig – kaum ein Ort in Europa, aus dem in diesen Jahren niemand deportiert worden wäre in den Tod.« Sebald, S. 83 ff.

nen und für alle gleichermaßen gültigen Vereinbarung nicht beschrieben werden.«[208]

Diesen Ansichten wurde zum Teil lebhaft widersprochen. Die ganze Debatte, die sich schon Anfang 1998 an den Zürcher Vorlesungen entzündete, kann hier nicht im einzelnen referiert werden. Im wesentlichen wurden gegen Sebald drei Argumente ins Feld geführt:

1. Die Grundthese, daß der Luftkrieg in der deutschen Nachkriegsliteratur nicht stattgefunden habe, sei falsch – eine »paradoxe Übereinkunft« (Günter Franzen)[209] von Sebald und einigen anderen Literaturkennern[210]; es hätten sich sehr wohl deutsche Schriftsteller »des Themas angenommen« (Joachim Güntner), wobei diese Behauptung dann gewöhnlich mit dem einen oder anderen bisher in der Debatte nicht genannten Autoren- oder Textbeispiel begründet wurde (Güntner etwa verwies auf Eberhard Panitz)[211].

2. Das »Schweigen der Betroffenen« (inklusive der Gruppe 47 »samt ihren Mit- und Nach- und Gegenläufern«) sei zu begrüßen, wenn man das Leid des Tätervolks messe an dem Entsetzen, »das Deutschland mit seinen Schergen über die unterworfenen Völker im Osten und, das vor allem, über die Opfer des rassistischen Vernichtungs-

[208] Sebald, S. 18

[209] Günter Franzen: Diktierte Reue. Unerwünschte Trauer. In: Freie Assoziation, Heft 2/1999, S. 215

[210] Unter anderem nannte Franzen (ebd.) Frank Schirrmacher, der geschrieben hatte: »Die Beteiligten und Betroffenen, die als Kinder und Heranwachsende die Bombennächte noch erlebten, werden stumm abtreten. Die alles zerreißende Gewalt von Krieg und Terror überdauert literarisch allenfalls formal: in der Zerrüttung des literarischen Erzählens und seiner Subjekte.« Frank Schirrmacher: Luftkrieg. Beginnt morgen die deutsche Nachkriegsliteratur? In: FAZ vom 15. 1. 1998 (auch in: Deutsche Literatur 1998, a.a.O. S. 264)

[211] Joachim Güntner: Der Luftkrieg fand im Osten statt. Anmerkungen zu einer fehllaufenden Literaturdebatte. In: NZZ vom 24. 1. 1998 (auch in: Deutsche Literatur 1998, S. 275)

willens« gebracht habe, so grausam die »Angst der Bombennächte« gewesen sein möge – eine Ansicht, die vor allem Klaus Harpprecht vertrat und in dem (später dann ebenfalls viel diskutierten) Satz gipfeln ließ: »Das Schweigen verbarg vielleicht eine Scham, die kostbarer ist als alle Literatur.«[212]

3. Von einem Tabu könne keine Rede sein, es habe niemals ein Verbot gegeben, über den Luftkrieg (oder gar über den Holocaust) zu reden und zu schreiben – alles andere sei »Unsinn« (Jost Nolte)[213].

Dem ersten Argument trat Sebald zunächst einigermaßen gelassen entgegen: Er habe nach seinen Vorlesungen in Zürich – für ihn eine »unfertige Sammlung diverser Beobachtungen, Materialien und Thesen« – auf Ergänzung und Korrektur gewartet, doch seien sie nicht gekommen.[214] Zwar baute er stillschweigend einen Hinweis auf Ledigs Roman »Vergeltung« nachträglich in die Buchfassung von »Luftkrieg und Literatur« ein, ignorierte aber andere Hinweise völlig (etwa auf die Werke von Forte, Kempowski, Remarque oder Panitz). Tatsächlich liegt hier der angreifbarste Punkt von Sebalds Theorie: Trägt man die einzelnen Hinweise zusammen und forscht weiteren Beispielen nach, so ergibt sich am Ende ein literaturhistorisches Gesamtbild, das schon rein quantitativ zu einer Korrektur von Sebalds Ansicht zwingt. Vieles freilich war erst durch hartnäckige Recherche wiederzuentdecken, mühsam über Antiquariate zu besorgen, nur mit Glück zu finden: besonders Werke aus der unmittelbaren Nachkriegszeit. Das Ergebnis: Die Lücke, die nicht nur von Sebald empfunden worden war, ist weniger eine der Produktion als der Rezeption – es sind viele

[212] Klaus Harpprecht: Stille, schicksalslose. Warum die Nachkriegsliteratur von vielem geschwiegen hat. In: FAZ vom 20. 1. 1998 (auch in: Deutsche Literatur 1998, S. 268 f.)

[213] Jost Nolte: Sebald oder Neues über Untergänge. In: Die Welt vom 24. 1. 1998 (auch in: Deutsche Literatur 1998, S. 270)

[214] Vgl. Sebald, S. 81

Romane und Erzählungen über den Luftkrieg publiziert worden, doch sie fielen schnell und gründlich dem Vergessen anheim, wenn sie denn überhaupt zur Kenntnis genommen wurden (Paradefall: Ledigs »Vergeltung«).

Tatsächlich hat der Luftkrieg überall seine Spuren hinterlassen, in den Erinnerungen und Andeutungen der Betroffenen, in den Gesichtern der Städte und auch in der deutschen Literatur. Die bisher zitierten und genannten Werke dürften allemal ausreichen, um das zu begründen, doch ist die Aufzählung der Titel damit keineswegs vollständig. Sie bedarf der Ergänzung. Das kann hier, um nicht eine längere Liste folgen zu lassen, nur schwerpunktmäßig und andeutungsweise geschehen. War bisher vornehmlich von Romanen, längeren Prosatexten und Tagebüchern die Rede, so sollten auch die anderen Gattungen nicht ignoriert werden:

1. Lyrik: Nicht nur Brecht und Biermann haben Verse über den Bombenkrieg verfaßt, es gab auch bald nach dem Krieg veröffentlichte Gedichte von Stephan Hermlin (»Ballade von einer sterbenden Stadt«) und Marie Luise Kaschnitz (»Rückkehr nach Frankfurt«), ein späteres Gedicht von Peter Huchel (»Bericht eines Pfarrers vom Untergang seiner Gemeinde«); gewissermaßen nahtlos in die Reihe des Gedichts »Hamburg 1943« (Borchert) und der Erinnerungsverse »Herbst 1944« (Enzensberger) gehört – zumindest vom Titel her – auch »Lübeck 1942« des jungen Dirk von Petersdorff, geschrieben aus der Perspektive eines Nachgeborenen (»Manchmal, sagst du, für einen Moment / ist es da, es ist der Geruch, nur ein Hauch – / in den Gärten verbrennt / einer Müll, da ist Rauch // in der Luft: Aus Fenstern jagen / Flammen [...]«).[215]

2. Erzählungen: Neben einer sehr frühen, schon 1943 bald nach dem Hamburger Feuersturm begonnenen Erzählung

[215] Dirk von Petersdorff: Bekenntnisse und Postkarten. Gedichte. Frankfurt a. M. 1999. S. 35

»Herr Pambel« von Hans Leip, 1946 publiziert und kaum beachtet[216], lassen sich weitere Geschichten finden – mit Szenen aus dem Luftschutzkeller etwa bei Georg Hensel (»Feuersbrunst«: eine eigenständige Erzählung innerhalb der 1994 publizierten Memoiren »Glück gehabt«) oder mit Traumbildern eines Nachgeborenen bei Gert Heidenreich (»Die Frau unterm Weißdorn«: enthalten in dem 1997 veröffentlichten Erzählungsband »Die Geliebte des dritten Tages«).

3. Aufsätze: Auch da läßt sich eine ganze Reihe zusammentragen, von frühen Augenzeugenberichten wie Ricarda Huchs Darstellung der Bombardierung von Jena bis hin zu Betrachtungen aus dem Abstand von rund 50 Jahren, wie dem eindringlichen »Memento« von Walter Jens (Untertitel: »Nachdenken über den Untergang Freiburgs«, 1995 in »Sinn und Form« publiziert) oder Wolf Biermanns brillanter Skizze über seinen Weg als Knabe durch das brennende Hamburg, quer durch die Kanäle (als Nachwort in seinem Lyrikband »Alle Gedichte«, 1995) – und dazu als Gegenstück die wie atemlos niedergeschriebene Rede des Journalisten Ben Witter, gehalten 1993 in Hamburg, der Bericht eines Chronisten, der damals als Heranwachsender zur Leichenbergung eingesetzt war: »Kochende Kanäle? Es brodelte nicht, aber das Wasser war oft so heiß wie die glühenden Pflastersteine. Wir zogen zuerst glitschige Klumpen heraus, jeder mußte freigelegt werden, es fehlten aber noch Taue und Werkzeug zum An- und Abseilen.«[217] Und so in schrecklichen Einzelheiten weiter – es muß nicht unbedingt ein Roman sein, in dem die bohrendsten Erinnerungssplitter zu finden sind.

Auch auf dem Sektor des Romans wäre freilich noch manches nachzutragen, man braucht nur einen Schauplatz

[216] Nachgedruckt in: Hamburg 1943, a.a.O., S. 36–62

[217] Ben Witter: Eine Stadt sollte sterben. In: ebd., S. 243

wie Dresden herauszugreifen und konsequent nach Büchern zu suchen, in denen der Februar 1945 oder seine Nachwirkungen zum Thema werden[218]. Das Ergebnis in diesem Fall: Es finden sich rund ein Dutzend Werke, die Tagebücher Klemperers und die Dresden-Collage Kempowskis (»Der rote Hahn«, 2001) gar nicht mitgerechnet. Da sind die bereits erwähnten Romane von Theodor Plivier, Bruno E. Werner und Eberhard Panitz (»Die Feuer sinken« ist nicht dessen einziges Buch, in dem die Zerstörung Dresdens eine Rolle spielt; es gibt auch noch drei spätere, darunter die in der DDR sehr beliebte und für das Fernsehen verfilmte Erzählung »Meines Vaters Straßenbahn« aus dem Jahr 1979). Außerdem sind zu nennen: »Die Studenten von Berlin« von Dieter Meichsner (Jahrgang 1928), ein 1954 publizierter und jüngst wieder aufgelegter Roman, dessen Eingangskapitel im Dresdner Feuersturm spielt; »Erde und Feuer« von Horst Bienek (1930–1990), ein 1982 veröffentlichter Roman, der mit diesem Ereignis endet und, ohne ihn beim Namen zu nennen, dem Dichter Gerhart Hauptmann zu einem Auftritt verhilft (»Wäre ich nur zehn Jahre jünger, ich würde den Rest meines Lebens damit verbringen, diesen Untergang zu beschreiben«)[219]; Martin Walsers Roman »Verteidigung der Kindheit« (1991)[220]. Auch drei Romane ausländischer Autoren seien erwähnt: »Dresden starb mit dir, Johanna« des Franzosen Henri Coulonge, »Das steinerne Brautbett« des Niederländers Harry Mulisch und »Schlachthof 5« des Amerikaners Kurt Vonnegut.[221] Und schließlich der in einem kleinen Verlag publizierte Roman »Dresden mon amour« (1994) der Dresdnerin Brigitte Sat-

[218] Für die Stadt Hamburg habe ich eine solche Sammlung an anderer Stelle unternommen: Hamburg 1943, a.a.O.

[219] Horst Bienek: Erde und Feuer. München 1982. S. 316

[220] Siehe Fußnote 167

[221] Zu den Romanen von Mulisch und Vonnegut siehe die Interviews mit den Autoren (in diesem Band)

telberger – ein Beispiel für die nicht seltenen lokalhistorischen Werke ohne großen literarischen Anspruch.

Das muß hier reichen. Das rein quantitative Argument hätte Sebald, wenn er noch an der Diskussion teilnehmen könnte, ohnehin nicht besonders beeindruckt. Gerade gegenüber Erinnerungstexten, auch solchen in Romanform, hegte er einen grundsätzlichen Vorbehalt: »Das anscheinend unbeschadete Weiterfunktionieren der Normalsprache in den meisten Augenzeugenberichten ruft Zweifel herauf an der Authentizität der in ihr aufgehobenen Erfahrung«, glaubte er – allerdings kam es ihm ohnehin unwahrscheinlich vor, daß einer, der dem Feuersturm entronnen war, »davongekommen sein soll mit ungetrübtem Verstand«. Grundsätzlich sah er in der »Herstellung von ästhetischen oder pseudoästhetischen Effekten aus den Trümmern einer vernichteten Welt« etwas, das der Literatur ihre Berechtigung entzieht. Sebald bezweifelte im Grunde nicht, »daß es Erinnerungen an die Nächte der Zerstörung gab und gibt« – er traute nur nicht der Form, »in der sie sich, auch literarisch, artikulierten«.[222]

Entsprechend streng war sein Urteil, und das qualitative Argument schränkte den Kreis der überhaupt in Frage kommenden Werke von vornherein stark ein: selbst Ledigs »Vergeltung« – für mich eines der raren Meisterwerke der mit dem Luftkrieg befaßten deutschen Literatur – ließ er nur halbherzig gelten und fand manches daran »unbeholfen und überdreht«.[223] Nun läßt sich über literarische Qualität trefflich streiten, aber auch auf Nachfrage wollte Sebald das von ihm völlig ignorierte Werk Fortes nicht einmal in Erwägung ziehen, und Kempowskis »Echolot«-Projekt verwies er ganz und gar aus dem Rayon der Literatur[224] – so

[222] Sebald, S. 35, 64, 94
[223] Ebd., S. 110
[224] Vgl. das Sebald-Interview (in diesem Band)

konnte man manchmal den Eindruck gewinnen, daß er das, was er angeblich suchte, eigentlich gar nicht finden wollte, schon weil es im Grund gar nicht existieren konnte, von jenen wenigen literarischen Texten abgesehen, in denen das Erzählte mit diskursiven Elementen durchsetzt ist (wie bei Nossack, Fichte oder besonders Kluge) und damit seinem eigenen ästhetischen Ideal entsprach.

Insofern war er von Harpprechts Ansicht, daß sich hinter dem Schweigen der Literatur eine kostbare Scham verbergen könne – auch wenn sie ihm »reichlich sanitär« vorkam (so im Gespräch in diesem Band) –, am Ende vielleicht gar nicht so weit entfernt, wie es den Anschein haben konnte. Ausdrücklich hatte Sebald schon in »Luftkrieg und Literatur« das Recht zu schweigen für die Betroffenen reklamiert und selbstkritisch ergänzt: »Jede Beschäftigung mit den wahren Schreckensszenen des Untergangs hat bis heute etwas Illegitimes, beinah Voyeuristisches, dem auch diese Notizen nicht ganz entgehen konnten.« Und die offenste Stelle in seinem Buch ist vielleicht jene, wo er – im Zusammenhang mit dem Luftkrieg und den deutschen Massenmorden – über die »Abgründe der Geschichte« schreibt: »Alles liegt in ihnen durcheinander, und wenn man in sie hinabschaut, so graust und schwindelt es einen.«[225]

Auch die folgenden Gespräche mit Schriftstellern, geführt überwiegend im Frühjahr 2000, sind als Beiträge zur Debatte über Sebalds Thesen zu verstehen, einige Fragen wie die nach Harpprechts Verdikt sind bewußt immer wieder gestellt worden – freilich stieß dessen Lob des Schweigens insgesamt auf wenig Verständnis: »Ich weiß nicht, warum ein Deutscher sich schämen soll, das Thema Luftkrieg zu thematisieren«, äußerte etwa Rolf Hochhuth. Dieter Forte sagte, wenn Literatur die größten Ereignisse des 20. Jahrhunderts auslasse, dann dürfe man schon fragen,

[225] Sebald: Luftkrieg, S. 86 und 113

»was sie eigentlich noch wert ist, was sie eigentlich noch schildern will«. Ebenso der Literaturkritiker Marcel Reich-Ranicki: »Dazu ist die Literatur da, das Leiden der Menschen zu zeigen. Daß man sagt, ein Volk soll von diesen Leiden ausgeschlossen sein, das ist eine große Dummheit.« Nur Gerhard Roth gab Harpprecht recht und zu bedenken: »Was würde man umgekehrt sagen, wenn jeder Autor meiner Generation über seine Bombenerfahrungen gesprochen hätte? Dann wären wir wie die Veteranen, die den Leuten ihre Kriegsgeschichten erzählen. Die alten Veteranen haben mir eigentlich in meinem Leben gereicht.«[226]

Was schließlich den dritten Punkt der 1998 geäußerten Argumente gegen Sebald angeht, die Frage des Tabus, so ist er vielleicht der interessanteste. Vorab soll festgehalten werden, daß dabei von der Situation in der alten Bundesrepublik die Rede ist – in der DDR war die Tabuproblematik deutlich anders gelagert. »Über Dresden wurde gesprochen«, erinnert sich etwa Monika Maron im Gespräch. »Es war immer der anglo-amerikanische Angriff, das war eine stehende Formulierung. Aber alles andere war ein Tabu, etwa die Vergewaltigungen.« Dagegen steht für Forte fest, der ansonsten gegenüber Sebalds Buch eine durchaus kritische Haltung eingenommen hat: »Es wurde doch eigentlich alles verschwiegen, die wenigen Ansätze, die es gab, endeten schnell in einer selbstgefälligen Literatur, das Trauma wurde zu einem Tabu.«[227]

Auffällig ist jedenfalls, daß sich, was die Belletristik angeht, das Thema Luftkrieg weitgehend abseits dessen abgespielt hat, was allgemein als Kanon der deutschen Nachkriegsliteratur gilt. Schwer zu entscheiden dabei, ob das Eingehen auf das nach Sebalds Meinung vom Tabu um-

[226] Vgl. die entsprechenden Interviews in diesem Band

[227] Ebd. – Fortes Kritik an Sebalds »Luftkrieg und Literatur« ist nachzulesen in Forte: Schweigen oder sprechen, a.a.O., S. 31–36 (zuerst in: Der Spiegel vom 5. 4. 1999, Nr. 14/1999).

stellte Thema den Erfolg der entsprechenden Werke und ihrer Verfasser behindert hat oder ob umgekehrt die später so erfolgreichen und prominenten Autoren das heikle Gelände von Anfang an klug gemieden haben. Einer von ihnen, Günter Grass, hat die These von Sebald, ohne ihn beim Namen zu nennen, indirekt und zustimmend aufgegriffen, als er im Jahr 2000 in einer Rede über die Folgen des »bedenkenlos begonnenen und verbrecherisch geführten Krieges« sprach. Diese Folgen seien »die Zerstörung deutscher Städte, der Tod Hunderttausender Zivilisten durch Flächenbombardierung und die Vertreibung, das Flüchtlingselend von zwölf Millionen Ostdeutschen« gewesen – bisher »nur Thema im Hintergrund«, so Grass: »Selbst in der Nachkriegsliteratur fand die Erinnerung an die vielen Toten der Bombennächte und Massenflucht nur wenig Raum.«[228]

Der Nobelpreisträger wandte sich als Erzähler allerdings nicht dem Luftkrieg zu, sondern – in seiner Novelle »Im Krebsgang« (2002) – dem Thema der Flucht und Vertreibung. Freilich könnte sich das, was in diesem Buch über die nicht erfüllte »Aufgabe seiner Generation« zu lesen ist (formuliert von einem »Alten«, der Grass stark ähnelt), sich genausogut auf den Bombenkrieg beziehen: »Niemals, sagt er, hätte man über so viel Leid, nur weil die eigene Schuld übermächtig und bekennende Reue in all den Jahren vordringlich gewesen sei, schweigen, das gemiedene Thema den Rechtsgestrickten überlassen dürfen. Dieses Versäumnis sei bodenlos ...«[229]

Das »gemiedene Thema«, das Gefühl, es »dürfte nur jener und nicht dieser Toten gedacht werden«[230] – was umschreibt besser den Begriff des Tabus? Damit ist ja nicht im

[228] Günter Grass: Ich erinnere mich. Was ein Schriftsteller mit den Deutschen teilt. In: FAZ vom 4. 10. 2000
[229] Günter Grass: Im Krebsgang. Eine Novelle. Göttingen 2002. S. 99
[230] Ebd., S. 62

religiösen Sinn ein tradiertes, von Strafandrohung gestütztes Verbot gemeint, sondern so etwas wie ein ungeschriebenes Gesetz, die stillschweigende Übereinkunft einer Gesellschaft, über bestimmte Dinge nicht oder nur mit Vorsicht zu reden. Wenn man das Wort seiner negativen Bedeutung entkleidet, können sich hinter einem Tabu auch unausgesprochene Einsichten verbergen, eine begründete Zurückhaltung, eine mehr oder weniger unbewußte Scheu und Berührungsangst. Daß sich weniger skrupulöse Autoren in der Nachkriegszeit ohne viel Problembewußtsein auf das Thema Luftkrieg warfen, muß nicht gegen diese Überlegung sprechen – auch nicht der Umstand, daß auf der anderen Seite vielleicht nicht so sehr die Wirkung des Tabus, sondern die Einsicht in die immensen handwerklichen Schwierigkeiten beim Umgang mit diesem Thema manchen Autor zum Schweigen geführt hat.

Wer immer von den Jüngeren sich später dem Sujet näherte, tat es jedenfalls mit Skrupeln, mit einem spürbaren Zögern – mancher nur halbherzig wie Biermann, der in Versen und einer autobiographischen Skizze sein Erleben umrissen hat, aber angeblich keinen Roman darüber schreiben kann. Alexander Kluge hält ein »inneres Gefühl von Proportionen« für nötig: »Ohne das Kapitel ›Verschrottung durch Arbeit‹, das sich mit einem KZ bei Halberstadt befaßt, mit dem ich mich vorher ausführlich beschäftigt habe, hätte ich auch den Luftangriff nicht erzählen können.« Auch Sebald behauptet, er habe sich dem Bombenkrieg nur mit seinen früheren Büchern im Rücken literarisch nähern können – nur auf Grund der dort beschriebenen Leiden von Emigranten und Verfolgten habe er gedacht, es sich erlauben zu können, auch über dieses Thema »einiges vorzubringen«, und daß so »der Beifall von der falschen Seite, der zu erwarten war, mir nicht zu nahe kommen würde«.[231]

[231] Vgl. die entsprechenden Interviews in diesem Band

Das Unbehagen an diesem Thema wird noch lange nicht, vielleicht niemals nachlassen. Jeder kennt es, der sich überhaupt mit der Materie beschäftigt (nicht wenige weisen jedes Interesse daran sowieso weit von sich) – es liegt in ihr begründet: Die Masse der Toten ist zu erdrückend, die einzelnen Schicksale sind zu deprimierend, die finstere Sogkraft der Leichen im Keller zu beängstigend, als daß so einfach darüber zu reden und nachzudenken wäre. Hätte es nur einen einzigen großen Angriff dieser Art gegeben, etwa den auf Darmstadt, wo am 11. September 1944 in zwanzig Minuten mehr als 12000 Menschen starben, dann würde das vielleicht ein Ereignis sein, das zu tradieren wäre wie einst das berühmte Erdbeben von Lissabon. Doch angesichts von 600000 Toten am Boden und 100000 zusätzlich in der Luft (die alliierten Flieger starben ebenfalls in unfaßbar großer Zahl und auf ähnlich entsetzliche Weise) stößt jede Form von Erzählung an ihre Grenzen.

Schon deswegen war der Bombenkrieg in all den Jahrzehnten nach dem Krieg auch außerhalb der Literatur kein sehr beliebtes Thema, wobei das in den Familien wohl recht unterschiedlich gehandhabt wurde. Denn so wenig sich die Kriegsgeneration in den Jahren nach 1945 überhaupt vorstellen konnte, jemals etwas anderes als Trümmer um sich herum zu sehen, so energisch und konsequent wollte sie in dem Moment nichts mehr von alldem wissen, als sich in der Bundesrepublik früher als erwartet ein neuer Wohlstand abzeichnete. Auch als im Herbst 2002 mit Jörg Friedrichs Buch »Der Brand« endlich ein intensiv erzähltes und umfassendes Werk der Geschichtsforschung zum Thema »Deutschland im Bombenkrieg 1940–1945« erschien, kam die These vom Tabu erneut auf den Prüfstand und wurde mit viel Aufwand einmal mehr zurückgewiesen: Dieses Tabu sei nichts als eine »abstruse Geschichtslegende«, schrieb etwa Volker Ullrich in der »Zeit«. »Der Bombenkrieg war, wie auch die Vertreibung, nie ein Tabu.« Die Erinnerung sei immer präsent gewesen.[232] Das scheint mir doch zu einfach gedacht.

Übrigens war das Buch des 1944 geborenen Friedrich für Martin Walser in einer äußerst positiven Kritik – der Autor sei »ebenso Erzähler wie Wissenschaftler« – auch ein Anlaß, sich seinen Unmut über die Sebald-Debatte von der Seele zu reden: »Vollends absurd darf einem jetzt erscheinen das gelegentliche Unzufriedenheitsraunen gegenüber deutschen Autoren, die immer noch keinen Bombenkriegsroman geschrieben haben.«[233] Um das noch einmal klarzustellen: Davon war nie die Rede, weder bei Sebald noch bei denen, die seiner These ein Stück weit folgten – eine Forderung an Schriftsteller, nun endlich einen »Bombenkriegsroman« zu schreiben, hat es nie gegeben. Was es gab, war ein Interesse an der Überlegung, wie Literatur überhaupt reagieren kann auf die vielfältigen Schrecken und Massenmorde des 20. Jahrhunderts. Und die immer wieder und völlig zu Recht gestellte Frage, ob das »Tätervolk« sich mit seinen eigenen Opfern beschäftigen dürfe. Sie ist vielleicht am ehesten mit dem schlichten Hinweis zu beantworten, daß es

[232] Volker Ullrich: Ach, wie haben wir gelitten. Der alliierte Bombenkrieg war nie ein Tabuthema. In: Die Zeit vom 18. 12. 2002 – Auch Ullrich widmete dem Friedrich-Buch eine nicht unkritische, sehr gründliche und respektvolle Kritik, in der er übrigens ein aufschlußreiches autobiographisches Detail dem Leser nur versteckt in einer Parenthese glaubte mitteilen zu dürfen: Er selbst sei in einem Luftschutzkeller zur Welt gekommen. Ders.: Weltuntergang kann nicht schlimmer sein. In: Die Zeit vom 28. 11. 2002

[233] Martin Walser: Bombenkrieg als Epos. In: Focus vom 9. 12. 2002 (Nr. 50/2002) – Der Stil Friedrichs ist in der Tat eindrucksvoll, wenn auch in der Begrifflichkeit gewöhnungsbedürftig und gelegentlich unangebracht. Ich denke dabei weniger an die Definition von Luftschutzkellern als Krematorien, denn das waren sie im Effekt und sollten deswegen auch so genannt werden dürfen, sondern vielmehr an die Bezeichnung der Luftkriegstoten als Gefallene; das war nun tatsächlich eine Propagandavorschrift der Nazis, und sie dürfte sich mit dem Gefühl der Opfer nicht decken, die sich ja nicht deswegen als Soldaten gesehen haben, weil ihre Straße aus der Luft zum Kriegsschauplatz gemacht wurde.

einen Unterschied macht, ob sich Schriftsteller (oder auch andere) diesen Leidenserfahrungen zuwendeten, wie gleich nach Kriegsende geschehen, bevor man auch nur den Versuch unternommen hatte, das von Deutschen verantwortete Leid zur Kenntnis zu nehmen, oder ein halbes Jahrhundert danach, wo die Leugner des im deutschen Namen begangenen Genozids nurmehr in einem verschwindend kleinen Haufen Verwirrter zu finden sind. Und wo doch bei der Frage, wer schuldig geworden sei bei der Zerstörung der deutschen Städte, gar eines Kriegsverbrechens, immer wieder einer an erster Selle zu nennen ist: der »grausige Mann«, wie Hitler in Thomas Manns »Doktor Faustus« heißt[234]. Es war freilich die Hoffnung der Alliierten vermessen, diesen Diktator zur Kapitulation bomben zu können. Er war humanen Gesichtspunkten nicht zugänglich. Deswegen bekämpften sie ihn ja.

Und die Bombenopfer? »Hatten sie denn im Augenblick der Katastrophe begriffen, was ihnen geschah?« fragte sich im Januar 1953, zu Besuch in den Trümmern von Köln, Günther Anders in seinem Tagebuch. »Hatten sie denn in den Schlägen, als diese fielen, die Hand des wahren Schlägers gespürt? Und, als sie klagten, *ihn* angeklagt, ihn und sich selbst? Und als sich der Himmel über ihnen rötete, in dem Feuer, das ihre Welt verschlang, das Feuer der Fackelzüge des Jahres 33 wiedererkannt? Und in sich selbst die Brandstifter?« Manche Zeugen der Zerstörung haben diesen Zusammenhang früh verstanden, andere lange nicht. Dennoch gibt Anders eine milde, um Verständnis bemühte Antwort auf seine Fragen: »Vermutlich war das nicht möglich. Und ist niemandem möglich. Und ist mehr, als was von Menschen verlangt werden darf.« Und er fügte weitblickend hinzu: Wenn Moral darin bestehe, nicht nur die Sache, sondern »in ihr auch die Ursache, also auch die eigene Schuld«

[234] Thomas Mann: Doktor Faustus, a.a.O., S. 642

zu sehen, dann sei Moralismus vermutlich etwas, »was nur aus der Entfernung möglich ist«.[235]

Serenus Zeitblom im »Doktor Faustus« stellte die Frage nur etwas anders, nämlich wie es in Zukunft sein werde, »einem Volke anzugehören, dessen Geschichte dies gräßliche Mißlingen in sich trug, einem an sich selber irre gewordenen, seelisch abgebrannten Volk«.[236] Diese Frage hallt bis heute nach, und alle Beschäftigung mit dem Vergangenen, auch mit dem Luftkrieg, auch mit der Literatur, kann immer nur ein kleiner Teil der Annäherung an die Antwort sein.

[235] Anders: Tagebücher und Gedichte, a.a.O., S. 219
[236] Mann, S. 644

2. Teil
Erinnerungen an die Bombennächte
Gespräche mit Schriftstellern

Und kein Mensch weiß, wovon ich rede, wenn ich davon rede, wie überhaupt alle, wie es scheint, ihr Gedächtnis verloren haben, die vielen zerstörten Häuser und getöteten Menschen von damals betreffend, alles vergessen haben oder nichts mehr davon wissen wollen, wenn man sie darauf anspricht, und komme ich heute in die Stadt, rede ich doch immer wieder die Leute nach dieser fürchterlichen Zeit an, aber sie reagieren kopfschüttelnd. In mir selbst sind diese furchtbaren Erlebnisse immer noch so gegenwärtig, wie wenn sie gestern gewesen wären, Geräusche und Gerüche sind augenblicklich da, wenn ich in die Stadt komme, die ihre Erinnerung ausgelöscht hat, wie es scheint, ich spreche, wenn ich hier mit Menschen spreche, die tatsächlich alte Einwohner dieser Stadt sind und die dasselbe erlebt haben müssen wie ich, mit den Irritiertesten, Unwissendsten, Vergeßlichsten, es ist, als redete ich mit einer einzigen verletzenden, und zwar geistesverletzenden Ignoration.

Thomas Bernhard (1975)[1]

[1] Thomas Bernhard: Die Ursache. Eine Andeutung. München 1988 (51. Ts.). S. 33

Die Lebensuhr blieb stehen

Wolf Biermann

Wolf Biermann wurde 1936 in Hamburg geboren und zog 1953 in die DDR, wo er 1965 Publikationsverbot erhielt und 1976 ausgebürgert wurde; seither lebt er wieder in Hamburg. Seine Verse sind in den Bänden »Alle Lieder« (1991) und »Alle Gedichte« (1995) gesammelt. In zwei seiner Liedgedichte hat Biermann seine Erinnerungen an den Hamburger Feuersturm einfließen lassen, aus dem er sich im Juli 1943 als Sechsjähriger zusammen mit seiner Mutter retten konnte (sein jüdischer Vater war in Auschwitz ermordet worden): »Jan Gat unterm Himmel in Rotterdam« und »Die Elbe bei Hamburg«, geschrieben 1988 und 1993.

»Jan Gat« wird vom Volksmund jene Skulptur in Rotterdam genannt, die an den deutschen Bombenangriff im Jahre 1940 erinnern soll und einen Mann zeigt, der die Arme zum Himmel reckt und ein großes Loch im Bauch hat (»Gat« heißt: »Loch«): »Jan Gat, ich kenne die alte Furcht / Ich komm ja aus Hamburg her«, singt Biermann und erinnert sich in dem Lied an das »Fegefeuer der Bombennacht«:

»Und weil ich unter dem Gelben Stern
In Deutschland geboren bin
Drum nahmen wir die englischen Bomben
Wie Himmelsgeschenke hin [...].«[1]

In dem späteren Gedicht wird der Schrecken dieser Nacht noch greifbarer: »Der Tod kam über uns mit menschgemachter Urgewalt / Aus diesem Weltenende kroch ich raus, ein Menschenwurm«, heißt es da. »In jener Nacht fiel Schwefel aus dem Himmel in das Fleet«, und: »Die Toten alle kleingebrannt fürs enge Massengrab«. Biermanns Fazit: »Ich hatte Glück und ward ein braves Kind mein Leben lang

[1] Wolf Biermann: Alle Lieder. Köln 1991. S. 396

/ Genau auf sechseinhalb blieb meine Lebensuhr da stehen«.[2]

Im ausführlichen Nachwort zu dem Band »Alle Gedichte« kommt der Dichter noch einmal auf diese Erfahrung zurück und unterstreicht die unlöschbare Präsenz und Bedeutung dieser Nacht für ihn: »Kein Gesicht, keine Farbe, keinen Geruch, keine Situation habe ich je aus dem Gedächtnis verloren.«[3]

Über seine Erinnerungen spricht Wolf Biermann auch in dem Interview, das am 8. 2. 2000 in Hamburg stattfand.

Herr Biermann, Sie haben als Kind die schweren Luftangriffe auf Hamburg im Sommer 1943 überlebt. Ihr Vater war als Jude und Kommunist im KZ ermordet worden, Sie saßen mit der Mutter im Luftschutzkeller. Mit welchen Gefühlen mag Ihre Mutter das durchlitten haben?

Meine Mutter freute sich über die Bombenangriffe, weil auch sie Kommunistin war – und weil nicht allein mein Vater, sondern unsere gesamte jüdische Familie ermordet worden war. Die alliierten Bomber waren unsere Freunde, wie man es kindisch sagt: unsere Verbündeten, die uns befreien sollten, von den Nazis.

Sie haben es geschafft, aus diesem Inferno herauszukommen. Gibt es direkte Erinnerungen? Mögen Sie das noch einmal ausführlich erzählen?

An diese eine Nacht kann ich mich grauenhaft gut erinnern! Alles vorher ist weg, alles nachher ist weg. Diese Nacht aber ist im wahrsten Sinne des Wortes eingebrannt in mein Ge-

[2] Biermann: Alle Gedichte. Köln 1995. S. 157
[3] Ebd., S. 180

dächtnis. Ich war ja erst sechseinhalb, aber es ist nie gelöscht worden, in meinem kleinen Computer hier. Natürlich auch deswegen nicht, weil es immer wieder aufgefrischt wurde. Sowas erzählt man. Sowas wird in der Familie immer wieder erzählt, das wird Freunden erzählt. Und wenn man eine Geschichte so oft erzählt, kann es natürlich passieren, daß sie auch abgefälscht wird, ohne daß man es merkt, ohne daß man es will. Aber ich kann Ihnen nur das liefern, was ich im Gehirn habe. Und ich glaube, es ist – trotz der langen Zeit – noch ziemlich authentisch.

In der ersten Nacht brannte unser Haus noch nicht ab, sondern nur die Häuser rundum. Unser Haus stand da noch wie ein einzelner Zahn im Gebiß. Wir saßen dann in der nächsten Nacht wieder im Bombenkeller unter dem Haus, und nun brannte auch unser Haus. Über uns der Weltuntergang! Und im Keller saßen die Leute wie die Tiere, es war bald klar, daß wir nicht mehr rauskommen, weil die Glut schon die Kellertreppe herunterkroch. Mit einer Spitzhacke wurde also ein vorbereiteter Durchbruch aufgeschlagen, der nur einen halben Ziegelstein stark war: zum Nachbarhaus, das ja schon abgebrannt war – zum Glück! Und dann krochen die Leute – einer nach dem anderen – mit irgendwas, was sie gerade noch erwischten, durch dieses Loch in der Brandmauer zum Nachbarhaus und verschwanden.

Ich saß da allein mit meiner Mutter. Die saß wie angenagelt, ich weiß auch nicht warum; ich habe sie nie danach gefragt. Die saß da gelähmt oder aus Klugheit – denn in so einer Panik macht man sowieso immer alles falsch. Weggehen ist falsch: Man läuft in den Tod. Dableiben ist falsch: Der Tod kommt zu einem. Niemand ist rational in so einer Situation. Ich aber war es praktisch schon: Ich habe nämlich meinen kleinen Kopf in den Mantel von meiner Mutter gedrückt, in ihren Schoß und konnte so Luft holen; die Luft war kaum noch zu atmen sonst.

Dann wurde wohl auch meiner Mutter klar, daß wir da

verbrennen würden. Sie nahm mein kleines Lederköfferchen, wo unsere Papiere und ein paar Fotos von meinem Vater drin waren, der ein paar Monate vorher in Auschwitz durch den Feuerofen gegangen war, als Jude, als Kommunist. Und mir drückte sie ein kleines Eimerchen in die Hand. Ein Aluminiumeimerchen mit einem Deckel, da war Mirabellenkompott drin. Das hatte meine Mutter gekocht. Und ich habe das Eimerchen genommen, und dann sind wir da raus. Wir krochen durch den Keller. Niemand war mehr da. Eine unglaubliche Geräuschkulisse! Es ist eben die Hölle, es ist das Höllenfeuer. In der Hölle ist es laut, nicht nur heiß. Der Feuersturm brüllt!

Wir kamen zwar aus dem Nachbarhaus raus, auf den Hinterhof, aber von dort aus nicht auf die Straße: Es brannte. Es gab aber keinen anderen Weg. Also sind wir – nicht metaphorisch gesprochen, sondern wirklich – durch das Feuer gelaufen. Wir hatten nasse Tücher dabei, die hielten wir uns nun vor das Gesicht, und wir kamen durch. Wir brannten nicht und liefen am Rande der Straße in Richtung der nächsten großen Straße. Da war die Hochbahnbrücke und der Kanal. Es gab in Hammerbrook genauso viele Kanäle wie Straßen. Die sind inzwischen alle zugeschüttet.

Aber es war nicht leicht, durch die Straßen zu laufen: Der Feuersturm war so stark, daß er die Straßen in Düsen verwandelte. Die Schwabenstraße, in der wir wohnten, lag günstig, quer zum Sog des Feuers. Sowie man aber in eine Straße kam, die mitten im Sog war, dann brannten die Leute weg wie Zunder und hatten überhaupt keine Chance. Wir rannten also an der Wand lang, um nicht in den Orkan reinzukommen. Ich sah, wie Dächer durch die Luft flogen; es war wie im Film, wie Science-fiction, aber echt. Wo Asphalt war, da brannte und kochte der. Ich sah zwei Frauen, eine jüngere und eine ältere, die rannten quer über den Asphalt und blieben mit ihren Schuhen stecken, im kochenden Asphalt, sie zogen ihre Füße aus den Schuhen raus – was aber irgendwie unpraktisch war, weil sie dann mit den Füßen in den kochenden Asphalt treten mußten. Und die sanken um und blieben liegen. Wie Fliegen im heißen Wachs einer Kerze.

Wir mußten ja weiter. In so einer Situation denkt man nicht über das Leben und über die Leiden anderer Menschen nach. Und dann kamen wir zu einer Fabrik, die kannte ich gut. Ich war da oft rumgestreunt, hatte Eisenstücke geklaut und mir in die Tasche gesteckt: für meinen Vater, wenn er wieder aus dem Gefängnis kommen würde. Er war Schlosser und Maschinenbauer, und er hatte Werkzeuge. Ich kam immer mit vollen Taschen nach Hause, die Hosen hingen mir in den Knien. Aber nun war alles anders, mitten in der Nacht, hell erleuchtet von den Flammen, und auf dem Hof dieser Fabrik rannten die Leute wie die Wahnsinnigen hin und her. Keiner wußte wohin. Alle schrien durcheinander – bis auf die Kinder. Das fiel mir auf, schon damals, und das wundert mich noch heute, daß sowas einem Kind auffällt, nämlich: Kein Kind hat geschrien. Kein einziges Kind hat geweint. Kein einziges Kind hat gejammert. Ich glaube, es kommt daher, daß man ganz automatisch, wenn das Unglück zu groß ist, die Gefahr zu groß ist, wie ein kleines Tier spürt, daß Schreien keinen Sinn mehr hat. Also vergeudet man keine Kräfte. Ob du da schreist oder nicht schreist, es ist egal.

Ich habe auch nicht geschrien. Ich lief mit meiner Mutter, mit meinem Eimerchen durch diesen Hof, und man konnte so schlecht atmen. Die Tücher waren längst trocken. Man brauchte dringend Wasser. Also suchten die Leute Wasser für ihre Tücher. Die hatten alle irgendwas vor der Nase, sonst ging es gar nicht. Es gab eine Stahltür, und wir kamen in einen Raum, das war der Himmel. Da war die wunderbarste saubere Luft, die man atmen konnte! Also sind wir schnell da rein und haben die Tür hinter uns zugemacht. Wir freuten uns, aber über uns brannte die Fabrik, und plötzlich gab es eine Explosion. Der Raum war im selben Moment vollgeschlagen mit Qualm. Meine Mutter packte mich, und wir erreichten mit riesigem Glück diese Stahltür. Raus aus diesem Grab! Überall Feuer, und wir mußten wieder quer durch das Feuer rennen.

Was dann passierte, kann ich mir bis heute nicht erklären. Meine Mutter war weg. Die war einfach nicht mehr da. Ich wußte nicht, ob sie vor mir, hinter mir oder neben mir ist, oder vielleicht schon über mir im Himmel? Ich stand am Rand und hatte Glück, daß man mich nicht totgetrampelt hat; in ihrer Todesangst sind die Leute ziemlich wild und rücksichtslos. Ich stand so am Rand, neben dem Feuer, mit meinem Eimerchen und wartete wie an einer Haltestelle. Die Mama wird schon wiederkommen! Nicht Gott-, sondern Muttervertrauen. Ich wartete und wartete. Und es war klar: Ich war verloren. Ich würde da nie rauskommen, nie, nie! Und plötzlich entdeckt mich meine Tante Lotte, die Schwester meiner Mutter, die mit uns im selben Haus wohnte, und die schrie: »Emmiiiiii!« Sie schrie nach Emma, nach meiner Mutter Emmi. Und die muß noch in der Nähe gewesen sein und hat mich gepackt. Später sagte sie mir immer denselben Satz: »Wenn ich dich da nicht wiedergefunden hätte, wäre ich aus dem Feuer nicht rausgegangen.« Das war keine Phrase, meine Mutter hatte schon meinen Vater verloren, im Feuer von Auschwitz – und jetzt noch mich in diesem Feuer?

Jedenfalls zogen wir weiter. Natürlich! Und da gab es, wie oft in kleinen Fabriken, in der Mitte des Hofs ein Haus, wo ein Pförtner sitzt oder die Verwaltung. Da flüchteten wir rein. Da saßen schon viele andere. Doch dann kam das Feuer immer näher. Auch hier kroch wieder, wie schon im Keller, das Feuer die Treppe runter, so eine Glut, die ganz langsam läuft, ohne Flammen, allein durch die Hitze. Und die Leute wußten: Das dauert hier auch nicht mehr lange, dann sind wir wie Hänsel und Gretel im Backofen. Also stiegen wir auf die Klodeckel, um oben im Spülkasten noch Wasser für unsere Tücher zu finden. Doch da war nichts mehr. Und dann haben wir halt unten im Klo gesucht und noch ein bißchen Wasser gefunden, haben uns die nassen Tücher vors Gesicht gehängt.

Wieder auf die Straße? Wer das versuchte, konnte sich gleich ins Feuergebläse setzen. Das war Selbstmord. Das ging nicht. Aber wir mußten weg da. Wir gingen links um die Ecke, dort kam der Kanal, die Brücke. Meine Mutter versuchte, an der Brücke mit mir runter zum Wasser zu kommen. Wir sind durch das Geländer gekrochen, die Böschung runter und haben endlich das Wasser erreicht. Ich immer noch mit meinem Eimerchen – und plötzlich war ich weg! Da war überhaupt kein Boden, das ging dort steil runter. Meine Mutter hing über mir am Geländer. Als ich wieder hochkam, packte sie mich am Schopf oder an der Jacke und zog mich raus aus dem Wasser. Wir wieder die Böschung hoch! Da war kein Durchkommen! Nun triefte ich, war naß, was ja sehr gut war gegen das Feuer. Es war klar, wir mußten durch dieses Gebläse hindurch. Also hat sich meine Mutter ein Herz gefaßt, und dann sind wir über diese Straße gerannt. Ich jetzt schön geschützt durch das Wasser vom Kanal. Und auf der anderen Seite war auch eine steile Böschung. Da stand ein großer Pfeiler von der Hochbahn, im halbtiefen Kanalwasser. An diesem Pfeiler hing eine Traube von Menschen, alle hielten sich dort fest, weil sie im Wasser stehen wollten, um nicht zu verbrennen.

Es gab welche, die mit Phosphor übergossen waren, das habe ich gesehen: Die brannten wie die Fackeln und sprangen ins Wasser, damit sie nicht weiterbrennen. Doch wenn sie hochkamen, brannten sie weiter, weil es eine bestimmte Sorte von Phosphor war, wie ich später gelernt habe. Das heißt, es nützte gar nichts, daß sie ins Wasser sprangen. Aber wir hatten zum Glück ja kein Phosphor an uns, krochen durch das Geländer, und ein junger Mann in Uniform wollte uns helfen. In dem Moment fällt von der Brücke irgendein Teil runter und zermatscht vor unseren Augen diesen Mann. Der blieb da liegen, dem konnten wir auch nicht mehr helfen. Wir erreichten das Wasser, ergatterten am Rande dieser Menschentraube einen Platz und standen dann im Wasser. Und ich stand neben einer alten Frau, die hatte an jedem Finger irgend ein Täschchen und ein Köfferchen, alles, was sie so gekrallt hatte. Und das schwamm nun oben auf dem Wasser. Ich sah alles aus der niedrigen Perspektive, ich war auf der Höhe ihrer Hand mit meinem Kopf. Meine Filmkamera war gewissermaßen tiefgestellt. Und da sehe ich plötzlich direkt vor mir, wie die Finger dieser Frau kraftlos werden und der Koffer wegschwimmt – und wie die Frau untergeht. Die war dann weg.

Immer mehr Teile fielen von oben runter, es war klar, daß man da auch nicht bleiben konnte. Einige blieben stehen, weil ihnen nichts Besseres einfiel, aber meine Mutter hatte das Gefühl, daß wir da wegmußten. Und dann hat sie mich auf die Schultern genommen und ist mit mir quer über den Kanal rüber, ist mit mir da rübergeschwommen. Und drüben war eine Idylle! Da war Gras, da war eine sanfte Böschung, und da lag schon ein Dutzend Leute, die sich auch dorthin gerettet hatten. Die saßen da wie in einer Loge: Von oben konnte nichts mehr runterfallen und rundherum das Panorama einer brennenden Stadt, beobachtet aus sicherer Position. Wunderbar! Ob Sie es glauben oder nicht, es ist die Wahrheit, ich hatte mein Eimerchen immer noch in der Hand. Und weil da so ein schöner Deckel drauf war, war auch nichts Schlimmes passiert, nicht mal, als ich abgesoffen bin, auf der falschen Seite der Brücke. Der Deckel wurde geöffnet, und es war das wunderbarste Mirabellenkompott meines Lebens, kein Wunder, wenn man einen verätzten Rachen hat, vom Rauch, vom Feuer, von all dem Dreck, von all der Angst! Der Eimer wurde herumgereicht, jeder, der da nun gerade war, durfte einen Schluck daraus trinken, von dieser süßen Pampe. Es war der Himmel auf Erden, mitten in der Hölle!

So habe ich dann den Morgen kommen sehen, der natürlich nicht kam, weil über der Stadt ein schwarzer Rauchteppich hing. Von Sonne war nichts zu sehen. Es war dunkler als am dunkelsten Hamburger Regentag. Es war im Grunde Nacht. Es war in der Nacht heller gewesen als jetzt am Tag, denn in der Nacht brannten die Fackeln der Häuser. Das war genug an Beleuchtung.

Die Überlebenden sammelten sich später auf der Moorweide in der Nähe des Hamburger Dammtor-Bahnhofs?

Ich kann den ganzen Roman jetzt nicht erzählen, schreiben schon gar nicht. Die Überlebenden krochen aus diesem Inferno heraus und wurden gesammelt auf der Moorweide neben der Universität, einer schönen, großen, alten Parkanlage mit mächtigen Bäumen. Dort lagerten die Leute. Die Wehrmacht hatte ein paar Lastwagen hingeschickt, um die Menschen zu beruhigen. Es wurde etwas zu essen ausgeteilt. Da aber alles so chaotisch war, gab es viel Butter, die eigentlich niemand brauchen konnte. Trotzdem wurden gewaltige Stücke abgeschnitten und verteilt. Die Leute krallten sich so ein Stück Butter und schmissen es in einen Kinderwagen, das Kind auf dem Arm. Wir lagerten da also unter einem großen Baum – wie Leute nach der Erntearbeit auf einem Bild von Brueghel.

Ich beobachtete das alles, und ich werde nie diese Frau vergessen: Die hatte wahrscheinlich Phosphor auf ihr Gesicht gekriegt, auf die eine Seite, die ganze eine Seite war weggebrannt – wie in einem Schaubild für Medizinstudenten konnte man die Zähne sehen. Die Wange war weg, man sah den Knochen, man sah die Zähne und den Kiefer. Wie für Lehrzwecke. Auf der anderen Seite war noch alles da. Das eine Auge war weggebrannt, aber das andere Auge funktionierte offenbar. Und die hatte, als wenn überhaupt nichts ist, ein Kind auf dem Arm. Das trug sie so halb auf ihrem Bauch, in dem offenbar auch ein Kind war. Und sie ging da, ohne Geschrei, einfach so herum und suchte etwas für ihr Kind. Ganz surrealistisch, wenn ich es von heute aus betrachte, wie ein Picasso-Bild.

Ich wußte damals nicht, konnte es nicht wissen, daß wir durch Zufall auf genau der Wiese gelandet waren, wo die Juden von Hamburg – also auch meine Großmutter Luise, mein Großvater John, mein Onkel Kalli, meine Tante Rosi, mein Cousin, der kleine Peter – sich 1941, nur zwei Jahre vorher, hatten sammeln müssen, zum Abtransport in Viehwaggons in die Todeslager nach Minsk, wo sie – wie ich inzwischen weiß – in den Wäldern erschossen wurden, in Handarbeit noch, denn die großen Tötungsfabriken gab es noch nicht. Ich muß zugeben, sowas kann sich kein Dichter ausdenken: Daß ausgerechnet auf der Wiese, wo die Deutschen die Juden in den Tod geschickt haben, die Überlebenden dieses Bombenangriffs sich dann sammelten. Für die Menschen natürlich alles schrecklich, aber für ein Gedicht wunderbar! Das paßt – weil da ja auch ein tiefer, innerer, grauenhafter Zusammenhang besteht: Deswegen haben wir ja die Bomben auf die Schnauze gekriegt. Insofern hat es schon seine moralische Ökonomie.

Damals habe ich natürlich nicht so gedacht. Ich lief da wie ein kleines Tier herum: »Mama! Mama!« Aber von heute aus gesehen, waren wir eben in einer sehr interessanten Situation. Wir freuten uns über die Bomben der Alliierten, es war nur so unpraktisch, daß sie uns auf den Kopf fielen. Das nenne ich eine komplizierte Interessensituation! Aber das war gar nicht so abwegig. Ich weiß von meinem Freund Arno Lustiger, der zu dieser Zeit in Auschwitz als Häftling saß, daß sie dort gebetet haben, auch die Juden, die nicht an Gott glaubten, daß die Alliierten endlich, endlich Bomben auf Auschwitz schmeißen und die Tötungsfabrik zerstören, obwohl sie genau wußten, daß sie dabei krepieren würden. So ist es eben manchmal. Billiger ist eine Befreiung manchmal nicht zu haben.

Sie haben einmal notiert, daß sich dieses Ereignis eingebrannt hat wie sonst nichts in Ihrem Leben, ja, daß Ihre »Lebensuhr« stehengeblieben sei »im Feuergebläse dieser einen Nacht«. Sie waren damals sechseinhalb. Gilt es für Sie immer noch?

Ach, danach sollten Sie mich nicht fragen, denn über niemanden irrt man sich so grotesk wie über sich selber. Ich bilde mir ein, daß in dieser Nacht wahrscheinlich der Grundstein dafür gelegt wurde, daß ich Lieder und Gedichte schreibe. Ich will Ihnen sagen warum: Sie kennen das Foto von der Uhr in Hiroshima, die im Moment der Explosion festgeschmolzen ist. Als ich dieses Foto sah, da dachte ich plötzlich: »Ach, das bin ich ja!« Meine kleine Lebensuhr, in meiner Menschenbrust, ist auch festgebrannt in dieser Nacht. Und wenn ich nicht die Welt immer auch noch zumindest mit einem Kinderauge anschauen würde, also naiv, dann könnte ich nicht solche Gedichte und Lieder schreiben. Dann müßte ich zur Strafe Prosa schreiben …

Über diese Nacht könnten Sie einen Roman schreiben – wenn Sie einen Roman schreiben könnten, haben Sie einmal gesagt. Wie würde der aussehen?

Natürlich wäre der Pfiff, der Reiz, der Witz an dieser traurigen Geschichte die raffinierte Verknüpfung des großen historischen Vorgangs und der kleinen Brandblase auf der eigenen Brust, daß man diesen schreienden Widerspruch mit literarischem Leben erfüllt, daß die Strafe nicht der Götter, sondern der Menschen vom Himmel runterfällt: das Gottesgericht als Menschengericht, durch Bomber präsentiert. Und daß man hin- und hergerissen ist, zwischen Freude und Entsetzen, daß man den Tod riskieren muß, um überhaupt eine Überlebenschance zu haben. Dazu reichte die Perspektive eines Kindes vielleicht nicht aus. Es wäre interessant, denselben Vorgang aus der Perspektive eines kleinen Jungen und einer Arbeiterfrau zu schildern, die weiß, daß ihr Mann gerade durch den Schornstein in Auschwitz gegangen ist und als Rauch in diesem verrauchten Himmel schon zuguckt, von oben. Das wäre, wenn ich denn einen Roman schreiben müßte, der raffinierte Drehpunkt, der die Sache dann auch interessant für andere Menschen macht. Denn nur Wunden vorzeigen, nur zeigen, wie schlimm es alles war und wie schrecklich – das ist die erste naive und menschliche Reaktion, aber nicht hinreichend für große Literatur. Und wenn man über sowas schon schreibt, dann reicht es nicht, daß das Feuer so groß war und das Entsetzen so gewaltig. Da muß man schon Literatur liefern.

Es gibt nur wenige, die das alles – beglaubigt durch die eigene Biographie – zusammenbringen können wie Sie: mit dieser verdoppelten Erfahrung des Grauens. Vielleicht auch daher die Lücke in der deutschen Literatur? Traute sich deswegen kaum einer heran an die Beschreibung des Luftkriegs, immerhin eine Erfahrung, die Millionen Menschen geprägt und traumatisiert hat?

Das weiß ich nicht. Ich glaube, es gibt viele mögliche Perspektiven dafür. Natürlich spielt eine emotionale Rolle im lähmenden Sinne, daß die meisten Deutschen die gerechte Strafe auf den Kopf gekriegt haben. Sei es, weil sie Verbrecher, Mörder und Mitmacher waren, sei es, weil sie alles mit angesehen haben und sich nicht tapfer gewehrt haben – also eine Art schuldlose Schuld doch auf ihrer Seele herumtragen. Und das faßt man nicht gern an. Das ist auch der Grund, warum sie nicht gern darüber sprechen: Weil es so gerecht war! Weil es so gut war, das Schlechte! Das spüren sie. Und die anderen haben es nicht erlebt. Die saßen im Schützengraben. Für die ist eine Stalinorgel eine ganz andere Musik als das Brummen der »Fliegenden Festungen«.

Wenn schon kein Biermann-Roman zu diesem Thema – so vielleicht doch Stoff für eine autobiographische Darstellung?

Natürlich droht mir – das ist doch klar – sowas wie eine Autobiographie. Und wie Sie sich wohl denken können, möchte ich es immer weiter vor mir herschieben, obwohl ich schon vor bestimmt 15 Jahren mit Manès Sperber in Paris über diese Frage geredet habe. Ich erzählte dem alten Sperber in seiner Wohnung diese und jene Geschichte, und er sagte: »Das müssen Sie alles aufschreiben, alles aufschreiben! Sie müssen Ihre Autobiographie schreiben!« Ich darauf: »Ich bin doch noch viel zu jung.« Und da hat er mir eine wunderbare, unbequeme Antwort gegeben, ziemlich schroff: »Seine Autobiographie schreibt man, wenn man selbst noch was davon lernen kann.«

Es wird demnach langsam Zeit?

Also, einfach alle Lebenslügen noch mal zusammenkratzen, wie so mancher Autobiograph, den wir kennen, das ist noch keine Autobiographie. So bescheiden will ich natürlich nicht sein. Das heißt, ich muß es schon zu einer Zeit machen, wo ich nicht schon aus Schwäche dauernd auf mich hereinfalle.

Und dabei würde dann auch der Angriff auf Hamburg eine wesentliche Rolle spielen?

Muß ja, der hat mein Leben geprägt. Und ich glaube, nicht nur im Schlechten. Solche Katastrophen, das sehe ich auch an anderen Menschenschicksalen, haben immer die Eigenschaft des Scheideweges, wie es in der Bibel heißt. Man kann daran kaputtgehen oder man kann stärker werden. Mir kommt es so vor, als ob ich eher Nutzen daraus gezogen habe, denn ich bin, wie es in meiner Ballade von der Elbe bei Hamburg heißt, ein »gebranntes Kind, das neugierselig nach dem Feuer sucht«. Der Schrecken im Feuersturm hat mir nicht etwa beigebracht, daß man in Zukunft sich in keine Gefahr mehr begibt. Vielleicht ist in dieser Nacht der entscheidende Knopf gedrückt worden, damit ich meinen Weg gehe. Überhaupt, ich habe meine Hausaufgaben gemacht: Ich habe Gedichte und Lieder über dieses Thema geschrieben.

Was denken Sie heute über den militärischen Nutzen dieser Angriffe?

Ich weiß, daß es bis heute den Streit gibt, ob man Dresden bombardieren durfte, wo doch schon alles entschieden war? Durfte man Hiroshima noch plattmachen, wo doch die Japaner schon aus dem letzten Loch pfiffen? Das ist eine zu schwere und zu komplexe Frage für mich. Ich werde den Teufel tun und dazu ja oder nein sagen. Natürlich tut es mir leid, daß so eine schöne Stadt wie Dresden, wo ich heute noch gute Freunde habe, vernichtet worden ist, mit vielen unschuldigen Menschen. Wer sich über sowas freut, muß doch eine Bestie sein. Dennoch: Das einzige, was ich diesen Bombenflugzeugen der Alliierten wirklich vorwerfe, und nicht nur ich – daß sie nicht mal ein paar kleine Bömbchen übrig hatten, um die Gaskammern zu zerstören, in denen mein Vater vergast wurde. Und die Schienen zu zerschlagen, und die Brücken, auf denen die Todeszüge Millionen Menschen in die Todesfabriken geschafft haben. Die Bomben wären dort im Sinne der Humanität besser verbraucht worden als für Dresden. Das ist klar.

Läßt sich über all diese Schrecken überhaupt anders als dokumentarisch oder autobiographisch schreiben?

Die Frage ist uralt und hat mit dem Thema dieser Bombengeschichte wenig zu tun. Die großen Schriftsteller haben immer über schreckliche Dinge geschrieben. Denken Sie an Grimmelshausen, an den Dreißigjährigen Krieg, wo auch geschlachtet wurde. Wenn man ein großer Dichter ist, dann kann man immer große Kunst machen, aus den großen Leiden der Menschen. Die Größe der Leiden spielt fast keine Rolle. Man muß auch nicht selber da drin gesessen haben. Das hindert ja auch zum Teil, weil man überwältigt wird, von den eigenen Emotionen und Konfusionen. Man muß ein großer Dichter sein. Und das wird nicht ausgesucht nach Leidensanteil, originalen Wunden. Das ist ungerecht, aber so ist es. Und so bleibt es auch. Und so soll es auch bleiben.

Klaus Harpprecht hat geschrieben: »Das Schweigen verbarg vielleicht eine Scham, die kostbarer ist als alle Literatur.«

Das ist schlechte Literatur.

Also kein Erzähltabu, in dem Sinne, daß jemand aus dem Tätervolk sich hüten sollte, auch diese Leidenserfahrung im Luftschutzkeller darzustellen?

Das ist alles sentimentaler Quatsch. Wenn sein Vater ein SS-Obersturmbannführer war oder sein Onkel, na und? Dann ist das eben der Impetus, der Stachel. Hegel hat das doch längst prima formuliert: Um Gedichte zu schreiben – aber das betrifft auch andere Kunstwerke – muß man im Zustand der Begeisterung sein. Es gibt auch sowas, wie eine schwarze, eine negative, eine böse Begeisterung, nämlich das Entsetzen. Auf jeden Fall eine heftige Gemütsbewegung. Und wenn diese heftige, emotionale Beziehung provoziert wird, durch den Zufall der Geburt, aus einem Nazinest, in dem man ausgebrütet wurde, na bitte! Am Ende ist es doch ein Mensch und erfindet die Welt von vorne. Er ist etwas Gemachtes, durch seine Leute, durch seine Eltern, durch seine Umwelt, aber auch einer, der sich selber macht. Und so einer wird unter Umständen viel menschlicher, gegen das, was ihm da aufgeladen wurde, als irgendeiner, der gemütlich von sich sagen kann: »Ich bin ja sowieso schon auf der richtigen Seite, ich bin ein prima Junge.«

Kann es sein, daß es eine Art Lähmung gab, daß man diese Ereignisse so schnell gar nicht in Literatur überführen konnte?

Mag sein. Ich habe ja auch erst in der zweiten Hälfte meines Lebens Themen angefaßt, die ich als junger Mensch erlebte. Wenn man jung ist, lebt man erstmal von der Hand in den Mund. Man quetscht seine Pubertätspickel aus und macht die Erfahrung, daß die Leiden, die man selber gerade hat, immer die schlimmsten auf der Welt sind. Das gilt aber auch für Völker, das gilt auch für Literaturen, für Kulturen. Haben Sie mal keine Eile, das wird schon!

Alles Vorherige war nur ein Umweg

Dieter Forte

Dieter Forte wurde 1935 in Düsseldorf geboren und lebt heute in Basel. Bekannt wurde er zunächst als Dramatiker: Sein Theaterstück »Martin Luther & Thomas Müntzer oder Die Einführung der Buchhaltung«, 1970 in Basel uraufgeführt, wurde ein großer internationaler Erfolg. Die Erfahrungen in den Bombennächten, die er als Kind in seiner Heimatstadt durchlitten hatte, verarbeitete er hauptsächlich in seinem 1995 veröffentlichten Roman »Der Junge mit den blutigen Schuhen«, geschrieben weitgehend aus der Perspektive »des Jungen«: »Die Sirenen jaulten, brüllten ihre eintönigen Melodien, an- und abschwellende Gesänge, langgezogenes Wehklagen, tief aufbrummend, schnell hochsteigend in schmerzhafte Höhen, die in den Ohren lagen, ins Gehirn drangen, sich festsetzten, sich nie mehr aus dem Körper entfernten, so daß man sie auch hörte, wenn keine Sirene lief, wenn Stille war, aber das war selten.«[1] Der Roman, Mittelteil einer 1998/99 abgeschlossenen Trilogie (»Das Haus auf meinen Schultern«), gehört zu den eindringlichsten Darstellungen des Luftkriegs in der deutschen Literatur. Der den Zyklus beschließende dritte Roman »In der Erinnerung« (1998) schildert die unmittelbare Nachkriegszeit in der Trümmerlandschaft und mündet in einen fast verwunderten Rückblick aus der Gegenwart: »Die Straße, glattgeteert, ohne Schuttberge, ohne Bombentrichter, erschien ihm so unwirklich wie eine aufgeräumte Puppenstube, nur an einigen eingedrückten Bordsteinen erkannte er noch die Gleisspuren der Trümmerbahn.«[2] Wie sehr die Kriegs- und Nachkriegszeit für den Schriftsteller persönlich und für sein Werk prägend war, wird auch aus jenen kürzeren Prosa- und

[1] Dieter Forte: Der Junge mit den blutigen Schuhen. Frankfurt a. M. 1995. S. 134 f.

[2] Forte: In der Erinnerung. Frankfurt a. M. 1998. S. 233

Zeitungstexten deutlich, die in dem Band »Schweigen oder sprechen« (2002) gesammelt sind, etwa dem Erinnerungsstück »Nach einem Bombenangriff«: »Ich war sechs, sieben, acht, neun und zehn Jahre alt, als ich dies sah und erlebte und daran fast erstickte, und jede Nacht erlebe ich es wieder, nur durch Zufall dem Tod entkommen.«[3] – Das Gespräch wurde am 17. 2. 2000 in Basel geführt.

Herr Forte, Ihre Romantrilogie, in der Sie unter anderem Ihre Erlebnisse als Kind in den Luftschutzkellern verarbeiten, endet in den deutschen Trümmerbergen der Nachkriegszeit, greift aber weit zurück, fast in eine graue Vorzeit. Sie selbst tauchen erst später als »der Junge« auf.

Ich bin weit zurückgegangen, zwei Familien werden durch Europa getrieben, anders kann man es nicht nennen. Und da sind schon Krieg und Zerstörung, kurzer Frieden und erneute Flucht, so daß das Thema für mich schon in der Vergangenheit wie in einer großen Fuge vorhanden war. Ich näherte mich dann im zweiten Band der Vorkriegs- und Kriegszeit, auf dem Fundament des ersten Bandes. Ich habe das »Ich« in eine Distanz gerückt. Der Junge bin natürlich ich, aber es lagen fünfzig Jahre dazwischen, und aus diesem Zeitunterschied heraus, der ein Geschehen auch objektiviert, habe ich versucht, die Erinnerung neu zu beleben, das, was der Junge erlebt hat, gesehen hat, die Ängste des Jungen, da habe ich mich nicht geschont, da habe ich mich schon reinversetzt, da bin ich auch durchgebrochen. Es gibt Momente, wo auch die Sprache nicht mehr hält. Einen Luftangriff kann man einmal beschreiben und dann nie mehr im Leben. Dadurch, daß ich »der Junge« geschrieben habe,

[3] Forte: Schweigen oder sprechen. Hrsg. von Volker Hage. Frankfurt a. M. 2002. S. 27

hatte ich den Jungen in seinen Ängsten in mir, sah durch seine Augen, was er sieht, und gleichzeitig war ich der etwas zurückgesetzte, objektive Erzähler, der aus der heutigen Perspektive schreiben konnte, das ergibt einen Schwebezustand, man ist in der Person und erzählt doch von außen. Im dritten Band wird diese Innen-Außen-Erzähltechnik noch gesteigert. Da ist ein namenloser Zehnjähriger, der sehr krank ist, von daher ein Außenseiter der Gesellschaft. Er kann nicht mitmachen, er beobachtet. Dadurch fällt ihm viel mehr auf. Dadurch hat er wohl auch mehr behalten. Es war mir nicht bewußt, daß ich so viel behalten habe. Das ist erst im Schreiben herausgekommen. Als ich anfing, habe ich gedacht, es wird nicht so viel, dann waren es über 900 Seiten. Ich habe sehr viel gestrichen, weil ich nicht eine Aneinanderreihung von Schrecken wollte, das kann man den Menschen in einem Roman nicht zumuten. Ich habe versucht, aus einer distanzierten Nähe zu beschreiben, fast ikonenhafte Bilder zu finden, Sprachbilder, die meines Erachtens gültiger sind und dauerhafter. Tolstoi beschreibt in »Krieg und Frieden« einmal ein Typhuslazarett, das reicht, man muß nicht noch viele andere Lazarette beschreiben. Es wiederholt sich in seinem Grauen. Und der Schrecken ist irgendwann nicht mehr steigerbar. Überhaupt ist das sehr schwer zu erzählen. In jeder Tagesschau, die ein großes Unglück zeigt oder eine Naturkatastrophe, fällt immer der Satz: »Es bot sich ein unvorstellbares Bild des Grauens.« Mehr kommt nicht. Ein Bild des Grauens. Unvorstellbar. Sprache hat man dafür nicht. In der Malerei gibt es eher eine Tradition in der Darstellung des Grauens. In der Sprache muss man behutsam vorgehen, die Elastizität finden, in der man das schildern kann, damit der Leser es noch zur Kenntnis nimmt. Hinter der Sprache existiert natürlich ein Grauen, das nicht mehr schilderbar ist. Es gibt da Grenzen. Man kann versuchen, eine Annäherung zu finden, Bilder dafür zu finden. Und das habe ich versucht.

Wußten Sie vorher, worauf Sie sich da einlassen?

Nicht genau, nein, ich wußte, ich habe im Krieg sehr viel erlebt, habe den Luftkrieg in Düsseldorf miterlebt, wir sind evakuiert worden, ich bin ein Kind des Krieges, 1935 geboren, 1945 war ich zehn, 1948 bei der Währungsreform dreizehn. Aber wenn man dann schreibend sich erinnert, wie beginnt der Angriff, wie war das mit dem Voralarm, dem Hauptalarm, wann kamen die Bomber? Wann schoß die Flak, wann die Schweigebatterie? Die schwere Flak war direkt bei uns, die Suchscheinwerfer genau über uns, die Explosionen der Granaten. Also das, was man als Kind schon sehr fachmännisch weiß. Das sind ja Dinge, die man lernt. Und wann muß man spätestens in den Keller? Wann fielen die Bomben? Kamen die Bomber wieder eher als der Alarm? Wenn man sich dann langsam dieser Erinnerung nähert und sie beschreibt, nur einen Angriff, der vielleicht eine Stunde dauert, was das für eine entsetzliche Stunde ist, in einem Keller, der dann dunkel wird, in dem es kracht, der Boden zittert, die Bomberwellen kommen immer näher, werden ohrenbetäubend, man versteht nichts mehr, der Luftdruck schüttelt einen, man kann sich kaum festhalten, man wird herumgewirbelt und man weiß, in der nächsten Sekunde kann man tot sein. Fällt die Bombe ins Haus oder ist das Nachbarhaus getroffen? Die berstende Explosion über einem, war das bei uns oder im nächsten Haus? Sind die anderen tot? Lebt man noch? Es ist endlos, eine Stunde ist endlos. Ein kurzes Aufatmen, dann rollt schon wieder die nächste Welle an. Man traut sich nicht aus dem Keller. Und wenn man sich traut, muß man wieder runter. Und das über viele Nächte und Wochen und Monate. Ich habe gestottert, ich war ein ganz schwerer Stotterer, ich habe überhaupt nicht mehr richtig sprechen können. Ich mußte noch auf meinen Bruder aufpassen, den mußte ich anziehen und in den Keller schleppen, mit einem Koffer. Das war meine Aufgabe. Meine Mutter nahm den größeren Koffer. Man lag halb angezogen auf dem Bett, schlief für eine Stunde ein, dann heulten schon wieder die Sirenen und man fuhr wieder hoch. Manchmal hörte man im Schlaf Sirenen, obwohl keine heulten, man war ein Nervenbündel, immerzu die Treppe hoch und runter. Es gab 243 Bombenangriffe auf Düsseldorf. Wenn ich nur an den Pfingstangriff denke, da kamen an die 1000 Bomber. Es fielen ungefähr 225 000 Brand- und Phosphorbomben, davor über 1000 Sprengbomben, um die Häuser zu öffnen, danach noch mal Sprengbomben, um die Rettungsmannschaften zu treffen. Und das in einer guten Stunde. Die Stadt brannte in einer Länge von 8 km und einer Breite von 5 km. Und das war nicht der einzige Angriff dieser Größenordnung. Es ist letztlich nicht schilderbar. Man kann nur diese Fakten nennen, die man heute kennt. Damals stand man in einer brennenden Stadt, da wußte man nicht, wie viele Bomben gefallen waren, wie weit die Stadt überhaupt brennt, ob es dahinten überhaupt noch Menschen gibt. Das weiß man ja nicht. Man überblickt nur die Straße und die nächsten brennenden Straßen und weiß, daß es dahinter auch brennt. Ich erinnere mich noch, als Kind stand ich plötzlich vor einer Feuerwehr aus Gelsenkirchen. Von Gelsenkirchen nach Düsseldorf, das war damals weit. Da ist meine Mutter geboren, deswegen ist es mir haften geblieben. Aber die Männer löschten nicht mehr, die hatten sich auf den Bordstein gesetzt, saßen da und taten nichts mehr. Ich dachte erst, sie wären tot, sie waren ganz steif. Dazwischen viele KZ-Häftlinge. Es gab in der Stadt sehr viele Außenlager, die Häftlinge arbeiteten in den Fabriken. Sie holten uns aus den Kellern raus. Man teilte das Stück Brot miteinander. Diese Bombenangriffe haben mich geprägt für mein Leben. Ich habe mit vielen Leuten gesprochen, die das in anderen Städten erlebt haben. Der Maler Dieter Roth, der hier in Basel ein paar Straßen weiter wohnte, hat die Bombardierungen in Hannover erlebt. Er sagte: »Ich fahre jede Nacht im Bett hoch und höre die Bomben fallen und werde die Angst nicht los.« Der Mann war nur noch ein Angstbündel. Man mußte ihn immerzu beruhigen, wenn man ihn traf. Und es war nun schon fünfzig Jahre her. Es ist eine Kindheitsangst, die so groß und so mächtig ist, daß man sie nie mehr verliert.

Erklärt es sich vielleicht daraus, daß auch in den Familien wenig über diese Erfahrungen gesprochen wurde? Es gibt ja nicht nur in der Literatur offenbar eine Lücke, sondern es gab auch in den Familien sehr wenig Erzählungen und Berichte darüber.

Die es erlebt hatten, mußten nicht mehr darüber reden. Die wußten, was geschehen war. Die es nicht erlebt hatten, glaubten einem nicht. Das war ja regional sehr unterschiedlich, in Süddeutschland ist nicht so viel passiert. Man mußte ja schon während des Krieges darüber schweigen. Schon im Krieg entstand dieses Schweigen, die Verdrängung des Geschehenen. Es stand ja auch nichts in der Presse. Die Menschen in Süddeutschland wußten gar nicht, daß bombardiert wurde. Das war Greuelpropaganda, Feindpropaganda, man durfte nicht darüber reden, weil es das ja offiziell gar nicht gab. Ein großer Teil der Bevölkerung hat es nicht mitbekommen, ein Teil vielleicht nur am Rande oder von ferne, hat gesehen, daß die großen Städte brannten, das sah man ja sehr weit. Und die, die es mitbekommen hatten, hatten keine Worte mehr dafür.

Sie sprachen gerade von der Begegnung mit KZ-Häftlingen. Wie hat man sich das vorzustellen? Redete man miteinander? Wurde streng bewacht?

Eine absurde Situation, es wird heute keiner glauben. In der Stadt gab es über 100 Lager, Kriegsgefangenenlager, Fremdarbeiterlager, Straflager, dazu die Außenlager der KZs. Inmitten der Stadt gab es also bewachte Lager, zum Beispiel im Volksgarten, das war ein Stadtpark direkt bei uns, da war ein KZ-Lager mit Stacheldraht umzäunt und nachts stark erleuchtet. In der letzten Sekunde vor dem Angriff wurden die Lichter ausgeschaltet. Dann wußten wir immer, die Bomber sind genau über uns. Und es gab sehr viele kleinere Nebenlager, in ehemaligen Kinos und Gaststätten, die Gefangenen waren überall untergebracht. Auf engstem Raum. Man wohnte fast Wand an Wand mit ihnen. Sie arbeiteten in den vielen Waffenfabriken, und sie waren auch dazu da, nach jedem Luftangriff die Straßen aufzuräumen und die gefährdeten Häuser einzureißen. Auch direkt nach dem Luftangriff Menschen aus den Kellern zu retten. Man konnte also froh sein, wenn man eine KZ-Uniform sah, die einen aus dem Kellerloch zog. So ergab sich über die Jahre ein gemeinsames Leben unter dem Bombenhagel. Die Männer, die noch da waren, arbeiteten mit denen ja an einer Drehbank. Wenn man sich nach einem Angriff eine Suppe kochte, dann stellte man sie den Gefangenen auch hin. Man mußte natürlich aufpassen, daß die Bewacher gerade woanders hinschauten. Oder wenn sie in der Kolonne bei den leichten Mädchen vorbeikamen, die steckten ihnen immer was zu. Da hatten die Bewacher nicht viel zu melden. Oder unter den Eisenbahntunnels in unserem Quartier. Da war es eng und dunkel, die Kolonnen gerieten durcheinander, immer standen dort Menschen, die denen hastig etwas zusteckten. Es gab auch Leute, die eine Auslandskontrollkarte hatten, darauf verschickten sie Post von Gefangenen ins Ausland, einige vermittelten für kurze Minuten Telefongespräche. Man gab auch Adressen weiter, Namen. Man konnte die Frau eines Gefangenen unterrichten, die Frau kam angereist, man sorgte dafür, daß sie beim nächsten Angriff beide verschwinden konnten, und sie hatten eine Viertelstunde für sich. Es gab ganz abenteuerliche

Unternehmungen. Ein Hausbesitzer hat einen Zeugen Jehovas für Stunden aus dem KZ geholt, weil nur der sein Dach reparieren könne. Oben unter dem Dach saß dann die Frau des Gefangenen im Schrank. Der Hausbesitzer hat unten vor der Haustür den SS-Bewacher aufgehalten, hat ihn in ein Gespräch verwickelt, während ein Dritter mit Dachziegeln herumwarf. Solche Geschichten sind sehr viel gelaufen. Als man dachte, der Krieg geht zu Ende, versteckte man auch KZ-Gefangene. Wenn man in der Straßenbahn saß, falls sie mal wieder fuhr, fuhr man ja langsam und ganz nah an den Gesichtern dieser Menschen vorbei, die gerade die Gleise reparierten. Man fuhr vorbei und sah ihnen ins Gesicht. Und in der Straßenbahn war es ganz still, nur ein Wort, von einem Spitzel gehört, und man wäre aus der Straßenbahn herausgeholt worden. Man sah die Gefangenen, man sah, wie verhungert sie waren, sie mußten große schwere Pferdewagen ziehen. Es gab auch diese Tricks, volle Zigarettenpäckchen oder Brot wegzuwerfen. Wir Kinder haben das auch gemacht. Es war ein Spiel, gar nicht so bewußt. Wir haben Brotstücke beim Fußballspielen einfach in die Kolonnen geworfen, die die Gleise reparierten, natürlich nur, wenn die Bewacher uns den Rücken zukehrten. Also zu sagen, wir haben es nicht gewußt, ist albern. Alle haben es gewußt, die ganze Stadt war voll mit diesen KZ-Gefangenen. Und in der Not, wenn die Bomben fielen, duckten wir uns in das gleiche Erdloch. Und wenn jemand was zu essen hatte, gab er dem anderen auch davon. Das habe ich erlebt.

Ihre Romantrilogie endet damit, daß der Junge eine Art Auftrag in sich verspürt, über all das zu schreiben. Hatten Sie selbst auch schon früh diese Absicht?

Die ersten Aufzeichnungen über meine Familie habe ich mit fünfzehn gemacht. Das waren Notizen aus Gesprächen mit meinem Großvater, zu dem ich ein enges Verhältnis hatte. Er war auch ein Mann der Literatur, das hat mich sehr beeinflußt. Da war mir schon klar, daß ich das einmal aufschreiben werde. Und als ich hinter dem Sarg meines Vaters herging, habe ich zu mir gesagt, das werde ich jetzt aufschreiben. Ich wußte, ich bin der Letzte aus dieser Familie, und auf einmal merkte ich, wie einsam ich auch mit diesem Wissen war, das heutige Menschen ja nicht sehr interessiert. Ich habe es mir vorgenommen, und ich habe mich auch gezwungen, gegen den Rat von Leuten, die sagten: »Warum willst du dir das antun? Das kann auch zu einer großen Belastung werden.« Ich wäre nicht ruhig geworden, wenn ich das nicht hätte aufschreiben können, wenigstens das Wichtigste, ich bin ja beim Schreiben nicht endlos in die Breite gegangen. Es ist ja lesbar. Es war mein Lebensinhalt, das zu berichten, alles Vorherige war nur ein Umweg.

Hat es Ihnen vielleicht auch geholfen, mit den Erinnerungen fertig zu werden? Der Schreibvorgang als eine Form der psychischen Verarbeitung?

Es ist einem bewußt geworden. Man wird nicht befreit, man wird es nicht los, aber es wird einem bewußt. Es sitzt dann im Kopf. Man kann besser damit umgehen, aber es verläßt einen nicht. Es ist noch zu viel ungesagt, und man weiß von so vielen Dingen, die man mit ins Grab nehmen wird. Man kann bewußter damit umgehen und kann sich dazu stellen und sagen, es ist nun mal dein Leben. Aber es macht mich zusehends einsamer. Eigentlich möchten die Leute nichts davon wissen. Man möchte doch lieber über die Königsallee gehen und etwas Schönes einkaufen.

Aber einige, die es erlebt haben, wenden sich auch direkt an Sie. Haben Sie viel Resonanz erfahren?

Ich habe eine Flut von Briefen bekommen, vor allem von Frauen, die die Bombardierungen ja in erster Linie erlebt haben. Von Männern weniger. Es ist ein Erlebnis der Frauen, der Kriegsgeneration von Frauen. Grauenhafte Lebensbeichten, seitenlang. Gleichaltrige Journalisten, die mich interviewen wollten, erzählten vier, fünf Stunden nur, was sie einen Stadtteil weiter erlebt haben, mit der Begründung: »Es will keiner davon hören, wenn ich das anderen erzähle, dann sagen sie, das glaube ich nicht.« Oder bei Lesungen. Geschichten von Zuhörern, die sagen: »Durch Ihren Roman ist das alles wieder hochgekommen. Ich habe es heute in der Kantine erzählt, die haben gesagt, das glaube ich nicht, du spinnst.« Genau die gleiche Reaktion wie auf das Buch von Gert Ledig, für mich das beste Buch über den Luftkrieg, Wort für Wort und Satz für Satz. Ich kann schwören, so war es. Das ist meine Kindheitserinnerung, so war es. Und das hat man ja auch weggedrängt, mitsamt dem Autor.

Waren Sie erstaunt, als Sie den 1956 erstmals veröffentlichten Roman »Vergeltung« jetzt lasen? Sie kannten ihn vorher nicht?

Ich kannte ihn nicht, ich habe ihn jetzt erst gelesen. Ich dachte, ich lese das Protokoll eines Angriffs.

Sie haben einmal davon gesprochen, daß Sie heute, wenn Sie etwa die Ruinen von Grosny im Fernsehen sehen, dabei ein vertrautes Gefühl haben – fast mehr als auf der Einkaufsmeile von Düsseldorf.

Ja, ein merkwürdiger Vorgang. Ich bekomme fast – ich bitte das zu verstehen – Heimatgefühle. Es sind vertraute Bilder. Es sind die Gefühle meiner Kindheit, wenn ich Grosny im Fernsehen sehe. In solchen Trümmern bin ich aufgewachsen, da kenne ich mich aus, da weiß ich zu überleben, auch diese Art des Kellerlebens, dieses schmalsten Lebens, es wäre keine Belastung. Aber ich bekomme Angst, wenn ich in Düsseldorf über die Königsallee gehe, nur Gold und Marmor, nirgendwo eine kleine Flucht, wo man sich verstecken könnte. Ich gehe dann schnell weg, setze mich in den Zug, fahre weg. Ich lebe ja auch sehr zurückgezogen. Diese ganze Wohlstandsgesellschaft macht mir zutiefst Angst, weil ich sie auf Sand gebaut sehe. Es ist eine Momentaufnahme, die bald wieder anders aussehen wird, sie erscheint mir wie gemalt. Ich komme mir vor wie ein Kaspar Hauser. Kaspar Hauser stand auf der Straße und dachte, die Häuser sind gemalt, die Landschaft ist gemalt. So sehe ich das auch. Ich sehe auf der Kö die Brandmauern, die zerstörten Fassaden. Das sehe ich, das war meine Königsallee. Aber jetzt, die Menschen, die da so langflanieren, wie auf einem Rollband. Das betrifft die ganze westdeutsche Nachkriegsrepublik, die meines Erachtens jetzt ins Wackeln kommt. Der Bauch des Herrn Kohl ist für mich so ein Wahrzeichen der Bonner Republik, mit seinem Verschwinden verschwinden auch die ganzen Strukturen. Ich glaube, daß jetzt etwas zusammenbrechen wird, was aus der Nachkriegszeit entstanden ist. Aus Tauschhandel, hier hast du einen Schein, da hast du einen Schein, ich gebe dir und du gibst mir. Und die Gesetze? Ja, die stehen auf Papier, das macht nichts. Aber diese Kungelei, dieses untereinander sich gegenseitig Arrangieren, das ist so ein Merkmal dieser Bonner Republik gewesen. Ich glaube, daß das jetzt zusammenbrechen wird. Daß wir vielleicht danach auch klar sehen werden. Auch die Literatur der Zeit wird untergehen wie die Titanic. Das ist meine persönliche Meinung. Sie leuchtet noch groß und mächtig, aber es wird plötzlich eine Leere da sein.

Also ist die deutsche Nachkriegsliteratur für Sie mit dieser alten Bundesrepublik eng verknüpft?

Ja, da wird sich sehr vieles relativieren.

Auch weil in Ihren Augen zu vieles verschwiegen, nicht erzählt wurde?

Es wurde doch eigentlich alles verschwiegen, die wenigen Ansätze, die es da gab, endeten schnell in einer selbstgefälligen Literatur, das Trauma wurde zu einem Tabu. Ein ganz seltsamer Vorgang, über den nachzudenken sich lohnen würde. Das Trauma verwandelte sich vor dem Hintergrund des nun kalten Krieges in ein Tabu. Gerade sind Hildesheimers Briefe publiziert worden, und der gewiß unverdächtige Hildesheimer schreibt 1952 schon in einem Brief über die Gruppe 47: »Das ist eine mehrheitlich konservative Versammlung von Kriegsheimkehrern, die auf Selbstlegitimation und Integration im System bedacht ist.« Und er schreibt weiter über diesen klammheimlichen Konformismus der Gruppe, deren mediale Selbstinszenierung er als Zeichen politischer Überanpassung deutet. Wenn man einmal diese Perspektive einnimmt, merkt man schon, daß wir sehr vieles auch in der Literatur verdrängt haben und recht bald – das eine kommt aus dem anderen – in das komplizierte Ich abgetaucht sind, das ach so verstrickt ist in die kleinen Problemchen der Gegenwart. Man wollte es nicht schreiben. Man wollte es aber auch nicht lesen.

Der Publizist Klaus Harpprecht hat erklärt, das Schweigen über diese Dinge verberge eine Scham, die kostbarer sei als alle Literatur. Ist das für Sie nachvollziehbar?

Kostbarer als alle Literatur heißt ja, das Leiden ist das Kostbare und darüber schreiben muß man nicht. Das ist ein seltsamer Standpunkt. Wenn Literatur irgend etwas taugen soll, dann hat sie doch auch darüber zu schreiben, was Menschen in einer furchtbaren Zeit erleben. Das sind ja keine Einzelschicksale. Es ist das Schicksal eines Volkes, das die Kriegszeit, die Luftkriegszeit und dann die Nachkriegszeit ins Vergessen drängt und sagt: »Ab 1948 beginnt alles, da kommt die D-Mark, die Bundesrepublik wird mit der D-Mark gegründet, Grundgesetz ein Jahr später.« Nur gibt es dann immer noch Außenseiter wie mich. Deswegen bin ich vielleicht zum Außenseiter geworden. Vielleicht ist das dann auch eine Erklärung.

Und doch gibt es viele Leser, die in Ihnen einen sehen, der das formuliert, was sie selbst erlebt haben!

Oft ist es wie ein Aufschrei. Endlich schreibt einer über das, was wir erlebt haben. Es kommen Telefonate und seitenlange Briefe, unglaublich detailgenau, präzise in der Schilderung, alles noch im Gedächtnis, als wolle man es nun bei mir deponieren. Die meisten Schriftsteller dieser Zeit kamen aus dem Krieg. Und Krieg ist ein traditionelles literarisches Thema. Da gibt es Vorbilder, das kann man beschreiben, aber diesen Zivilisationsterror, wie soll man den beschreiben? Es sind im Krieg wahrscheinlich genauso viele Frauen und Kinder umgekommen wie Soldaten. Darüber spricht seltsamerweise keiner. Wieso ist das kein Thema? Warum darf man darüber nicht reden? Ich bin 1935 geboren, 1939 begann der Krieg, sechs Jahre Krieg als Kind, und drei Jahre Nachkriegszeit. Also ich empfinde mein Leben als zerstört. Ich bin ein Kriegskind und durch den Krieg geprägt, in jeder Weise.

Da muß es Ihnen doch besonders unverständlich erscheinen, daß viele Menschen nach dem Krieg ganz anders damit umgegangen sind und die Erinnerungen im Wirtschaftswunder verdrängt und beiseite geschoben haben. Ist das für Sie ein Rätsel?

Ein geradezu unheimliches Rätsel. Man hat alles beiseite geschoben, man hat sich in den Wiederaufbau gestürzt als

Ablass für alle Sünden. Nun ist es Vergangenheit. Man müßte ja darüber nachdenken, man müßte eigene Schuld mitteilen. Darüber möchte man im Zweifelsfall nicht reden. Es ist eine kollektive Amnesie. Da hat W. G. Sebald schon recht.

Ein Historiker hat einmal geschrieben, es gebe wahrscheinlich keine Gesellschaft ohne das institutionalisierte Vergessen, aber Gesellschaften kämen manchmal überein, mehr zu vergessen, als sie eigentlich müßten…

Es gab von Anfang an eine stille Übereinkunft des Vergessens. Keine Erinnerung. Vergessen. Das ist doch unheimlich.

Sie sind zunächst als Theaterautor bekannt geworden. War Ihnen immer klar, daß Sie das Eigentliche, das für Sie Wesentliche nur in Prosaform würden schreiben können? Rolf Hochhuth hat das Stück »Soldaten« geschrieben, in dem er das Thema Luftangriff auf die Bühne bringt, und zwar in Form eines Disputs über die moralische Berechtigung dieser Art von Kriegsführung. Wäre das für Sie keine Form gewesen?

Es ist auf dem Theater nicht darstellbar. Ich war ja lange genug am Theater und hatte da meine Erfolge, aber dann wurde mir klar, das Theater schafft es mit seinen Mitteln nicht. Krieg ist auf dem Theater schwer zu inszenieren. Da stehen dann Schauspieler, die mehr oder weniger geglückt spielen. Regisseure, die ihre Interpretation inszenieren. Später habe ich sogar an einen Film gedacht, weil ich auch Drehbücher geschrieben habe, aber auch das ist dann eine Produktion von anderen. Irgendwann wußte ich, es kann nur die Prosa leisten, die Sprache und das Wort. Es war auch mein großes Erlebnis, daß die Sprache unglaublich viel trägt, daß sie hält, daß man ihr vertrauen kann. Das sind ja einsame Stunden im Schreiben, über eine lange Zeit, über

Jahre. Man ist dann wie in einem Kokon, in einem Sprachkokon. Ein zweites Ich entsteht. Wenn man sich vom Schreibtisch entfernt, bleibt ein Sprachgebilde übrig, auf das man später mit Verwunderung blickt. Im Theater muß man sich sehr auf den Ablauf konzentrieren. Im Roman kann ich beschreiben, wie etwas entsteht, wie es sich langsam entwickelt, wie Häuser für den Luftkrieg markiert werden, wie Gasmasken verteilt werden, wie ich die als Kind anprobieren mußte, das war ein Drama für mich. Und dann die Volksempfänger. Wie alles auf den Krieg zugerüstet wird. Das kann man in einem Roman beschreiben, am Theater muß man immer direkt da sein.

Wie erklären Sie sich, daß während des Schreibens diese unglaublich detaillierten Bilder entstanden?

Das war für mich selbst die größte Überraschung. Ich sagte ja, ich habe erst gedacht, es wäre nicht so viel, und habe Notizen gemacht. Und dann habe ich gemerkt, die Notizen führen nicht sehr weit, ich muß es aufschreiben, wie es kommt. Tag für Tag nur schreiben, in die Sprache hineingehen, in der Sprache bleiben, damit es sich entfaltet. Und dann öffnete sich plötzlich in mir etwas. Und die gesamte Erinnerung war da. Nicht nur das oberflächlich Behaltene, die gesamte Erinnerung. Auch der Schrecken und die Angst, die in mir ist. Es war ein richtiger Durchbruch. Ich habe geschrieben, geschrieben, die Manuskriptseiten sind kaum lesbar. Man sieht, daß ich in einem durchgeschrieben habe, zehn, zwanzig Seiten. Es brach auf und ich konnte nur noch schreiben, schreiben, schreiben. Ich mußte manchmal vom Schreibtisch aufstehen, weil ich überhaupt nicht mehr geatmet habe, wie wenn man zu lange unter Wasser bleibt und die Luft anhält. Und wenn man sich ununterbrochen diesem Gefühlsstrom überläßt, dann treibt es einen ganz schön in einen Strudel hinein, aus dem die Erinnerung, die tiefste

Erinnerung, in allen Details hochschießt. Man schläft nicht mehr, es ist eigentlich nur ein kurzes Einnicken, dann wieder aufstehen, an den Schreibtisch gehen, weiterschreiben. Man kann es ja auch nicht steuern, man kann es nicht dosieren, man kann nicht sagen, heute vier Seiten, morgen vier Seiten. Es bricht alles auf, plötzlich ist alles wieder da, was man als Kind erlebt und in sich verkapselt hat. Es bricht auf und es ist da und erfaßt einen körperlich. Da bin ich auch zusammengebrochen. Man kann am Roman ganz genau merken, wann ich die Erinnerungsschübe abbreche. Im Grunde ist alles noch da, und vielleicht wollen die Menschen deswegen nichts davon hören. Die Traumaforschung weiß heute, daß man vierzig, fünfzig Jahre braucht, um sich dem Schrecken zu stellen, Worte der Erinnerung zu finden, das Entsetzen zu schildern, das unter dem Vergessen liegt. Es ist doch eine fast körperliche Vernichtung der eigenen Identität. Man ist ja nicht unbeschädigt. Man ist nur zufällig dem Tod entgangen. Das wußte man auch als Kind, daß man nur zufällig überlebt hat. In dem Moment, als wir im Keller von der Pritsche hoch sind, weil wir getroffen wurden und zum Durchbruch rannten, krachte hinter uns die Mauer zusammen und fiel auf die Pritsche, auf der ich mit meiner Mutter und meinem Bruder immer saß, es war unser Platz, es war ja alles zugeteilt, es gab einen Luftschutzwart, es war alles geordnet. Da mußte man sitzen. Wir rannten los und da brach die Mauer ein. Wenn wir zwei Sekunden länger gewartet hätten, wären wir tot gewesen. Ein viermotoriger Bomber stürzte eine Straße weiter auf einige Häuser. Ein Feuermeer. Die Schulkameraden hingen in den Kellerlöchern und verbrannten, und der Pfarrer kniete davor und betete. Ein Bild, das bleibt. Nur ein Zufall, daß der Bomber nicht auf unser Haus stürzte. Wir wurden von einer Luftmine getroffen, die hebt das ganze Haus an, das ist ein furchtbarer Moment, wenn das Haus sich hebt. Und daß man dann noch in den Durchbruch kommt, ist auch nur ein

Zufall. Wir sind durch vier, fünf Häuser gekrochen und dann auf der Hauptstraße rausgekommen, daß man dann noch lebt, erscheint einem als Wunder. Das vergißt man auch nicht mehr. Es bestimmt die Lebensmaßstäbe für den Rest des Lebens. Ich kann nicht viel anfangen mit den Problemen der heutigen Menschen. Die sind für mich so relativ, so weit weg. Man versucht das zu beschreiben, aber es bleibt so viel übrig. Was waren das denn für Keller, das waren ja keine bombensicheren Keller, es waren Kohlenkeller, abgestützt mit Holzbalken. Die Mauern aus Ziegelsteinen, bei jeder Bombenwelle krachten sie in sich zusammen. Der Luftdruck war gewaltig. Eine Frau band sich immer mit einem Seil an die Gasschutztür und hielt die Tür von innen zu, so daß sie nicht aufflog. Sie wurde ganz schön durchgeschüttelt. Es war ein Kampf ums Leben. Das sind tausend Einzelheiten, die ich jetzt endlos erzählen könnte. Wenn ich damit anfange, gibt es kein Aufhören mehr.

Wie muß es für ein Kind sein, die Erwachsenen in Panik zu erleben und vielleicht Entscheidungen fällen zu müssen, die dem Alter überhaupt nicht angemessen sind?

Man wurde sehr früh erwachsen. Das kann man sich heute nicht mehr vorstellen. Der Vater war ja nicht da. Also vertrat man sowieso als Junge die Vaterstelle, und da die Mütter meistens – zumindest meine Mutter – sehr irrational handelten, aus den Flammen immer noch die kostbare Bettwäsche retten wollten, sich damit in Lebensgefahr brachten, war man plötzlich der vernünftige Teil, der sagte, jetzt müssen wir hier raus, jetzt müssen wir das oder das tun. Nach dem Angriff zusehen, daß man auf die Sondermarken die Sonderration bekam, ehe alles wieder weg war. Nach den großen Angriffen wurde schon mal Schnaps und Zigaretten, Bohnenkaffee, ein bißchen Butter, ein Ei verteilt. Es waren schnell alt gewordene Kinder ohne jede Illusion. Frauen handelten sehr instinktmäßig. Sie versuchten immer, etwas zu retten, zu viel mitzuschleppen. Das ließen sie unterwegs dann doch liegen. Dutzende Male habe ich erlebt, daß immer das Falsche mitgeschleppt wurde und immer zuviel. Wutanfälle habe ich darüber bekommen, was ich immer mitschleppen mußte. Auch bei der Evakuierung blieben links und rechts von der Straße die Koffer liegen. Dann kamen die Bauern und sammelten alles genüßlich ein. Ich habe deswegen auch keinen Bezug zu Besitz. Ich brauche meine Bücher, aber sonst habe ich keinen Besitz. Ich habe Besitz als das Unnötigste erlebt, was es gibt, er ist nur beschwerlich. Nach dem Krieg bildeten sich Kinderbanden, ein Zusammenhalt, um zu überleben, weil zehn stärker waren als einer und zehn mehr stehlen und wegschleppen konnten. Kinder waren schnell und schwer zu fangen, Kinder krochen in ein Loch und waren weg. Viele Kinder haben ihre Familien ernährt, haben teilweise den Schwarzmarkt beherrscht.

Sie erzählen in Ihrem Roman, ohne zu romantisieren, daß die Zeit nach dem Krieg für Kinder auch eine abenteuerliche Zeit sein konnte. Haben Sie das selbst so erlebt?

Es gab schon sehr lange keinen Schulunterricht mehr. Die Lehrer waren im Krieg. Um uns hat sich keiner gekümmert. Auch nach dem Krieg nicht. Wie unsere Generation zurechtgekommen ist, hat keinen interessiert. Das ist auch Thema vieler Briefe. Ich kenne einen Journalisten, der hat mit Kinderpsychologen darüber gesprochen, die haben ihm gesagt: »Sie müßten eigentlich in einer Nervenheilanstalt sitzen, nach dem, was Sie als Kind erlebt haben, wie sind Sie damit fertig geworden?« Wie ist diese Generation damit fertig geworden. Das war ja teilweise ein sehr kriminelles Milieu. Es gab kein Gesetz mehr. Erziehung und Schulunterricht gab es auch nicht. Damals fingen die Kinder an zu rauchen und Schnaps zu trinken, selbstgebrannten, offen auf der Straße. Und es wagte keiner, es ihnen zu verbieten. Es war ein totaler Zivilisationsbruch. Sie waren schon mit zehn kleine Erwachsene, und sie benahmen sich auch alle recht erwachsen. Und es wagte keiner, etwas zu sagen. Der hätte Prügel bekommen.

Es gibt den Satz von Wolf Biermann, seine Lebensuhr sei mit sechseinhalb stehengeblieben, als er nämlich als Kind durch den Feuersturm von Hamburg lief…

Ich bewundere ihn für diesen Satz, damit ist alles gesagt. Ich empfinde genauso. Meine Lebensuhr ist damals auch stehengeblieben, und alles, was danach kam, war nicht sehr wichtig und nicht sehr wesentlich. Das war ein so einschneidendes Erlebnis. Darauf ist man fixiert für den Rest seines Lebens.

Mußten Sie für die betreffenden Romanpassagen eher noch dazuerfinden oder hauptsächlich reduzieren?

Es gibt Lebenssituationen, die kann man nicht erfinden, die kann man nur getreulich aufschreiben. Und dann muß man nachträglich reduzieren. Ich habe sehr viel gestrichen. Es sollte keine Aneinanderreihung von Schreckensbildern werden, es ist ja in einen Roman eingebunden, in ein Kommen und Gehen und ein Werden und Vergehen, Tod und Leben, Nacht und Tag. Das fängt früh an in dieser Trilogie, daß Menschen immer wieder Katastrophen erleben und überleben und flüchten oder verharren, mit Nichts immer wieder neu anfangen. Über die Jahrhunderte gesehen stolpert der Mensch ja von einer Katastrophe in die andere. Die Erde ist doch nur ein großer Friedhof. Der Mensch errichtet seine Grabsteine und weint und lacht und beginnt von vorne. Und mit welchem Lebensmut. Und mit welcher Anhänglichkeit an das, was vorher war. Im Glauben und im Wissen. Deshalb ist die Erinnerung auch so zentral und lebensbewegend im Ablauf eines Menschenlebens, in der Abfolge der Generationen. Und deswegen konnte ich das beim Schreiben ertragen. Ich konnte mein Leben in diese lange Familiengeschichte einfügen. Das hat mir geholfen. Plötzlich wußte ich, ich bin nur ein Teil der Kette. Auch ich habe meinen Krieg und meinen Frieden erlebt. Vor mir waren sehr viele, und nach mir werden es auch wieder viele sein.

Und dennoch ist das gewissermaßen eine Hanno-Buddenbrook-Situation, Sie als der Letzte…

Ja, ich bin der Letzte einer sehr alten Familie. Vom Vater her italienische Seidenweber, die nach Frankreich gingen und von dort als Hugenotten nach Deutschland flüchteten, in Kürze gesagt. Mütterlicherseits waren es polnische Bergarbeiter, die ins Ruhrgebiet einwanderten. Und das verband sich in einer Familie. Heute weiß ich, wie kurios das war. Als Kind habe ich es genossen, weil sich die verschiedenen Lebensweisen nicht mischten. Die einen feierten ihren Geburtstag, die anderen ihren Namenstag. Der Höflichkeit halber feierte natürlich einer beim anderen mit. Mit der Zeit wurde dann alles doppelt gefeiert, Geburtstage und Namenstage. Die jeweiligen Traditionen spielten schon eine große Rolle. Sie wurden auch respektiert. Dahinter verbargen sich ja Lebenswelten. Die Familien meines Vaters und meiner Mutter sahen das Leben schon sehr verschieden.

Und im Grunde lauter Einwanderer!

Deutschland ist immer ein Einwanderungsland gewesen. Und Europa ist seit über tausend Jahren ein Wanderungsgebiet. Die europäischen Völker haben sich immer vermischt. Das ist die Tradition dieses Kontinents. Man sollte jeden Abend vor der Tagesschau die europäische Wanderungskarte zeigen, ehe man wieder von Einwanderungsgesetzen spricht, von Fremden und Ausländern. Das ist sowieso nicht zu regeln. Das läuft in Wellen ab, und die dritte Generation spricht dann deutsch und sagt, hier ist meine Heimat. »Das Deutsche« gibt es nicht! Abgesehen davon, daß das Norddeutsche und das Bayrische, das Rheinische und das Sächsische sehr wenig gemein haben. Preußen entstand mit Hugenotten und Niederländern und den Salzburger Protestanten. Das Ruhrgebiet war so überwiegend polnisch, daß man nach dem Ersten Weltkrieg befürchtete, es macht sich selbständig und schließt sich Polen an. Das hat die Reichsregierung in Berlin ernsthaft befürchtet. Für mich ist das alles nur eine einzige Wanderung, die ununterbrochen weiterläuft, die auch jetzt weitergeht.

Wie wichtig ist die Form des Romans für Sie? Warum haben Sie nicht einfach eine Autobiographie geschrieben?

Es war wichtig für mich, daß ich das in eine Distanz rücken konnte. Das ist das Entscheidende. Eine Distanz, die eine erzählerische Objektivität zu den Zeitläuften ermöglicht, auch zu dem Kind, das ich beschreibe, das nicht aus einem Ich heraus beschrieben werden kann. Das war meine Absicht. Ich wollte den Jungen in eine Distanz rücken. Er ist es, der sich in seinen endlosen Tagen und Nächten die Welt ordnet. Ich bin nur das Kameraauge, das alles beobachtet. Eine Art duales Erzählen, das in der wechselnden Perspektive übrigens gar nicht so einfach ist. Aber diese Form war in der Perspektive und im sehr genau komponierten Zeitablauf zwischen Chronik und Spirale, in zurücklaufenden Kreisen, unbedingt notwendig. Sie ergibt eine neue Kontinuität der Geschehnisse und der Personen über Jahrhunderte hinweg, ein variierendes Wiederholen von Ereignissen und Lebensläufen. Sie stellt das Erzählen in den Mittelpunkt. In der

Mitte der Trilogie frage ich ja: War das Erzählen lediglich die menschliche Interpretation des großen, unerkennbaren, hinter allem stehenden Musters, oder waren die Geschichten selber das Muster? Es ist ja auch Humor in diesem Roman, Ironie, Spott, es herrscht keine Trostlosigkeit, da ist immer wieder der Glaube an menschliche Haltungen, die ein Weiterleben ermöglichen. Das schimmert ständig durch. Sonst hätte ich den Roman überhaupt nicht geschrieben. Nur um zu sagen, die Welt ist entsetzlich, schreibe ich keinen Roman, kein Theaterstück, keinen Film. Das sollte Literatur dem Menschen nicht zumuten. In den schlimmsten Situationen kann man Menschlichkeit erleben. Das ist auch ein Grunderlebnis von mir, daß ich sehr viel Solidarität erlebte, ich war sehr krank und brauchte Hilfe, alleine hätte ich nicht überlebt. Später, als das Geld der Maßstab wurde, war das dann schon anders. Aber damals wurde jeder mit durchgezogen. Ich habe erlebt, daß eine junge Frau einer alten Frau bei einer Verteilung ein Stück Brot entreißt, sich umdreht und es einer anderen Frau gibt, die ein kleines Kind hat. Diese Extreme des Menschen, dieses Raubtier, das er sein kann, und daß er auch wahllos einem Unbekannten hilft. Ich habe es erlebt. Das war mir immer unvergeßlich. Das hat auch mein Leben sehr bestimmt.

Für Sie persönlich war es gewissermaßen ein Auftrag, über diese Zeit und dieses Thema zu schreiben. Gibt es Pflichtaufgaben für die Literatur? Gibt es Themen, die sie nicht auslassen darf?

Für mich war es eine Pflicht, weil man mir mit fünfundzwanzig gesagt hat, ich soll mich mal wegscheren, man brauche mich nicht mehr. Man zahle auch eine kleine Rente für mich, aber ich gehöre nicht zu dieser Welt. Das hat man mir offiziell mitgeteilt. Das war der Tag, an dem ich Schriftsteller wurde. Auf die Rente habe ich verzichtet. Da hätte ich ja die Realität dieser Welt anerkannt. Das war von mir nicht zu haben. Von daher ist die Verpflichtung, von dem »Davor« zu erzählen, für mich sehr stark. Ob es eine Verpflichtung für die Literatur gibt, weiß ich nicht. Die Literatur hat keine Pflichten. Aber wenn sie die größten Ereignisse dieses Jahrhunderts ausläßt, dann darf man schon fragen, was sie eigentlich noch wert ist, was sie eigentlich noch schildern will. Wenn man ein zentrales Thema eines Volkes ausläßt, dann hat man nicht sehr viel geleistet in der Literatur.

Das Problem ist nun einmal, daß diese Leidenserfahrung überlagert wird durch das Bewußtsein, den Krieg begonnen zu haben, das Tätervolk zu sein. Selten kommt in einem Leben beides so zusammen wie bei Wolf Biermann, der als Kind nach dem schweren Hamburger Luftangriff auf jener Moorweide landete, wo zwei Jahre vorher seine jüdischen Verwandten gesammelt und deportiert worden waren. Als Roman allerdings könne er das nicht schreiben, sagt er.

Er könnte schon. Er muß wollen, er muß sich das antun, über einige Jahre. Er verfügt schon über die sprachlichen Mittel. Aber ich glaube, daß er – was ich verzeihe – Angst hat, sich dem auszusetzen, das noch einmal alles zu beschreiben. Das verstehe ich. Und zur Schuld dieses Volkes: Das eine ist ohne das andere ja nicht zu denken. Wir haben ein großes Unrecht getan, und es brach darüber ein Krieg aus. Das Buch von Gert Ledig heißt ja »Vergeltung«. Das ist der richtige Titel. Das bedeutet alles. Dann kam die Vergeltung. Wenn ich die Vergeltung beschreibe, dann ist die Ursache ja gegeben. Man muß nicht auch noch sagen: »Es gab da Auschwitz.« Das setze ich doch voraus, das ist doch selbstverständlich. Die Bomben fielen ja, weil es Auschwitz gab. Wer will das trennen?

Können Sie sich vorstellen, daß spätere Autoren mit diesen Dingen allzu leichtfertig umgehen könnten? Nach dem Motto: »Mensch, das ist ja eigentlich doch ein toller Stoff«?

Das könnte natürlich sein. Das wäre dann aber eine Folge davon, daß es jetzt keine Literatur darüber gibt. Da kann später jeder sagen, das wäre ein schönes Thema. Es entstehen ja auch schon Filme, in denen das alles sehr heiter gezeigt wird. Wenn ich nichts weiß über eine Zeit, und sie ist nicht wirklich gültig beschrieben, dann kann ich nachher sehr beliebig damit umgehen, Versatzstücke eines Frankenstein-Kinos. Das kann passieren, die üblichen Schnittmuster gibt es ja dafür. Aber nur, weil wir versagt haben, in aller Breite zu erzählen, was geschah.

Manches ist ja auch unbeachtet geblieben wie Ledigs »Vergeltung«. Hätten Sie sich literarisch weniger einsam gefühlt, wenn Sie sein Buch früher gekannt hätten?

Wenn ich es gekannt hätte, hätte es mir geholfen, hätte es mir Mut gemacht. Es ist sehr schwer, gegen den Strom zu schwimmen. Ich wußte genau, ich schwimme gegen den Strom, es ist eigentlich gar nicht gefragt. Das war ein einsames Schreiben. Überhaupt ist meine Position sehr einsam im Moment.

Von Churchill fasziniert

Rolf Hochhuth

Rolf Hochhuth wurde 1931 in Eschwege geboren und lebt heute in Grenzach, nahe Basel. Weltberühmt machte ihn das Theaterstück »Der Stellvertreter«, das 1963 in Berlin uraufgeführt und später auch verfilmt wurde: eine Anklage an den Vatikan wegen des Stillschweigens zur Zeit des Holocaust. Das Interesse am Zweiten Weltkrieg bestimmte auch Hochhuths zweites Stück »Soldaten«, sein Bemühen, die Problematik internationalen Kriegsrechts (der Genfer Konvention) am Beispiel der alliierten Luftangriffe gegen die deutsche Zivilbevölkerung auf die Bühne zu bringen. Das umfangreiche Werk, 1967 wiederum in Berlin uraufgeführt und danach von London bis New York gezeigt und heftig diskutiert, macht Hochhuths Überzeugung deutlich, daß der »Bomberpilot zu einem der exemplarischen Sünder der Epoche wurde«.[1] Zugleich aber ist das Stück »Soldaten«, vom Autor als »Tragödie« bezeichnet (Untertitel: »Nekrolog auf Genf«), eine Hymne auf den Gegenspieler Hitlers, den britischen Premier Winston Churchill, der die britischen Angriffe auf die deutschen Städte billigte und verteidigte. »Churchill liebe ich heute«,[2] bekräftigte der Dramatiker, der auch Prosa und Gedichte schreibt, 1967 in einem Brief an Golo Mann, als die Arbeit an dem Bühnenwerk weitgehend abgeschlossen war. Bis heute ist das Stück der einzige Versuch geblieben, mit den Mitteln des Theaters die moralische und militärstrategische Frage des Luftkriegs zu diskutieren. – Das Gespräch fand am 17. 2. 2000 in Grenzach statt.

[1] Rolf Hochhuth: Soldaten. Reinbek 1970. S. 13
[2] Golo Mann/Rolf Hochhuth: Aus dem Briefwechsel. Bern 2002. S. 37

Herr Hochhuth, Sie haben den Luftkrieg über Deutschland schon früh, in Ihrem 1967 uraufgeführten Theaterstück »Soldaten« zum Thema gemacht. Was trieb Sie damals an?

Ich habe mein zweites Drama der Frage gewidmet, warum es nicht endlich ein internationales Luftkriegsrecht gibt. Denn die Engländer konnten argumentieren, daß ihre Terrorangriffe auf die deutschen Städte, die immerhin rund 600 000 Zivilisten das Leben gekostet haben, nicht im Widerspruch zur Genfer Konvention standen. Ich fand und finde noch heute, ein Genfer Verbot, offene Städte zu bombardieren, sei an der Zeit – besonders seit es die Atombombe gibt.

Sie sprechen von »Terrorangriffen«. Ist das nicht doch eher eine Nazivokabel, ein Propagandawort – auch wenn Churchill selbst es verwendet hat?

Das ist eine Nazivokabel, aber deshalb nicht falsch. Natürlich haben auch die Deutschen Terrorangriffe geflogen, und zwar vor den Engländern, etwa den auf Coventry. Coventry war zwar das Zentrum der britischen Flugmotorenindustrie und insofern eine bedeutende Industriestadt, aber sie konnten damals noch nicht zielen und zerstörten dabei die Kathedrale der Stadt. Immerhin sind 380 Briten zu Tode gekommen, während später in einer Nacht in Kassel rund 10 000 Zivilisten in der Altstadt verbrannten. Es ist in der Nachkriegszeit versäumt worden, dieses unmenschliche Kapitel aufzuarbeiten. Die Engländer bringen es fertig, in dem sehr eindrucksvollen und riesigen War Imperial Museum Hunderte von Fotos aufzuhängen, die zerbombte militärische Ziele zeigen wie zum Beispiel die Edertalsperre oder die Industrieanlagen von Krupp, aber nicht ein einziges Foto von einer zerbombten deutschen Altstadt. Sie haben es auch fertiggebracht, ihrem Bomber-Harris – als einzigem britischen Marschall des Zweiten Weltkriegs – ein Standbild zu errichten.

Man muß vielleicht ergänzen, daß das Denkmal für Arthur Harris, den Chef der britischen Bomberverbände, nicht von staatlicher Stelle, sondern von privater Seite errichtet wurde.

Ja, aber das kann nur mit staatlicher Erlaubnis geschehen sein. Sie können nicht in der Nähe von Westminster und der Downing Street einfach ein Standbild hinstellen, ohne daß der Staat als Inhaber dieser Plätze konsultiert wird.

Kann es nicht sein, daß nach dem Krieg doch ein Gefühl von Scham vorherrschte?

Gewiß hat dieses Gefühl nicht vorgeherrscht, ganz gewiß nicht. Bei Intellektuellen vielleicht. Aber die »Times« wäre nie auf die Idee gekommen, es statthaft zu finden, daß ausgerechnet ein Deutscher, der während der Hitler-Zeit schon gelebt hat und Pimpf gewesen ist (am 1. April 1945 wurde ich 14, am 3. April wurde meine Heimatstadt Eschwege von den Amerikanern besetzt), daß ausgerechnet ein solcher Junge ein Drama schreibt, das zwar Churchill als eine Jahrhundertfigur ersten Ranges zeigt, ihn aber doch in seiner Eigenschaft als Städtevernichter einen Kriegsverbrecher nennt. Churchill hat gar keinen Hehl daraus gemacht, daß die Engländer durch Terror die Zivilisten kaputt machen wollten, um die Männer an der Front zu zermürben. Er konnte sich offenbar nicht vorstellen, daß Zivilisten, wenn ihr Haus brennt, den hassen, der es verbrennt, doch nicht zum Widerstand gegen diejenigen aufgerufen werden, die den Krieg angezettelt haben.

Sie haben sich intensiv mit den historischen Vorgängen beschäftigt. Wann, glauben Sie, hätte der britischen Militär-

führung klar sein müssen, daß die Bombardierung der Städte militärstrategisch keinen Sinn mehr ergibt?

Die Amerikaner haben sehr früh empfohlen, bei Tag anzugreifen und die Ziele genau auszuwählen. Und die Engländer antworteten, auch zu Recht: »Dann werdet ihr abgeschossen wie die Tontauben!« Sowohl die Amerikaner wie die Briten haben viel fliegendes Personal verloren, die einen 44 000 Mann, die anderen 56 000 – die Amerikaner aber haben tatsächlich Brücken und Bahnhöfe und die Industrie gezielt angegriffen, weil sie wußten, daß es sinnlos und ein Verbrechen ist, Zivilisten und Altstädte zu bomben.

Die großen Angriffe auf Hamburg oder Dresden haben amerikanische Bomberverbände dann aber zusammen mit den Briten geflogen. In den ersten Kriegsjahren blieb den Engländern gar keine andere Möglichkeit als die Bombardierung, um überhaupt in den Krieg eingreifen zu können.

Ich bezweifle, daß an diesen Nachtangriffen Amerikaner beteiligt waren, das wäre natürlich festzustellen. Doch sonst haben Sie recht. Churchill wußte als Realist, der im Ersten Weltkrieg als junger Offizier an der französischen Front ein kurzes Gastspiel gegeben hatte, daß vorerst überhaupt nicht daran zu denken war, in der Normandie zu landen – bevor nicht die Deutsche Wehrmacht durch die Russen kaputtgemacht wurde.

Haben Sie selbst Luftangriffe in Ihrer Jugend erlebt?

Meine Heimatstadt Eschwege wurde zweimal angegriffen, aber eben von den Amerikanern, also am Tage. Und da wurde die Altstadt bewußt und sehr gekonnt verschont. Sie haben den Flughafen angegriffen – und dann den völlig unbedeutenden kleinen Eschweger Bahnhof, den sie mit dem sehr wichtigen Durchgangsbahnhof auf der Strecke München-Hamburg verwechselt haben: mit Eschwege-West. Wir als Pimpfe mußten dann an den Tatort und haben auch ein paar Leute ausgegraben, die aber nicht tot waren. Mein Bruder dagegen, vier Jahre älter als ich, mußte im Oktober 1943 nach dem großen Angriff auf Kassel die Toten ausgraben. Wir alle sahen hinter dem 700 Meter hohen Meißner aus 50 Kilometer Entfernung den roten Himmel über dem brennenden Kassel – auch mir unvergeßlich. Man fühlte sich wehrlos, weil man natürlich wußte, daß deutsche Angriffe auf England umgekehrt gar nicht mehr stattfinden konnten. Daher das Gerede von den Wunderwaffen und der Vergeltung, als dann ein Jahr später die erste Rakete flog, die V1. Eigentlich stand »V« für »Versuch«, aber Goebbels hat das geschickt demagogisch in »Vergeltung« übersetzt. Die V-Waffen, auch die spätere V2, waren militärisch total effektlos. Churchill hat in seinen Memoiren später sinngemäß geschrieben: Wenn die Deutschen, statt diese militärisch wertlosen Dinger zu bauen, kleine Raketen gebaut hätten, um die Bomber herunterzuholen, dann wäre vielleicht der Luftkrieg nicht mehr fortzusetzen gewesen. Es wurden zwar 3600 Raketen vom Typ V2 nach England geschossen und es sind dabei knapp 6000 Menschen umgekommen, in Dresden aber sind – darüber wird immer noch gestritten – möglicherweise bis zu einer Viertelmillion Menschen umgekommen, vielleicht auch »nur« 135 000. Niemand kann das wissen, weil das bis dahin ungebombte barocke »Elbflorenz«, wie man die Stadt schwärmerisch, aber nicht unsachlich nannte, das große Auffangbecken für die Flüchtlinge aus dem Osten war. Es ist durchaus möglich, daß weit über hunderttausend Flüchtlinge da – oft im Freien – verbrannt sind. Aber die Zahl ist in *moralischer* Hinsicht auch nicht entscheidend.

Gab es nicht auch die Hoffnung, die in Ihrem Theaterstück angesprochen wird, daß die Bombardierung der deutschen Städte eine Landung in der Normandie am Ende überflüssig machen könnte?

Das kann man nicht ernsthaft gehofft haben, denn die Brutalität, mit der sich die Naziführung über das Wohlergehen oder Nichtwohlergehen der deutschen Zivilisten hinweggesetzt hat, konnte ja den Alliierten nicht entgangen sein. Sie konnten nicht die Illusion hegen, mit einer deutschen Kapitulation zu rechnen, bevor sie tatsächlich Richtung Berlin marschierten.

Hat Sie die Reaktion auf Ihr Theaterstück seinerzeit enttäuscht?

Nein, es war ja ein sehr großer Bühnenerfolg: In Berlin gab es – nach der Uraufführung – 75 ausverkaufte Vorstellungen en suite. Trotz böser Kritiken in Deutschland, die aber durch Sebastian Haffners Stellungnahme und das Echo im Ausland bachab geschickt wurden. Das Stück wurde am Broadway ebenso gespielt wie in London. Aber ich habe, nicht zum ersten Mal, erlebt, daß politische Forderungen in einem Drama völlig wirkungslos bleiben, wenn der Autor nicht zugleich versteht, Politiker zu mobilisieren, die derlei dann in den parlamentarischen Gremien zu ihrer eigenen Forderung machen. Immerhin hatte die Aufführung von »Soldiers« in London die Abschaffung der seit 1737 existierenden Theaterzensur zur Folge. Aber ich stehe im Fahndungsbuch.

Erinnern Sie sich noch an spezielle handwerkliche Probleme, die Ihnen dieses Stück gemacht hat, das bisher einzige deutsche Bühnenwerk, in dem der Luftkrieg der Alliierten debattiert wird?

Wenn Sie Theaterstücke schreiben, haben Sie jeden Abend im Fernsehen Gelegenheit, den Film um seine Möglichkeiten zu beneiden. Ein Film kann mühelos, ohne viel Worte alles das zeigen, was Sie auf der Bühne nicht einmal andeuten können. Und insofern hat es das Drama viel schwerer, Realität zu bieten, als noch der kümmerlichste Film. Natürlich hätte ich viel lieber, statt nur die Generalstäbler zu zeigen, wie sie über die Strategie debattieren, Hamburg zu verbrennen, eine Familie in Hamburg-Hammerbrook gezeigt, im Arbeiter- und Hafenviertel. Ich hielt damals einen Polizeibericht in Händen, der den makaberen Titel trug: »Hamburg-Hammerbrook, 364,7 Tote auf 1000 Bewohner«. Es war Hamburg, wo den Briten im Juli 1943 zuerst ein gezielter Feuersturm gelungen ist. Und man ist als Autor buchstäblich in Verlegenheit, daß man das Grauen an Ort und Stelle nicht einmal andeuten, geschweige denn zeigen kann.

Haben Sie sich vorstellen können, wie es den Menschen in dieser Situation erging?

Durchaus. Ich hatte in einer Nacht in meiner kleinen Heimatstadt ganz große Angst, weil sich über Eschwege – wie wir später herausgefunden haben – zwei riesige britische Bomberverbände vereinigten und lange kreisten, um dann Chemnitz zu bombardieren. Mein Vater versuchte uns mit dem Hinweis zu beruhigen, so viele Flugzeuge würden wohl kaum für Eschwege eingesetzt. Aber ich kann mir schon vorstellen, wie das gewesen sein muß – seit ich eben im Alter von zwölf durch Berichte aus der Nachbarstadt Kassel gehört hatte, daß diese Menschen, vom Feuer umzingelt, wahrscheinlich zum größten Teil lebendig verbrannt sind. Man konnte natürlich sagen, Kassel sei mit den Henschel-Werken und mit den Fieseler-Werken auch eine Rüstungsstadt gewesen. Aber wie es eben so war: Nicht die Industrie ist getroffen worden, sondern die Altstadt. Eine Geschichte ist mir besonders in Erinnerung geblieben. Mein Bruder erzählte von einem britischen Piloten, der sich mit einem Fallschirm aus einem brennenden Flugzeug gerettet hatte und erbärmlich schrie, an diesem Fallschirm, der nämlich in einem angebombten Haus im Dachstuhl hängen geblieben war. Und er erzählte: »Kein Mensch kam auf die Idee, diesem armen Hund zu helfen, ihn etwa abzuschneiden und runterzuholen.«

Diese Szene haben Sie in Ihren »Soldaten« aufgegriffen. Dort spielt sich die Szene in Dresden ab.

Das wußte ich gar nicht mehr! Mein Stück »Soldaten« ist ja 1967 erschienen, also vor mehr als dreißig Jahren, geschrieben habe ich es anderthalb Jahre vorher.

Wissen Sie, was Ihr persönlicher Zugang zu diesem Thema war? Die eigenen Erlebnisse, die Beschäftigung mit historischen Fakten?

Ich glaube, es war die Faszination durch die Figur Winston Churchills. Und natürlich die Empörung über ein so offensichtliches Verbrechen wie die gezielte Ausrottung von Zivilisten. Und daß dann weder die Sieger noch das Rote Kreuz es später für nötig gehalten haben, diese Verbrechen namhaft zu machen und dafür zu sorgen, daß sie in einem kommenden Krieg nicht mehr geschehen dürfen, jedenfalls nicht vorsätzlich und offensichtlich, das hat mich empört. Auch heute werden Gefangene und Verwundete ermordet, obwohl die Genfer Konvention es seit 100 Jahren verboten hat, aber das wird doch immerhin heimlich getan. Daß heute noch der Angriff auf Wohnzentren durch Genf nicht für gesetzwidrig erklärt wird, das kann einen schon empören, nach diesen Erfahrungen. Und mit dem Abwurf der ersten und vor allen Dingen der zweiten Atombombe war für die Menschheit die Pflicht gesetzt, derlei für ungesetzlich zu erklären! Das ist nicht geschehen. Der Abwurf über Nagasaki ist ja ein noch viel ruchloseres Verbrechen gewesen als der über Hiroshima: Zu der Zeit wußten die führenden Alliierten über das neutrale Schweden längst, daß Japan sich verzweifelt um die Kapitulation bemühte. Der beteiligte Forscher Oppenheimer hat ja später dieses furchtbare Geständnis abgelegt: »Wir wollten, daß es geschah, ehe der Krieg vorüber war und keine Gelegenheit mehr dazu sein würde.«

Hatten Sie damals, als Sie »Soldaten« schrieben, die Angst, daß Ihr Stück falsch verstanden werden könnte? Nämlich als Rechtfertigung, als Aufrechnerei, als Entschuldigung der Hitler-Verbrechen?

Nein, ich hatte keine Angst davor. Mein Schweizer Kollege Friedrich Dürrenmatt hat mir vorgehalten, es sei ein deutsches Entschuldigungsdrama. Ich sagte ihm: »Das ist absurd, das sagst du nur, weil du als Schweizer es nicht für nötig gehalten hast, die Geschichte des Zweiten Weltkriegs zu studieren. Sonst würdest du wissen, daß man das, was die unzulängliche Luftwaffe Hermann Görings, der ja keine Langstreckenbomber gebaut hatte, in England angerichtet hat, gar nicht mit dem vergleichen kann, was die Briten in Deutschland getan haben.«

Allerdings darf man nicht übersehen, daß die Deutschen mit dieser Form des Luftkriegs begonnen haben. Das Wort »Vergeltung« wurde schließlich auch von den Alliierten benutzt…

Ja, schon nach den deutschen Angriffen auf Rotterdam und Coventry. Die Deutschen waren der Meinung, die ich auch für völlig gesetzwidrig halte, daß sie dann mit der Luftwaffe auf Städte losgehen könnten, wenn schon ihr Heer um diese

Städte kämpfe. So im Fall von Warschau und Rotterdam. Auch das war ein großes Verbrechen, Rotterdam war eine neutrale Stadt.

Worin besteht für Sie der große Unterschied zu den Massenmorden im Holocaust? Lassen sich überhaupt Vergleiche ziehen – im Sinn der technisierten Mordmaschinerie?

Nein, niemals würde ich den Bombenkrieg mit dem Holocaust vergleichen! Es ist etwas völlig anderes, ob ich Städte, in denen auch Industrie ist, angreife, selbst wenn ich vorsätzlich in Kauf nehme, daß dabei vorwiegend Zivilisten umkommen, oder ob ich nach geregelten Reichsbahn-Fahrplänen ganze Güterzüge zusammenstelle, die keine andere Funktion haben, als Non-Kombattanten, in diesem Falle Juden, Hunderte von Kilometern irgendwohin zu transportieren, um sie dort zu vergasen. Im übrigen sind immerhin 100 000 alliierte Bombenwerfer gefallen. Kam ein einziger SS-Mann beim Judenmorden um? Ich glaube, es verbietet sich wirklich – ich sage es ganz bewußt – jeder historische Vergleich mit dem Holocaust. Jeder!

In Ihrem Stück »Soldaten« ist der britische Bischof Bell, eine historische Figur, die Zugang zu Churchill hatte, gewissermaßen Ihr Sprachrohr für kritische Äußerungen gegen das Flächenbombardement.

Das muß ein fabelhafter Mensch gewesen sein, ein Engländer, der während des Krieges ganz offen die Regierung seiner Majestät des Verbrechens bezichtigt hat, weil auch Frauen und Kinder systematisch angegriffen wurden. Das ist der Ruhm Großbritanniens, daß es einen solchen Mann offen hat reden lassen – während der Bischof Galen, der in Deutschland ein unerschrockener Widerstandskämpfer gegen die Tötung von Geisteskranken war, mit keiner Silbe hätte wagen können, die Ausrottung der Juden ebenso zu verurteilen wie die Vernichtung der Geisteskranken. Hitler hat in kleinem Kreis gesagt, Galen werde »nach dem Kriege vor die Gewehre kommen«. Er wußte, daß er sich am Bischof von Münster während des Krieges nicht öffentlich vergreifen konnte.

Noch in den sechziger Jahren wurde über den Luftkrieg viel geschrieben, es gab nicht nur Ihr Stück, sondern auch Sachbücher zu dem Thema. Dann verschwand es vorerst aus der öffentlichen Diskussion, fand auch in der Literatur kaum noch ein Echo. Haben Sie eine Erklärung dafür?

Diejenigen, die – wie ich – noch dabeigewesen waren, und sei es am Rande, hatten das Ihre dazu gesagt. Für die Generation, die nach dem Zweiten Weltkrieg geboren wurde, ist das wohl nicht mehr so existentiell. Ich habe Ihrem Aufsatz im »Spiegel« entnommen, daß es gar nicht so wenige deutsche Autoren gibt, die den Bombenkrieg verarbeitet haben – nur im Drama war ich der einzige. Vielleicht kann jede Nation, jedes Volk überhaupt nur ein gewisses Quantum von dem ertragen, was die Geschichte mit ihm angestellt hat – und was es selbst in der Geschichte angestellt und an Verbrechen verübt hat.

Hinzu kamen vielleicht auch die literaturtheoretischen Erwägungen der sechziger Jahre, in denen viel von der angeblichen Unmöglichkeit die Rede war, etwas an einem Einzelschicksal zu zeigen?

Da schneiden Sie ein wichtiges Thema an: die jahrelange Denunziation des einzelnen durch die Linken. Adorno hat seine Theorie mit dem unglaublichen Satz selbst auf den Punkt gebracht, bei vielen Menschen sei es bereits eine Unverschämtheit, wenn sie »ich« sagten. Die Idee ist empörend, daß der einzelne angeblich gar nicht mehr mitwirkt, daß es auf ihn gar nicht mehr ankommt, daß es egal ist, ob da ein Chamberlain oder ein Churchill das Ruder führt – oder bei uns ein Stresemann oder ein Hitler! Das ist doch eine vollkommen geschichtsunkundige blöde These, unter der auch ich zu leiden hatte. Man fand es ja rundweg komisch, daß ich der Meinung war und bis heute bin, ein anderer Papst als Pius XII. – zum Beispiel der großartige Johannes XXIII. oder auch der Pius-Vorgänger, Pius XI. – hätte sich angesichts des Holocaust ganz anders verhalten, nicht geschwiegen, sondern Hitler als Menschheitsverbrecher benannt und angeklagt. Wenn man aber den einzelnen nicht mehr gelten läßt, weil man unterstellt, daß er sowieso nichts mehr zu sagen hat und daß er austauschbar ist, kann man im Grunde nicht mehr erzählen, auch nichts Dramatisches mehr auf die Bühne stellen. Und übrigens auch keinen vor Gericht stellen, wenn ohnehin jeder so handelte wie der andere.

Von Ihrer Seite dürfte also wenig Verständnis für Klaus Harprechts Position in der Diskussion über »Luftkrieg und Literatur« zu erwarten sein, der geschrieben hat, hinter dem Schweigen der deutschen Autoren zu diesem Thema habe sich vielleicht eine Scham verborgen, die kostbarer sei als alle Literatur?

Das verstehe ich überhaupt nicht. Ich weiß nicht, warum ein Deutscher sich schämen soll, das Thema Luftkrieg zu thematisieren. Ich meine sogar, wir haben die Verpflichtung dazu, und zwar nicht nur, weil Genf bis heute versäumt hat, ein Luftkriegsrecht zum Schutze der Bevölkerung zu schaffen, sondern weil es ja ein Armutszeugnis wäre, der Opfer nicht mehr zu gedenken und sich der Chronistenpflicht zu entziehen, die, wie ich meine, auch eine Pflicht der Literaten ist.

Das hatte biblische Ausmaße

Walter Kempowski

Walter Kempowski wurde 1929 in Rostock geboren, war im Zweiten Weltkrieg als Flakhelfer eingesetzt und lebt heute in Nartum (Niedersachsen). Als Schriftsteller wurde er mit dem Roman »Tadellöser & Wolff« (1971) bekannt, der von Eberhard Fechner für das Fernsehen verfilmt wurde und detailliert bürgerliches Leben in einer Rostocker Familie vor und während des Krieges schildert – Teil eines mehrbändigen Romanzyklus, der »Deutschen Chronik«. In »Tadellöser & Wolff« wird auch ein Luftangriff auf Rostock im April 1942 aus Sicht der im Luftschutzkeller Bangenden dargestellt, erzählt freilich, wie der Autor in dem folgenden Interview einräumt, in eher launiger Weise. Es heißt im Roman: »Ende April stand eine Lateinarbeit bevor. Ich betete zu meiner Privatgöttin Santa Claude um Fliegeralarm. Und er kam. Und wie! [...] Mich interessierte besonders, welche Kirchen und welche Kinos abgebrannt waren.«[1]

Die Sicht von oben, die Perspektive der Angreifer, dokumentierte Kempowski später als Herausgeber der Erinnerungen des ehemaligen amerikanischen Bomberpiloten Ray T. Matheny, der 1944 nach einem Angriff auf Hamburg über Norddeutschland abgeschossen worden war und 1987 sein Manuskript abgeschlossen hatte: »Die Feuerreiter. Gefangen in ›Fliegenden Festungen‹« (deutsch 1988). Die Edition – »aus dem Kempowski-Archiv zeitgenössischer Lebensläufe« – war zugleich Beispiel für die Tätigkeit des Sammlers Kempowski, der schon in den siebziger Jahren damit begonnen hatte, Tagebücher, Briefe, Fotos und andere Zeugnisse zu archivieren. Präsentiert wurde ein Teil dieser Sammlung, chronologisch angeordnet, erstmals 1993 in der vierbändigen Textcollage »Echolot«, der ersten Lieferung

[1] Walter Kempowski: Tadellöser & Wolff. München 1971. S. 162 und 167

dieses gigantischen Projekts einer kollektiven Chronik des Zweiten Weltkriegs. Die Rolle des Autors beschränkt sich dabei auf die des Arrangeurs der Zitate aus zumeist unpublizierten Quellen (denen Auszüge aus schon veröffentlichtem Material an die Seite gestellt werden, die Spannweite reicht von Goebbels' Tagebüchern bis zu Danuta Czechs Auschwitz-Kalendarium).

Schilderungen des Luftkriegs finden sich vor allem in der zweiten – ebenfalls vierbändigen – »Echolot«-Lieferung mit dem Titel »Fuga furiosa« (1999), die die Wochen zwischen dem 12. Januar und dem 14. Februar 1945 umfaßt und nicht zufällig mit den Bombenangriffen auf Dresden endet. Auch hier finden sich beide Perspektiven: die aus der Luft und die am Boden. Die eindrucksvolle und vielschichtige Dresden-Collage über die Zeit vom 13. und 14. Februar hat Kempowski auch in einer eigenständigen Edition veröffentlicht: »Der rote Hahn. Dresden im Februar 1945« (2001), dort um drei Tage (bis zum 17. Februar 1945) und um zahlreiche Texte erweitert. Durchgängig zitiert wird aus den posthum publizierten Tagebüchern des jüdischen Wissenschaftlers Victor Klemperer (1881–1960), der die Nazizeit und die Bombardierung in Dresden überlebte, die ihm wahrscheinlich das Leben rettete: »Aus vielen Häusern der Straße oben schlugen immer noch Flammen. Bisweilen lagen, klein und im wesentlichen ein Kleiderbündel, Tote auf den Weg gestreut. Einem war der Schädel weggerissen, der Kopf war oben eine dunkelrote Schale. Einmal lag ein Arm da mit einer bleichen, nicht unschönen Hand, wie man so ein Stück in Friseurschaufenstern aus Wachs geformt sieht. Metallgerippe vernichteter Wagen, ausgebrannte Schuppen.«[2]

Das Gespräch mit Walter Kempowski fand am 25. 2. 2000 in Nartum statt.

[2] Kempowski: Der rote Hahn. München 2001. S. 173

Herr Kempowski, im zweiten Teil Ihrer großen Zitatcollage »Echolot« aus dem Zweiten Weltkrieg berichten Augenzeugen von der Bombardierung Dresdens im Februar 1945. Über eigene Erfahrungen im Inferno schweigen Sie. Sie haben aber auch selbst Luftangriffe erlebt?

Meine Heimatstadt Rostock war 1942 nach Lübeck die zweite deutsche Stadt, die zerstört wurde. Fast die ganze Altstadt brannte ab, ein Drittel der Stadt. Von heute aus gesehen glaube ich, daß damit eigentlich meine Kindheit beendet war, es hat einen Schnitt gegeben. Die Flugzeuge kamen nachts, man hörte sie, man hörte das Schießen der Flak, ein furchtbares Durcheinander. Und wir saßen in einem nicht abgestützten Keller, es war ein unaufhörliches Gekrache. Absolut neuartig.

Woran erinnern Sie sich besonders gut?

Ich hatte mich an die Straßenseite des Kellers gesetzt, und da sagte meine Mutter zu mir: »Junge, komm mal ein bißchen hier rüber!« Und in dem Augenblick, nachdem ich gerade den Platz gewechselt hatte, fiel draußen eine Schaufensterscheibe zusammen. Die Splitter hätten mir ohne weiteres den Hals durchgeschnitten.

Wie sah es am nächsten Tag aus?

Ein Tohuwabohu. Häuser brannten, ohne daß sich jemand darum kümmerte. Hausrat wurde raus- und reingetragen. Leichen lagen auf dem Bürgersteig. Kein Mensch wußte, wo er helfen sollte.

Angedeutet haben Sie diese Vorgänge 1971 in Ihrem berühmten und später auch verfilmten Roman »Tadellöser & Wolff« – eher nebenbei, leicht unterkühlt. Oder täuscht das?

Das stimmt. Ich lese heute diese Passagen nicht gern. Ich habe den Eindruck, daß ich mich damals über meine eigenen Gefühle fast etwas lustig gemacht habe. Vielleicht erklärt sich das dadurch, daß ich den Roman Ende der sechziger Jahre geschrieben habe, und da waren die Eindrücke noch frisch. Man wollte die Selbstbetrauerung, das Selbstmitleid nicht hochkommen lassen. Vielleicht wollte ich mich auch ein bißchen lustig über die Leute machen, die da ihr eigenes Unglück betrauerten, ohne daran zu denken, daß es eigentlich nur die Wirkung einer Ursache gewesen war.

Sie haben aber auch noch andere Angriffe als die auf Rostock erlebt?

Ja, ich habe die großen Angriffe auf Hamburg miterlebt. Meine Mutter meinte, mich unbedingt in die Sommerfrische schicken zu müssen. Und da fiel ihr, im Juli 1943, ausgerechnet Hamburg ein. Mein Großvater wohnte dort. Es flogen Hunderte von Bombern über der Stadt. Ich sehe mich noch im Keller sitzen und habe dieses widerwärtige Geräusch im Ohr, das Pfeifen der fallenden Bomben. Am nächsten Tag geriet ich mitten in der Stadt in einen noch schlimmeren Angriff. Ich überlebte in einem Bunker. Zunächst merkte man da drinnen nichts. Man hörte wohl das Gebumse, gedämpft durch die dicken Mauern. Dann wurde der Sauerstoff knapp. Die Ventilatoren arbeiteten nicht mehr, es kam heiße Luft herein. Die Leute fingen an, unruhig zu werden. Kinder und Frauen schrien, manche gebärdeten sich hysterisch, warfen sich auf den Boden, andere beteten plötzlich, ganz sonderbar.

Wie kamen Sie raus?

Zunächst gar nicht. Die alten Männer, die da Wache hielten, wußten: Es geht nicht. Als die Türen kurz geöffnet wurden, kam ein Gluthauch herein. Da wurde uns klar, wenn das hier so weitergeht, gehen wir alle drauf. Später wurden jeweils drei Leute rausgelassen, mit feuchten Decken umhüllt. Ich spüre es heute noch an den Augenlidern, wie es da schmerzte. Es war eine unglaubliche Hitze. Manche sind in die Fleete gesprungen, da brannte Öl auf dem Wasser, grauenhaft. Tote lagen herum: die frischen Toten und die vom Vortag – verkohlte, holzstückartige Menschen, mit herausgequollenen, roten Eingeweiden. Und da stand man als Halbwüchsiger und sah sich das an. Ich bin dann nach Hause gegangen, zu meinem Großvater. Sein Haus brannte nicht, wohl aber das des Nachbarn. Der saß in einem Sessel vor diesem brennenden Haus und sah zu, wie es abbrannte. Ich lief hinein – und griff ein billiges Schiffsmodell. Das habe ich ihm rausgetragen und auf seinen Schoß gesetzt, absurd. Das war mein Beitrag zur Rettung des Bürgertums.

Blieben Sie in Hamburg?

Nein, ich bin sofort zum Bahnhof Wandsbeker Chaussee gelaufen. Da lagerte eine unübersehbare Menschenmenge, merkwürdigerweise ging niemand ins Gebäude hinein. Die Leute warteten wohl auf spezielle Transportzüge. Ich bin mit dem erstbesten Zug ganz einfach nach Lübeck gefahren und war eine Stunde später in Sicherheit. Dort waren halbverbrannte Bücher vom Himmel herabgefallen, Bücher aus Hamburg, die in den Gärten lagen. Das habe ich selbst gesehen.

Welchen Eindruck hat das alles auf Sie gemacht?

Es gab dieses oft beschriebene Erlebnis, daß man Hunderte von Bombern sah, alle ganz geordnet, in großer Höhe. Die blinkten in der Sonne, vollkommen unbeirrt. Majestätisch, möchte man fast sagen. Als Schüler konnte man dem Fliegeralarm übrigens auch seine guten Seiten abgewinnen: Die ersten beiden Stunden fielen aus, wenn die Entwarnung nach 24 Uhr kam. Später wurde ich als Kurier bei Heinkel eingesetzt. Ich mußte durch ganz Deutschland fahren und geriet dabei gelegentlich in Angriffe hinein, in Schweinfurt, in Ludwigshafen. Und ich habe auch – besonders im Frühjahr 1945 – die Tiefflieger erlebt. Wer mit der Eisenbahn reiste, erlebte häufig, wie die doppelrümpfigen »Ligthnings« angriffen. Einmal hat eine den Zug angeflogen, ohne gleich zu schießen: Die Maschine hat eine große Kurve gedreht, und der Zug, der ohnehin langsam fuhr, konnte anhalten. Die Leute stürzten hinaus. Dann erst hat der Pilot zu schießen angefangen. Ein anderes Mal habe ich aber auch genau das Gegenteil erlebt: Der hat sich dann einen Spaß daraus gemacht, direkt auf die Menschen zu schießen. Das müssen Sie sich mal vorstellen: So ein erhöhter Bahndamm, und der Zug hält da oben! Man kommt gar nicht so schnell raus, da fliegt der schon von hinten an. Ich hatte Glück, ich war auf der abgewandten Seite, kullerte den Bahndamm runter und lag dann in einem wäßrigen Graben. Aber ich sah, wie Frauen über die Wiese liefen und getroffen wurden – ein unglaublicher, unvergeßlicher Eindruck. Man kennt das im Grunde nur aus Wildwestfilmen: daß Menschen getroffen werden und dann plötzlich zusammensacken, als ob die Beine weggeschlagen werden. Frauen lagen da tot herum. Die Alliierten, die uns die Humanität bringen und den Totalitarismus austreiben wollten, hätten eigentlich so nicht vorgehen dürfen, oder? Denken Sie an die Versenkung der »Kap Arcona« vor Lübeck, eines großen Schiffes, in dem Tausende von KZ-Häftlingen ertranken. Das war am 3. Mai 1945!

Inwiefern glauben Sie, daß diese Erlebnisse, die Sie so eindrucksvoll schildern, Sie zum Schriftsteller gemacht haben? Bisher haben Sie ja den Antrieb für Ihr Schreiben eher in der

Erfahrung der Gefängnishaft in der sowjetisch besetzten Zone und der späteren DDR gesehen. Aber offenbar haben auch diese Kriegseindrücke Sie niemals losgelassen?

Wenn man anfängt zu schreiben, dann ist in der Regel eine Verletzung, die man erfahren hat, eine »Kränkung« der Antrieb. Bei mir ist sicher die lange Haftzeit ein solcher Antrieb gewesen. Mich hat aber auch der Verlust der Heimat, der Heimatstadt, des Vaterhauses sehr getroffen. Und zwar viel stärker, als ich immer dachte. Als junger Mensch hat man das nicht hochkommen lassen. Aber je älter man wird, desto stärker ist das Verlustgefühl. Hinzu kommt, daß ich in meine Heimatstadt nicht zurückkehren konnte. Es blieb für mich alles in dem Zustand, in dem ich sie verlassen hatte, in dieser Trümmerhaftigkeit. Zudem fiel die Zerstörung meiner Heimatstadt mit meiner Pubertät zusammen: gewissermaßen eine zweifache Ausweisung aus dem Paradies. Und darauf folgte die lange Haftzeit in Bautzen. Das schrie geradezu nach »Bewältigung«, falls man es so ausdrücken darf.

Lassen Sie uns noch einen Augenblick auf die Erlebnisse während des Krieges zurückkommen. Sie waren damals, als Sie im Juli 1943 in Hamburg den ersten Feuersturm erlebten, 14 Jahre alt. Wolf Biermann hat diese Szenerie ebenfalls beschrieben, er war jünger als Sie, sechseinhalb. Und er hat gesagt, in dieser Nacht sei seine Lebensuhr für immer stehengeblieben, er sei eigentlich immer das Kind geblieben, das er damals war. Das muß doch für einen Jugendlichen, zumal wenn man ohne Eltern in einem Luftschutzbunker sitzt, ein unglaublicher, verheerender und bleibender Eindruck sein?

Es bleiben vor allem einzelne Bilder haften. Auch einzelne Geräusche und Gerüche, der Geruch von naßgewordenem Mörtel zum Beispiel, ein ekelhafter Geruch. Oder das Krachen der Häuser, die zusammenstürzen. Oder von fern die Rufe von Menschen, die sich etwas zuschreien: »Wasser her!« Dann plötzlich dieses Pferd, das da durch die Straße lief. Die vielen Menschen, die auf der Moorweide saßen … Wußten die eigentlich, daß dort, auf der Moorweide in Hamburg, zwei Jahre vorher die Juden zusammengetrieben worden waren?

Biermann hat diese grausige Pointe auch beschrieben, auch er rettete sich aus Hammerbrook mit seiner Mutter eben auf diese Moorweide, wo, wie er schreibt, »die Hamburger Juden sich hatten sammeln müssen für den Abtransport«, darunter seine Verwandten. Welche Einzelheiten Ihres Hamburger Aufenthalts sind Ihnen sonst noch im Kopf geblieben?

Es sind ganz merkwürdige Bilder, die einem haften geblieben sind, zum Beispiel die zerstörten Oberleitungen der Straßenbahnen. Ein Bild der Unordnung. Auch daß die Straßen übersät waren mit Einzeltrümmern. Auf sämtlichen Straßen lag Schutt, gleichmäßig verteilt. Und dann, wie ich es in Hamburg erlebte, plötzlich mitten auf der Straße ein großes Loch! Da war eine Bombe gefallen und hatte den U-Bahn-Schacht freigelegt. Die Erde tat sich auf. Das hatte biblische Ausmaße. Tagangriffe haben auf mich übrigens niemals so schrecklich gewirkt wie Nachtangriffe.

Es heißt oft, daß Soldaten auf Heimaturlaub lieber zurück an die Front wollten, als noch einen Tag länger im Luftschutzkeller zu sitzen.

Mein eigener Vater, der in Rostock einen Bombenangriff miterlebte, hatte unglaubliche Angst – und er war Offizier. Er hatte Angst vor den Bomben. Und ein Jahr später wurde er von einer Bombe getötet. Ich selbst war in den letzten Kriegstagen in Berlin. Am 21. April 1945 gelang es mir noch, aus der Stadt herauszukommen. Die Angriffe, die ich dort erlebt habe, waren, zumindest in meiner Erinnerung, noch heftiger als die in Hamburg. Kein Feuersturm zwar, aber es hat auf mich gräßlicher gewirkt. Es ist mir ein Rätsel, warum dieses Thema von den Deutschen so verdrängt wurde. Ich glaube, der Grund liegt vor allem darin, daß die endlosen Züge der KZ-Häftlinge nicht lange danach vor aller Augen über die Straßen getrieben wurden. Es gab das Unrechtsbewußtsein.

In der Debatte zum Thema »Luftkrieg und Literatur« ging es um die Frage, warum die Bombardierung und ihre Folgen kaum ein literarisches Echo gefunden haben.

Natürlich hat es mich auch bewegt, warum eigentlich Bombenangriffe in der deutschen Romanliteratur so wenig vorkommen. Ich denke, das ist auch eine Generationsfrage. Die Mitglieder der Gruppe 47 – das waren doch eigentlich die Soldaten. Die erzählten von Gefangenschaft, von der Front. Die Jüngeren, die nach 1930 Geborenen, waren damals Kinder. Die waren nicht in Gefangenschaft gewesen, das war nicht ihr Thema. Die waren nicht mehr Soldaten geworden, hatten nie ein Gewehr in der Hand – die trugen das Erlebnis der Bombennächte in sich. Und einige haben es beschrieben, etwa Hans J. Fröhlich, Jahrgang 1932, in seinem Roman »Tandelkeller«. Er selbst war in Hannover in einem Keller verschüttet. Vielleicht aber liegen die Ursachen auch ganz woanders: Es war vielleicht eine Art Scham, die schwierig zu definieren ist. Außerdem: Jeder hatte es erlebt, wem sollte man das erzählen?

Es fehlen die Bücher von Frauen, die den Luftkrieg vor allem erlebt haben. Die deutsche Nachkriegsliteratur war zunächst weitgehend von Männern geprägt.

Das ist wahr. Es gibt zwar eine Menge Tagebücher von Frauen, aber sie wurden nicht weiter beachtet, wie überhaupt in Deutschland Tagebücher gering geachtet werden. Und es ist ja noch die Frage, ob die Frauen nach 1945 überhaupt die Zeit und die Ruhe hatten, diese Erlebnisse reifen zu lassen. Ich kann es aber auch nicht erklären.

Als Veröffentlichung »aus dem Kempowski-Archiv zeitgenössischer Lebensläufe« ist 1988 in Deutschland der Bericht eines US-Bomberpiloten erschienen: »Die Feuerreiter« von Ray T. Matheny. Wie kam es dazu?

Mir war natürlich auch aufgefallen, daß ich in »Tadellöser & Wolff« die Fliegerangriffe heruntergespielt hatte, obwohl dieses Erlebnis für mich ungeheuerlich und lebensbestimmend war. Ich habe dann viel später, in den achtziger Jahren versucht, das noch einmal genauer auszukundschaften. Als ich in Amerika war, habe ich also versucht, mit ehemaligen Bomberpiloten ins Gespräch zu kommen. Ich war zu Gast im Staate Utah an einer Universität, und ich bat den Professor, der sich um mich kümmerte, er möge mich doch mit ein paar ehemaligen Bomberpiloten zusammenführen. Er hat sogar eine Annonce in die Zeitung gesetzt, aber es meldete sich niemand. Eines Tages fuhren wir zusammen im Fahrstuhl mit einem kleinen drahtigen Grauhaarigen. »Du«, sagte ich zu meinem Freund, »das ist ein ehemaliger Bomberpilot.« Er war tatsächlich einer, inzwischen war er Professor für Archäologie. »Sie brauchen mich gar nicht zu interviewen«, sagte er uns, »denn ich habe gerade meine Memoiren über den Bombenkrieg geschrieben!« Seine Geschichte: Er war in der Nähe von Kiel abgeschossen worden und landete mit seinem Fallschirm auf einem Acker. Ein alter Bauer kam, hat ihn untergehakt und in sein Haus geführt. Eine Frau in Schwarz steht am Herd, rührt im Topf, und am Tisch sitzt ein kleines Mädchen mit Zöpfen und macht Schularbeiten. Und da hat er gedacht: »Diese Leute bombardieren wir also!« Ich habe später dafür gesorgt, daß sein Buch in deutscher Übersetzung erschien. Leider wurde es überhaupt nicht gekauft, nicht einmal besprochen. Was ich vorher nicht wußte: daß die da oben in den »Fliegenden Festungen« eine wahnsinnige Angst hatten! Bevor die aufstiegen, haben sie gebetet, daß sie an dem Tag nicht drankommen, nicht abgeschossen werden. Dieser Luftkrieg ist insgesamt etwas Ungeheuerliches, das mit Hiroshima und Nagasaki seinen schrecklichen Abschluß fand. Bis heute haben wir nicht daraus gelernt.

Haben Sie sich später Gedanken über den militärstrategischen Nutzen dieser Bombardierung gemacht?

Dieses Thema überlassen wir mal lieber den Strategen. Was mich aber am Rande erstaunt hat: Am 50. Jahrestag der Bombardierung Rostocks, meiner Heimatstadt, hielt ein englischer Diplomat eine Ansprache – kein einziges Wort des Bedauerns kam darin vor! Der hat über alles Mögliche gesprochen, aber nicht ein Wort der Barmherzigkeit, des Mitleids oder des Bedauerns oder der Entschuldigung gefunden. Kein Wort. Ich habe versucht, in meinem »Echolot« etwas zu tun, was vielleicht ungewöhnlich ist, aber doch naheliegt. Ich habe in London nach Tagebüchern von Menschen gesucht, die dort die deutschen Bombenangriffe erlebt haben. Und die habe ich direkt neben Erlebnisse von deutschen Frauen gesetzt. Plötzlich bekommt das Thema eine ganz andere Dimension.

London war ja wochenlang Ziel der deutschen Bomber, es gab dort weitaus mehr Opfer als etwa in Coventry, das als Ziel der ersten deutschen Zerstörungsaktion auf britischem Boden bekannter ist.

Zu den englischen Verlusten muß man auch die Kinder zählen, die man retten wollte und zum Teil nach Kanada verschiffte. Da sind zwei Transporte mit Kindern von deutschen U-Booten torpediert worden. Wo sind die Klagen der Eltern zu hören? Sind die je zu Romanen verarbeitet worden? Auch da herrscht Schweigen.

Lange nachdem Ihre erfolgreichen Romane erschienen waren, haben Sie damit begonnen, den Zweiten Weltkrieg in Form der Montage aus authentischen Stimmen darzustellen. Warum?

Die Romane schrieb ich aus subjektiver Sicht. Später schien mir dieses Erlebnis vor allem ein kollektives zu sein. Dafür eine Form zu finden, war zunächst schwierig. Ich habe sehr viele Tagebücher aus der Kriegszeit gesammelt, auch Briefkonvolute archiviert und immer wieder durchgesehen. So kam ich darauf, daß man doch eigentlich das Kollektive dieser Ereignisse zeigen müßte.

Das führte dann zur Idee Ihres »Echolots«.

Und was mir dabei sehr wichtig war: Ursache und Wirkung direkt nebeneinander zu stellen. Das fehlt in den Romanen, meiner deutschen Chronik. Die Konfrontation ereignet sich dort nicht. Im »Echolot« aber kreuzen sich die Flüchtlingszüge aus Ostpreußen mit den langen Elendszügen der Häftlinge. Das alles wird zu einem Chor komponiert, der der Wirklichkeit, der damals erlebten Wirklichkeit nahekommt. Ich könnte gut verstehen, wenn Menschen das heute nicht lesen wollen. Aber ich bin fest davon überzeugt, daß es wichtig ist, das in diese Form zu bringen. In 50 Jahren, so können wir annehmen, werden diese gesammelten Erlebnisse als ein großes Epos begriffen werden. Man wird sagen: Hier ist den Leidenden ein Forum eröffnet worden, hier sind sie einmal zusammengeführt worden, und wir können ihnen zuhören.

Kein Film, kein Roman kann das leisten, was der Chor der Leidenden uns übermittelt. Vielleicht ein Gedicht wie die »Todesfuge« von Celan… Warum 6000 Seiten, kann man fragen, genügen nicht ganz wenige Zeilen? Und doch hängt das eine vom anderen ab, ergänzt einander. Und: Wind ist nur am Kornfeld darzustellen, nicht an einem einzelnen Halm.

Sie verstehen sich nicht als Sammler, sondern als Arrangeur, als Dirigent des Chors?

Das Wort »sammeln« paßt eigentlich nicht: Es ist mehr ein Abrufen. Es ist ja schon gesammelt, in den einzelnen Köpfen gesammelt. Das zweite »Echolot«, die »Fuga furiosa«, beginnt mit der Offensive der Roten Armee gegen das Dritte Reich, die die große Flüchtlingswelle auslöste. Es endet mit dem Luftangriff auf Dresden. Wir müssen auch das erzählen dürfen.

Ihr Kollege W. G. Sebald hat die Bombardierung der deutschen Städte eine in der Geschichte bis dahin einzigartige Vernichtungsaktion genannt. Sehen Sie das heute auch in dieser Dimension?

Es ist im Grunde ja nicht Deutschland zerstört worden, es ist, wenn man so will, das alte Europa zerstört worden. Als die Frauenkirche zusammenbrach, brach nicht nur ein deutsches Gebäude zusammen, sondern etwas, das mit Kultur, Tradition und Abendland zusammenhängt. An den Folgen haben alle Europäer bis heute zu tragen.

Lakonie als Antwort

Alexander Kluge

Alexander Kluge wurde 1932 in Halberstadt geboren und lebt heute als Anwalt, Filmemacher, Leiter einer Fernsehproduktionsfirma und Schriftsteller in München. Sein Prosadebüt, der Erzählungsband »Lebensläufe«, erschien 1962, sein erster Spielfilm (»Abschied von gestern«) kam 1966 in die Kinos. Kluges ausgeprägt historisches Interesse, das speziell dem Zweiten Weltkrieg gilt, schlug sich sowohl in seinen Büchern – wie der Prosamontage »Schlachtbeschreibung« (1964) über den Kampf um Stalingrad – als auch seinen Kinowerken nieder, vor allem in dem Film »Die Patriotin« (1979): Darin diskutiert eine Geschichtslehrerin mit ihrer Schulklasse den Luftkrieg[1]; zudem ist diverses Dokumentarmaterial zum Thema montiert. In einem begleitenden, gleichnamigen Buch zum Film hat Kluge erläutert, warum nach seiner Meinung keine Erzählung ohne ein gewisses Maß an authentischem Material gelingen könne – die Dokumentation gebe den Augen und Sinnen »sozusagen den Kammerton A vor: wirkliche Verhältnisse klären den Blick für die Handlung«.[2]

Der wichtigste Beitrag des Schriftstellers Kluge zum Thema Luftkrieg ist in dem 1977 publizierten Prosaband »Neue Geschichten. Hefte 1–18« (Untertitel: »Unheimlichkeit der Zeit«) enthalten: die Textmontage »Der Luftangriff auf Halberstadt am 8. April 1945«. Dieser Beschreibung des von Kluge selbst erlebten Angriffs auf seine Heimatstadt folgt im Buch eine Darstellung der Verhältnisse des 1944 er-

[1] Vgl. Alexander Kluge: Die Patriotin. Frankfurt a. M. 1979 (Zweitausendeins). S. 146 ff. – Das »Lesestück«, das dort diskutiert wird, entstammt einem Text von Kluge. Vgl. dazu Kluge: Neue Geschichten. Frankfurt a. M. 1977. S. 55 und 59

[2] Ebd., S. 41

richteten KZ-Außenlagers Langenstein, das sich in der Nähe der Stadt befand.[3]

»Die Form des Einschlags einer Sprengbombe ist einprägsam«, heißt es schon im Vorwort des Buches, und der Autor weist so auf die autobiographische Grundlage der Luftkriegs-Erzählung hin.[4] Jahre später, im Oktober 2000, ist Kluge in einem Selbstporträt noch einmal darauf zurückgekommen: »Gefühle reagieren zeitverschoben. Als die Bombe ganz nah neben unserem Haus einschlug, hatte ich Sorgen, ob ich rechtzeitig zur Klavierstunde komme, dann war ich sehr aufgeregt, meinen Klassenkameraden von der Bombe zu erzählen. Ich war angesichts der Außerordentlichkeit der Ereignisse von irritierender Trägheit. Erst heute beschäftige ich mich mit dieser seltsamen Abwesenheit von Gefühl.«[5] Eine ähnliche Überlegung taucht auch schon im »Luftangriff auf Halberstadt« auf. Unmittelbar nach Kriegsende, im Mai 1945, macht ein Amerikaner, der die Folgen der Bombardierung untersuchen soll, die Beobachtung: »Es schien ihm, als ob die Bevölkerung, bei offensichtlich eingeborener Erzähllust, die psychische Kraft, sich zu erinnern, genau in den Umrissen der zerstörten Flächen der Stadt verloren hätte«.[6]

Seine Prosatexte und Erzählungen hat der Autor in einer zweibändigen Ausgabe unter dem Titel »Chronik der Gefühle« (2000) gesammelt, zum Teil in veränderter Form und ergänzt mit neuen Arbeiten. Das Gespräch mit Alexander Kluge fand am 26. 9. 2000 in Frankfurt am Main statt.

[3] Vgl. Kluge, Neue Geschichten, S. 33–106 und 131–161
[4] Ebd., S. 9
[5] Kluge: Die Chronik meiner Berliner Gefühle. In: Frankfurter Allgemeine Zeitung vom 6. 10. 2000 (S. 1 der Berliner Seiten)
[6] Kluge, Neue Geschichten, S. 106

Herr Kluge, nicht nur der Luftkrieg, der Zweite Weltkrieg überhaupt spielt in Ihren literarischen Texten eine wichtige Rolle. Einige dieser Texte haben Sie mehrfach überarbeitet. Läßt Sie das Thema nicht los?

Ich würde es anders ausdrücken: Ich hause in diesen Geschichten. Nehmen Sie das Stichwort »Stalingrad«. Ich war damals zehn Jahre alt. »Stalingrad« bedeutet für mich, daß meine Eltern ernster werden, leiser erzählen, ich werde rausgeschickt... Das ist gewissermaßen das, was ich von Stalingrad weiß, das steht vor aller Information.

Geht auf diese Erfahrung der Schreibimpuls zurück?

Ja, gewissermaßen auf das Gesicht meiner Mutter: Sie erhält einen Brief und schickt mich weg. Oder: Ich sitze unter dem Tisch, und die Erwachsenen reden. Ich will nicht sagen, daß ich alles verstanden habe – aber der Ton, in dem da geredet wurde, der hat mich fasziniert. Das ist ein Stück verschwundener Realität. Was ich schreibe, ist im Grunde Heimatkunde. Wenn ich einen Luftangriff beschreibe, so nehme ich mir den einen vor, den ich kenne: den auf meine Heimatstadt. Aber ich beschreibe ja nicht nur die Sicht von unten, mich interessiert auch die »Strategie von oben«, wie sich da eine fliegende Industrieanlage dieser Stadt nähert, mich interessiert dieser unendliche Abstand zwischen den Polen: Wenn da unten jemand eine weiße Fahne geschwenkt hätte, um zu kapitulieren, so hätte das oben niemand wahrnehmen können.

Sie waren 13 Jahre alt, als Sie in Halberstadt diesen Angriff erlebten. War das für Sie eine prägende Erfahrung?

Ich glaube, das kann man so sagen, ja. Solche Erlebnisse wirken lange nach. Zunächst einmal macht so etwas träge. Mein erster Gedanke danach war: Jetzt möchte ich das meinen Schulkameraden erzählen, da ist doch endlich mal was passiert. Das steht im Vordergrund. Oder: Gibt es irgendwo was zu klauen? Wo bleibt die Klavierlehrerin? Aber 20 Jahre danach wird das immer intensiver, nun erschüttert mich das – ich lese vielleicht gerade etwas von Marx, und seine Kapitalismuskritik provoziert bei mir Erinnerung.

Tauchen die Gespenster der Vergangenheit im Alter nicht ganz von allein wieder auf? Ihr Text »Der Luftangriff auf Halberstadt am 8. April 1945« endet mit dem Satz: »An einem gewissen Punkt der Grausamkeit angekommen, ist es schon gleich, wer sie begangen hat: sie soll nur aufhören.«

Ja, das ist ein Kernsatz. Das ist eine nachträgliche Empfindung. Das wäre meine Antwort heute auf diese 30 Minuten, die der Angriff gedauert hat.

Ein Thema wie die Bombardierung der deutschen Städte ist für viele Linke belastet, nach dem Motto: Nun will das Tätervolk seine Wunden lecken... Hat Sie das als Linker nie gekümmert? Oder konnten gerade Sie sich des Themas annehmen, weil Sie aus dieser Ecke kommen?

Dahinter steckt ganz einfach Neugier. Wenn ich als Anwalt arbeite oder eine politische Rede halte, kann man meine Position klar feststellen: Ich reihe mich da ein, neben mir Jürgen Habermas oder Oskar Negt. Wenn ich mich aber zum Beispiel der Protestbewegung, die ja als links galt, als Filmemacher oder Autor nähere, wird das kritisch. Es gibt da ein inneres Gefühl von Proportionen bei meiner literarischen Arbeit: Ohne das Kapitel »Verschrottung durch Arbeit«, das sich mit einem KZ bei Halberstadt befaßt, mit dem ich mich vorher ausführlich beschäftigt habe, hätte ich auch den Luftangriff nicht erzählen können. Und ohne die Schilderung des Luftangriffs oder der Geschichte von Stalingrad hätte ich viele andere, kleinere Geschichten nicht erzählen können.

Als Sie den »Luftangriff auf Halberstadt« schrieben, hatten Sie also nicht den Gedanken, daß man über dieses Thema besser schweigen sollte?

Nein, keine Sekunde. »Verschrottung durch Arbeit« und »Luftangriff auf Halberstadt« stehen ja in einem Buch, sie sind in einem Kontext zu sehen.

Wie halten Sie es mit Adornos Erzählskepsis, mit seinem Gedanken, daß Erzählung als Reaktion auf die Erfahrung des anonymen Massenkriegs nicht mehr möglich sei?

Ich bin nicht der Meinung, daß man nach Auschwitz keine Gedichte mehr schreiben könnte, daß man nicht mehr erzählen könnte. Es lassen sich Auswege finden, die das Erzählen ermöglichen. Für mich ist Lakonie ein wichtiges Mittel. Etwas, das mich sehr berührt, führt bei mir zu einem kurzen Text, es wird zum Splitter. Nehmen Sie den kurzen Text »Kooperatives Verhalten«, da haben Sie die Geschichte des Luftangriffs in verkürzter Form: auf einer halben Seite. Es gibt etwas Lebensnotwendiges am Erzählen, nicht nur in der Literatur, sondern auch unter den Menschen. Der Luftangriff ist erst wirklich, erst wahrnehmbar, wenn er erzählt wird.

Sie kennen und schätzen Gert Ledigs Roman »Vergeltung«, eine frühe Reaktion auf den Bombenkrieg mit einer völlig anderen literarischen Methode: zupackend, direkt, das Grauen gewissermaßen ungefiltert – während Sie mit Montagen, Fotos, Tabellen eine gewisse Distanz einbauen. Hat das auch eine Schutzfunktion für Sie persönlich?

Mich hat das ja in sehr jungen Jahren erwischt. Mit 13 ist man noch zu Illusionen fähig: Es kann doch nicht sein, daß ich gemeint bin! Um mich herum geht alles zu Grunde, aber ich nicht. Dieses Gottvertrauen ist bei einem jungen Menschen vorhanden. Wenn diese Erfahrung später wieder hochkommt, in diesem wiederkäuenden Magen, mit dem wir unsere Erinnerung verdauen, dann führt das für mich zu einer Suche nach Auswegen. Ich muß dem etwas entgegensetzen. Und wenn ich, in einem anderen Lebensalter, diesen Luftangriff bekämpfen kann, dann kann ich auch alles andere bekämpfen, dann bin ich autonom.

Das kann man aber nicht in der Situation selbst?

Nehmen Sie in meiner Geschichte die Figur der Lehrerin Gerda Baethe, Mutter von drei Kindern: Die sitzt während des Luftangriffs in einem Gebäude, das nicht viel abhält – und die weiß nun nicht, ob sie beten darf. Wenn Sie mit Gott in diesem Moment eine Beziehung aufnimmt und so den Fall einer Bombe beeinflussen will, wird das nicht die Aufmerksamkeit gerade auf ihre Kinder lenken? Wer weiß, vielleicht trifft es die Kinder gerade deshalb? Wer weiß, was Gott tut? Es ist eine Situation, die jenseits aller menschlichen Erfahrung liegt, derlei beschreibt auch Ledig sehr genau. Einer, der Bomben entschärft, könnte den Bombenangriff mit seinen Mitteln vielleicht beantworten: aber auch nur dann, wenn die Bombe gefallen und nicht detoniert ist. Sonst gibt es keine Möglichkeit.

Spürt man hinter Ihren Überlegungen auch die Wut des Jungen von damals, der nichts tun konnte?

Ja, die Starrköpfigkeit des kleinen Jungen, der das nicht hinnehmen will. Worauf sonst soll man sich verlassen? Man trägt die verschiedenen Lebensalter in sich, mit sich herum.

Kommt das nie zur Ruhe? Mich erinnert das an die tendenziell endlosen »Echolot«-Collagen von Walter Kempowski. Auch er will die Erfahrung des Krieges in den Griff bekommen und sammelt immer mehr Material an.

Wenn Sie Kempowski, Hochhuth und mich nehmen, dann gibt es in der Tat eine verwandte Leidenschaft. Was die Methode angeht: Ich erfinde fast gar nichts, aber nicht alles, was bei mir in Anführungszeichen steht, ist wirklich ein Zitat. Sie können sogar davon ausgehen: Je wahrscheinlicher Ihnen etwas vorkommt, desto mißtrauischer sollten Sie werden. Realistisch verhalte ich mich immer, da ich aber die Realität als die größte Lügnerin ansehe, sind für mich unsere Irrtümer manchmal genauere Zeugnisse als die sogenannten Facts.

In Ihrer Halberstadt-Geschichte findet sich zum Beispiel ein sehr überzeugendes Interview, das angeblich ein Reporter der »Neuen Zürcher Zeitung« während des Flugs auf diese Stadt mit der Besatzung geführt haben soll. Das ist also kein Zitat?

Nein, das ist ein Fake. Meine Realitätskontrolle lautet so: Ist das, wenn ich es erfinde, noch im Bereich der Toleranz? Der Anschein der Montage entsteht oft durch Auslassung. Deswegen ist es ein Fehler, wenn man nur Material häuft: Grundsätzlich braucht man eine Gegenbewegung, eine Verdichtung. Wenn Sie etwas auf anderthalb Seiten pressen, dann können Sie hinterher einen großen Anhang mit Material bringen. Das sind zwei Bewegungen.

Kempowskis Überzeugung lautet, man könne dem Weltkrieg mit fiktiver Prosa nicht beikommen, sondern eben nur mit einer Collage. Welche Probleme hat ein Schriftsteller heute beim Schreiben über den Krieg?

Wichtig ist mir der Gedanke: Autoren sind nicht dazu da, die Wirklichkeit zu verdoppeln – Phantasie hat die Wirklichkeit zu verdichten, komplexer zu zeigen. In einer faktenarmen Welt konnte der Dichter oder Sänger sie einst durch Ausschmückung interessanter machen, wir dagegen müssen sie schreibend reduzieren, das Unwesentliche beseitigen, es durchsichtig machen. Mein Großvater konnte noch problemlos vom Krieg 70/71 erzählen, das war für ihn ein geschlossener Erzählkosmos; selbst mein Vater, der als Arzt am Ersten Weltkrieg teilnahm und danach eine eigene Praxis aufmachen konnte, eine schöne Frau heiratete, konnte das im Krieg Erlebte vorwärts und rückwärts erzählen; die Heimkehrer aus dem Zweiten Weltkrieg haben diese Chance nie gehabt. Sie kommen nach Hause, aber keiner will ihre Geschichten hören – nach dem Bankrott. Das ist eine Auslassung, etwas, das nicht erzählt werden durfte. Das interessiert mich.

So ähnlich hat sich auch Ihr Kollege Sebald geäußert.

Ja, das ist einer, den ich als Verwandten bezeichnen würde.

Für ihn ist Ihr »Luftangriff auf Halberstadt« aus dem Jahr 1977 umgekehrt ein Musterbeispiel für einen gelungenen literarischen Text über den Bombenkrieg. Wann haben Sie diese Geschichte geschrieben?

Um 1976/77, in einer Zeit, als sich der »Deutsche Herbst« zuspitzte. Damals lag die Frage in der Luft: Wo ist eigentlich so etwas wie ein patriotischer Kern, ein Kern für freiwillige Zuwendung dem Gemeinwesen gegenüber? Ich habe mir dann die Zusatzfrage gestellt: Wo ist der schärfste Angriff, der Ernstfall? Anders als Ernst Jünger würde ich den nicht im Stellungskrieg suchen, im »Stahlbad« oder in irgend etwas Feierlichem, ich würde danach schauen, wo der Mensch total außer Kraft gesetzt worden ist. Und das ist der Luftangriff. Neben der »Verschrottung durch Arbeit« im KZ.

Hallt da immer noch der Schreck des Knaben von einst nach, neben dem die Fliegerbombe detonierte?

Ich wurde ja nicht getroffen, ich bin davongekommen. Aber ich bin dabeigewesen: Einige Meter neben mir explodiert die Bombe. Ich bin der Zeuge. Es bleibt ein abergläubisches Verhältnis zum eigenen Glück zurück.

So wie bei der Lehrerin in Ihrer Geschichte? Woher stammen Person und Gedanken?

Die Figur gab es in der Realität, aber ihre wirklichen Gedanken kenne ich natürlich nicht. Ich habe ihr meine eigenen zugeschrieben. Da arbeite ich wie ein Romanautor. Zugleich bin ich aber ein strenger Objektivist, indem ich die Verhältnisse genau studiere.

Im streng autobiographischen Sinn geben Sie sich nur im Vorwort jenes Bandes »Neue Geschichten« zu erkennen, in dem der Halberstadt-Text enthalten ist. »Die Form des Einschlags einer Sprengbombe ist einprägsam«, heißt es dort. Und dann lakonisch: »Ich war dabei, als am 8. April 1945 in 10 Meter Entfernung so etwas einschlug.« Ist das am Ende doch der Augenblick, wo aus dem gerade 13jährigen Jungen ein Schriftsteller wurde?

Sie können das noch ergänzen: Diesem Angriff geht ein halbes Jahr vorher die Ehescheidung meiner Eltern voraus. Ich bin deswegen gewissermaßen Anwalt geworden, mitten im Krieg: Ich hätte alles getan, um die beiden wieder zusammenzubringen. Alles was ich denke, nährt sich aus dieser Zeit.

Der Fisch und die Bomben

Monika Maron

Monika Maron, 1941 in Berlin geboren, wo sie heute wieder lebt, wuchs in der DDR auf und siedelte 1988 in den Westen über. Bekannt wurde die Erzählerin und Essayistin mit ihrem Debütroman »Flugasche« (1981). In ihrem Buch »Pawels Briefe« (1999) rekonstruierte sie anhand von erst 1994 wieder aufgefundenen Briefen das Leben und Leiden ihres Großvaters Pawel Iglarz, der 1905 aus Polen nach Berlin gekommen war und 1938 als Jude Deutschland verlassen mußte. Er lebte später in einem polnischen Ghetto, bis er 1942 von den Deutschen ermordet wurde. Seine Tochter Hella und die Enkelin Monika erlebten in den folgenden Jahren bis Kriegsende in Berlin die Bombardierungen, an die sich die Autorin heute nur bruchstückhaft erinnert – wobei der Reiz des Satzes »Ich bin ein Kriegskind« sie vermuten läßt, daß sich ein vergessenes Geheimnis dahinter verberge: »Vier Jahre Bomben, Sirenen, die tote Tochter vom Kaufmann Kupicki, ein dunkles Bild von gedrängt sitzenden Menschen im Luftschutzkeller, ich stehe in der Mitte und singe: ›In der Nacht ist der Mensch nicht gern alleine…‹ Weiß ich das wirklich noch? oder hat Hella es erzählt?«[1] So ist das Buch auch der Versuch einer autobiographischen Vergewisserung (»Wo ist der Krieg in mir geblieben? Irgendwo muß er stecken, aber ich erkenne ihn nicht, außer in dem fernen Schrecken, wenn eine Sirene heult oder wenn Silvester das Feuerwerk kracht.«[2]) – und zugleich ein Buch über die Tücken der Erinnerung: »Die Willkür, mit der etwas über unser Wollen hinweg entscheidet, ob eine Erinnerung in uns auffindbar oder in den Kellern unseres Gedächtnisses für eine Zeit oder sogar für immer verschlossen

[1] Monika Maron: Pawels Briefe. Frankfurt a. M. 1999. S. 116f.
[2] Ebd., S. 117

bleibt, erscheint uns unergründlich und ist darum unheimlich.«[3] – Das Gespräch mit Monika Maron fand am 22. 2. 2000 in Berlin statt.

Frau Maron, in Ihrem autobiograpischen Buch »Pawels Briefe« machen Sie zögerlich das Geständnis, der Satz »Ich bin ein Kriegskind« habe einen poetischen Reiz für Sie. Worin besteht dieser Reiz, und warum so zögerlich?

Weil jeder weiß, was Krieg bedeutet, was Krieg insbesondere für Kinder bedeutet. Also klingt das zunächst frivol. Aber: in den Wörtern »Krieg« und »Kind« liegt schon alles – die absolute Schuld und die absolute Unschuld.

Sie beschreiben eine Szene im Luftschutzkeller, wobei Sie nicht ganz sicher sind, ob das eine direkte Erinnerung oder schon eine Erinnerung an eine frühere Erinnerung ist. Wie alt waren Sie bei dieser Situation ungefähr?

Drei oder vier.

Woran erinnern Sie sich genau?

An den Luftschutzkeller, ja, an den erinnere ich mich wirklich. Ich weiß, wie er aussah – und ich habe eine Szene vor Augen, wie ich da herumstehe und singe: »In der Nacht ist der Mensch nicht gern alleine«. Eine Schlagerzeile von damals. Meine Mutter erinnerte sich daran überhaupt nicht, woraus ich schließe, daß es meine ureigene Erinnerung sein muß. Vielleicht hat jemand geklatscht und das hat mir gefallen. Sehr komisch heute die Vorstellung, wie diese verängstigten Leute da sitzen, und ein kleines Mädchen singt:

[3] Ebd., S. 11

»In der Nacht ist der Mensch nicht gern alleine« – wo immer es das aufgeschnappt hat. Woran ich mich auch erinnere: Wir hatten einen Fisch, der in einer Schüssel auf dem Fensterbrett stand – die Fenster ließ man offen, damit die Scheiben nicht kaputtgingen, wenn die Bomben fielen. Durch den Luftdruck ist dieser Fisch offenbar aus dem Fenster gefallen, er war jedenfalls nicht mehr da. Und alle haben später diesen Fisch gesucht, aber er fand sich nicht mehr. Daran kann ich mich noch erinnern: daß alle so aufgeregt waren.

Was die Verläßlichkeit des eigenen Gedächtnisses angeht: Welche Erfahrungen haben Sie beim Schreiben Ihres Buches gemacht?

Schon beim Schreiben des früheren Romans »Animal triste« habe ich mir die Nachkriegszeit in Erinnerung gerufen und die Erfahrung gemacht, daß eine Erinnerung die andere nach sich zieht. Plötzlich etwa war das Wort »Granatsplitter« wieder da – und man kommt in Erinnerungsräume, die verschlossen waren und sich nun wieder öffnen.

»Wo ist der Krieg in mir geblieben, irgendwo muß er stecken« – so heißt es in Ihrem Buch. Wo steckt er?

Manchmal glaube ich, er ist noch als Angst da, als Aggressivität, als Selbstbewahrungsreflex. Aber es läßt sich eben keine eindeutige Kausalität mehr herstellen.

Sie schreiben, der Vorteil Ihrer eigenen Familiengeschichte sei es, nicht von Mördern und Folterknechten abzustammen. Können Sie das erläutern?

Meine Familie war mütterlicherseits polnisch, und mein Großvater war Jude, konvertierter Jude. Er wurde von den

Nazis ausgewiesen. Und meine Großmutter wurde vor die Wahl gestellt, sich von ihm scheiden zu lassen oder mitzugehen. Sie ging mit. Mein Großvater kam dann später im Ghetto um, meine Großmutter starb ebenfalls. Das ist der Familienhintergrund. Die Kinder dieser Familie, einschließlich meiner Mutter, blieben in Berlin, als Halbjuden, sie trugen den Judenstern nicht, waren in Deutschland geboren, mit christlicher Herkunft und Erziehung, und so haben sie die Sache glimpflich überstanden. Wir lebten mitten in Berlin, und weil die Familie schon lange in dem Haus gewohnt hatte, waren wir relativ geschützt. Wir wurden weder denunziert noch angefeindet.

Gab es für Ihre Familie Probleme, in den Luftschutzkeller eingelassen zu werden? Sie erwähnen, daß der Luftschutzwart, der für Sie zuständig war, es gewissermaßen geduldet hat.

Das hat mir später seine Familie erzählt. Dieser Luftschutzwart war ursprünglich Kommunist und ein Freund meiner Familie. Als die Nazis mobil machten, wurde er Nazi: in der Hoffnung, einmal in seinem Leben auf der Seite der Sieger zu stehen. Er hätte uns eigentlich nicht in den Luftschutzkeller lassen dürfen. Er soll gesagt haben: »Das darf man nicht, zwei Frauen mit einem kleinen Kind.«

Glauben Sie, daß damals in den Luftschutzkellern das Gefühl verbreitet war, die Bombardierung sei ein Strafgericht, eine Art Vergeltung?

Ich selbst habe es natürlich nicht so erlebt, dazu war ich zu klein. Aber wahrscheinlich hat es Leute gegeben, die sich gesagt haben: Das ist die Strafe Gottes. Aber: diese Strafe schloß dann ja alle ein, zum Beispiel auch meine Mutter und meine Tante. Und die Antifaschisten, die es gab, wenn auch nicht übermäßig viele, die saßen ebenfalls in diesen

Kellern. Und die Kinder, die nun wirklich nichts verbrochen hatten!

Wie wurde in der DDR über den Luftkrieg gesprochen? Hat man es – Stichwort Dresden – auf die Amerikaner und Briten bezogen? Es gab ja keine vergleichbaren Bomberflotten auf Seiten der Sowjets.

Über Dresden wurde gesprochen. Es war immer der angloamerikanische Angriff, das war eine stehende Formulierung. Aber alles andere war ein Tabu, etwa die Vergewaltigungen.

Ihr Kollege Sebald hat die Bombardierung der deutschen Städte »eine in der Geschichte bis dahin einzigartige Vernichtungsaktion« genannt. Wann ist Ihnen das Ausmaß dieser technischen Massentötung bewußt geworden?

Merkwürdigerweise erst, als ich Anfang der achtziger Jahre erstmals in den Westen kam, wo die Kriegslücken eigentlich längst durch gräßliche Neubauten ersetzt waren. Da habe ich mir die Frage gestellt: Warum eigentlich die Wohngebiete, warum nicht die Industrie, warum die Kultur?

Läßt sich von den Schrecken des Luftkriegs überhaupt erzählen? Die Literatur über den Holocaust bedient sich ja oft des Dokuments, des Protokolls, des Originaltons.

Auch bei meinem Buch »Pawels Briefe« stellte sich für mich die Frage: Erzähle ich das fiktiv? Oder halte ich mich an das Authentische, an das, was ich dokumentieren kann? Ich habe mich aus Respekt vor dem Schicksal meiner Großeltern für das Nichtfiktive entschieden. Ich hätte sonst das Gefühl gehabt: Ich nehme ihnen noch einmal ihr Leben weg und mache daraus etwas Eigenes, ich nehme ihnen auch ihre Stimme – zumal es ja diese Briefe gab. Ich hatte Scheu, mir das anzueignen, etwas zu beschreiben, das man selbst nicht erlebt hat. Wenn man ein Buch wie den »Roman eines Schicksallosen« von Imre Kertész liest, dann weiß man, daß das durch eigenes Erleben gedeckt sein muß. Solange die Zeugen leben und unter uns sind, darf man ihnen ihr Schicksal nicht entwenden.

Also kein Thema für Fiktion und Phantasie?

Ich glaube nicht, daß jemand, der nicht in einem Lager war, über das Innenleben eines Lagers schreiben sollte. Aber es existierten genug Familien, in denen es Opfer und Täter zugleich gab. Warum hätte man eine derart verflochtene Geschichte nicht erzählen sollen? Es ist nur nicht passiert. Das wurde sicher auch befördert durch Aussprüche wie die von Adorno, nach Auschwitz dürfe man kein Gedicht mehr schreiben und auch nicht mehr erzählen.

Vielleicht hat man diese Verbote auch akzeptiert, um eigene Unfähigkeiten zu kaschieren? Oder fehlten die Autoren, die das hätten erzählen können?

Es gab einerseits den Schock über das Grauen, andrerseits das Bedürfnis, diesem kollektiven Schicksal zu entkommen, indem man sich von Deutschland distanzierte, sich eine europäische Identität erfand und sich so nicht mehr zuständig fühlte. Man schrieb lieber den Roman über die Toskana oder Liebesgeschichten. Für die eigene Geschichte war man nur noch zuständig in Form von Verurteilung und Ablehnung, fühlte sich nicht mehr als Teil davon. Das aber lernt man im Laufe seines Lebens: Man bleibt eben doch ein Teil davon.

Außerdem haben die Schriftsteller in den fünfziger Jahren gespürt, daß ein Thema wie der Luftkrieg nicht sehr erwünscht war – die Abneigung des Publikums, sich mit den Bombennächten zu beschäftigen, war sehr ausgeprägt. Die Leute wollten nichts mehr davon hören.

Wenn einer etwas wirklich schreiben muß, wenn ihn sein Thema verfolgt, dann wird er es auch tun.

Warum ist es für Schriftsteller so schwierig, sich des Themas Luftkrieg zu bemächtigen?

Es gibt natürlich – das kann ich auch für mich sagen – das Gefühl, daß wir Deutschen nicht klagen sollten. Es ist anderen schlimmeres Leid geschehen als uns. Und dieses Gefühl wirkte dann wie ein Verbot, bei mir auf eine nicht mehr reflektierte Art. Lange dachte ich: Das sollte man nicht, das darf man nicht. Erst als diese Vergewaltigungen plötzlich ein Thema wurden, habe ich mir gedacht: Warum reden wir darüber eigentlich nicht? Wieso wird ein Unrecht durch ein anderes Unrecht einfach nivelliert? Allerdings: Wir waren nicht die direkt betroffene Generation, wir waren zu jung. Und bei den Älteren war es wohl so, daß die Männer an der Front gewesen waren und jenen Teil des Krieges, der die Kinder und die Frauen betraf, nicht erlebt hatten. Es hat sie aber offenbar auch später nicht interessiert. Die Frauen haben zumeist nicht geschrieben, und für die Männer war es nicht ihr Trauma, nicht ihr Erlebnis, nicht ihre Verletzung. Vielleicht spielte dabei sogar ein Gefühl von Schuld eine Rolle. Es gibt in »Animal triste« eine Stelle über die Männer, die aus dem Krieg zurückkamen. Sie kamen ja wirklich, wenn man sich das heute überlegt, als seelisch verstümmelte Menschen zurück. Wenn man dann darüber nachdenkt, daß sie auch nicht reden konnten! Sie wollten vielleicht auch gar nicht reden – und sie blieben mit dem, was sie erlebt hatten, ob schuldhaft oder nicht, allein. Heute hat jeder Zeuge eines Zugunglücks Anrecht auf eine Therapie. Diese

Männergeneration hätte damals dringend eine Therapie gebraucht oder wenigstens seelischen Beistand. Aber sie wurden mit ihrem Erlebnis allein gelassen. Ich finde das heute grausam. Um so dringlicher wäre die Literatur gewesen, als eine kollektive Therapie, als ein Medium, in dem die Menschen sich finden oder spiegeln oder sich auseinandersetzen.

Ist Ihnen dieses Versäumnis früher auch schon aufgefallen? Gab es das Bedürfnis, sich über diese Zeit zu informieren?

Es gab zwar die Trümmerliteratur, die aber eigentlich doch das alles nicht beschrieb. Ich selbst habe ein Jahr in Dresden gewohnt, gleich nach dem Abitur, Ende der fünfziger Jahre. Und da war die Bombardierung noch sehr gegenwärtig – auch in dem, was die Leute darüber erzählten. Dresden war noch eine total zerstörte Stadt. Daß das alles in der Literatur nicht vorkam, war mir allerdings damals nicht bewußt.

Gibt es ein moralisches Verbot für das Tätervolk, sich über die eigenen Leiden zu beugen? Darüber zu schreiben?

Wenn man ein deutscher Nazi war oder auch nur ein Sympathisant, dann ist man dafür garantiert nicht zuständig. Aber wenn man eher aus dem antifaschistischen Kontext kam, hätte man schon beanspruchen dürfen, über die erfahrenen Schrecken auch zu schreiben. Das hieße sonst, daß ich eine nationale Zugehörigkeit darüber entscheiden lasse, ob jemand über ein bestimmtes Thema schreiben darf oder nicht, egal, welche Rolle er dabei gespielt hat. Ob er im KZ gesessen hat, ob er dafür oder dagegen gekämpft hat. Dann klammere ich ja seine ganze Individualität aus. Egal, was du gemacht hast, du bist Deutscher und damit sind für dich diese literarischen Themen gestrichen!

Der Publizist Klaus Harpprecht hat es so formuliert: »Das Schweigen verbarg vielleicht eine Scham, die kostbarer ist als alle Literatur.«

Das kann man sagen, aber wie lebt man das? Scham ist kein Lebensinhalt. Und außerdem weiß ich auch nicht, warum Menschen, die selbst Opfer dieser Verhältnisse waren, sich zum Schweigen verurteilen lassen sollten. Verantwortung könnte ich auch so übersetzen: »Dann wollen wir jetzt genau sehen, was da war!« Ich kann verstehen, daß man nach dem Schock vielleicht keine Worte findet – aber diese Art von nationaler Haftung für jeden, der nun mal von Geburt dazugehört, ergibt für mich keinen Sinn.

Eines Tages werden auch die letzten Zeugen des Zweiten Weltkriegs nicht mehr dasein. Können Sie sich vorstellen, daß eine jüngere Generation, die Urenkelgeneration mit diesem Stoff sehr viel lockerer, vielleicht sogar allzu unbefangen umgeht? Daß das bisherige Schweigen dann in ein zu lautes Reden umkippen könnte?

Ich kann mir nicht vorstellen, daß das Erschrecken über die Millionen Toten im Zweiten Weltkrieg, über den Völkermord an den Juden jemals verschwinden wird. Als Kind hat mich furchtbar entsetzt, daß Menschen je daran Vergnügen haben konnten, andere Menschen mit Löwen kämpfen zu lassen, sich daran zu erfreuen, daß die Löwen die Menschen zerfleischen. Das hat mir einen tiefen Schrecken versetzt, für immer. Und das ist nun viel länger her, darüber werden heute noch Hollywoodfilme gedreht. Es ist über Jahrhunderte hinweg als Wissen darüber geblieben, wozu der Mensch fähig ist. So wird es auch mit dem Weltkrieg bleiben. Daß Jüngere damit anders umgehen und daß sie selbst dem gegenüber unbefangener sein werden, glaube ich allerdings schon. Und das finde ich auch richtig. Zumal wenn die

Befangenheit gegenüber jenen Menschen entfällt, die das alles erlebt haben, die durch diese Hölle gegangen sind. Aber seinen Schrecken wird es nicht verlieren.

Die Trümmerlandschaften im Nachkriegsdeutschland dürften Sie bewußter erlebt haben als den Krieg selbst. Ist das ein prägender Eindruck geblieben?

Ich habe ja vor dem Krieg keinen Frieden erlebt. Was wäre eigentlich gewesen, wenn dieser Krieg 30 Jahre gedauert hätte? Wenn man nie etwas anderes erlebt hätte, über Jahrzehnte hin? Ein Menschenleben lang nur Krieg? Man hätte das dann wohl für das Normale gehalten. Für mich als Kind war es so. Es gab nichts anderes. Man spielte eben in Ruinen. Eine Stadt ohne Ruinen kannte ich gar nicht. Das ist einer ganzen Generation so gegangen. Sie haben die Augen aufgemacht und was sie sahen, war Krieg.

Um so merkwürdiger dann, wo es ja Hunderttausende, Millionen betroffen hat, ob sie nun in Luftschutzkellern waren oder später irgendwann in diese Ruinenstädte kamen, daß man offenbar auch in den Familien wenig darüber gesprochen hat.

Das lag auch daran, daß der Nachkrieg ebenfalls beschwerlich war – wenn auch viel hoffnungsvoller: Man hat also lieber über die Hamsterkäufe erzählt als über die Bombennächte. Man mußte sehen, wie man überlebte, wo man etwas zu essen herbekam, wo es eine Wohnung gab und wo man die Freunde wieder fand. Das war nicht einfach, aber es hatte nichts Depressives an sich.

Hat Sie jemals die Frage beschäftigt, wie militärisch sinnvoll die Luftangriffe überhaupt waren? Ob sie zumindest den Krieg verkürzt haben?

Ob das zu Recht geschah, sei angesichts dessen, was geschehen ist von deutscher Seite, dahingestellt. Darüber will ich nicht urteilen. Aber es erzeugte unermeßliches menschliches Leid. Hitler hat Europa mit einem Krieg überzogen, der beispiellos war, und die anderen sagten also: »Jetzt müssen wir ihn stoppen! Und wenn wir es so nicht schaffen, müssen wir die Soldaten demoralisieren, indem wir ihre Kinder und Frauen umbringen.« Der Gedanke ist grausam, aber es war ja auch eine grausame Zeit. Ich finde es furchtbar, aber es hat die Logik des Krieges. All das wurde ja noch übertroffen durch die Atombombe. Und spätestens damit war die Antwort gegeben: daß es nicht erlaubt ist.

Sie sagen, in Ihrer Kindheit war der Krieg das Normale. Was bedeutet das für Sie?

Ich war sehr jung, als der Krieg zu Ende war, vier Jahre alt. Und in dem Alter, glaube ich, erlebt man alles indirekt: an der Mutter. Wenn ich mich beschützt gefühlt habe, durch die Mutter oder die Tante, dann war die Welt halbwegs in Ordnung. Das Übrige habe ich sowieso nicht verstanden. Den Krieg kann man ja nur atmosphärisch wahrnehmen, in so konkreten Details wie dem Fisch, der verschwand – oder daß eines Tages das Haus nebenan nicht mehr da war oder wieder jemand tot war. Der Tod war so gegenwärtig. Das weiß ich noch, daß immerzu jemand tot war. Ich habe keine Leiche gesehen, jedenfalls kann ich mich nicht daran erinnern – aber im Gespräch und in der Atmosphäre war der Tod immer präsent.

Tanz unter den Ruinen

Harry Mulisch

Der niederländische Schriftsteller Harry Mulisch wurde 1927 in Haarlem als Sohn eines Bankiers und dessen jüdischer Frau geboren, die (anders als Großmutter und Urgroßmutter des Jungen) die deutsche Besatzung überlebte. Als Jugendlicher sah er in seiner Heimat mit Freude die Bomberströme am Himmel, die Richtung Deutschland flogen. Mitte der fünfziger Jahre besuchte der junge Schriftsteller das (nach dem Angriff der Alliierten im Februar 1945) immer noch weitgehend zerstörte Dresden und verarbeitete seine Eindrücke in dem Roman »Das steinerne Brautbett«, der 1959 erschien (deutsch 1960).

Im Mittelpunkt steht der amerikanische Zahnarzt Norman Corinth, der gut elf Jahre zuvor in einem Bomber Dresden angeflogen hat und nun, im November 1956, die Stadt aus Anlaß eines Ärztekongresses besucht – in der bedrückenden Ruinenlandschaft kommt es zu einer Liebesbeziehung mit seiner deutschen Begleiterin, die als junge Kommunistin sechs Jahre in einem KZ zugebracht hat. In Gesprächen und Traumzuständen wird das Geschehen von damals rekapituliert, auch mit Zeugen der Bombardierung spricht der Besucher aus den USA; ein Deutscher versucht ihm gegenüber zögernd die Schuldfrage zu formulieren, um schließlich zu verstummen: »Verstehen Sie mich bitte richtig, ich sage nichts gegen das Bombardement, Krieg ist Krieg, und Hitler selbst hat den totalen Krieg ausgerufen. Aber wenn die Alliierten seine Methoden, die sie selbst ... das ...«[1] Corinth kommt, während seine Gedanken im Halbschlaf um die historischen Zusammenhänge kreisen, zu einem gewagten Vergleich: »Wir haben Dresden vernichtet, weil es Dresden war, genauso wie die Juden geschlachtet wurden,

[1] Harry Mulisch: Das steinerne Brautbett. Frankfurt a. M. 1995. S. 113

weil sie Juden waren.«[2] Seine deutsche Geliebte bringt am Ende innerhalb eines längeren inneren Monologs die Ereignisse in einen zerbrechlichen Zusammenhang – voller Sehnsucht nach Corinth: »[...] er ist ein Mörder, ein gewöhnlicher Mörder, und Lastwagen voller Kleidung verließen die Lager, Liebesgaben für die brennenden Städte, so daß am Ende ganz Deutschland jüdische Kleider trug [...].«[3]

Der Eichmann-Prozeß in Israel, den Mulisch beobachtete, gab dem Schriftsteller bald nach der Publikation des Dresden-Romans die gewünschte Gelegenheit, auf das Thema des Holocaust zurückzukommen und in einem Buch ins Zentrum zu stellen: »Strafsache 40/61« erschien 1962 (deutsch 1963). International bekannt geworden ist Mulisch vor allem mit seinem Roman »Die Entdeckung des Himmels«, der auch verfilmt worden ist.

Das Gespräch, das in deutscher Sprache geführt wurde, fand am 15. 2. 2000 in Amsterdam statt.

Herr Mulisch, Ihr Roman »Das steinerne Brautbett« ist 1959 in den Niederlanden erschienen. Wie ist das Buch damals aufgenommen worden?

In den ersten Jahren nach dem Krieg – bis weit in die fünfziger Jahre hinein – wollte keiner mehr etwas vom Krieg hören. Da dachte man an Aufbau. Es herrschte der Kalte Krieg. Die Kommunisten galten als die Feinde, nicht mehr die Nazis. Da kam ich 1959 mit diesem Buch, und es gab einiges Befremden. »Wieso Zweiter Weltkrieg?« fragte man. »Über den nächsten sollten Sie nachdenken!« Aber der Roman wurde trotzdem gut verkauft, zumal an junge Leute, für die der Krieg schon in weiter Ferne lag.

[2] Ebd., S. 111
[3] Ebd., S. 169

Was war der Anlaß zu diesem Roman, der im zerstörten Dresden der unmittelbaren Nachkriegszeit spielt, in einer Trümmerwüste?

Ich wollte ursprünglich ein Buch über einen deutschen Kriegsverbrecher schreiben. Dann wurde ich in die DDR eingeladen. Man hat mich herumgefahren, und da habe ich diese Stadt gesehen, diese verschwundene Stadt Dresden. In dem Moment wußte ich: Ich werde nicht über einen deutschen Kriegsverbrecher einen Roman schreiben, sondern über einen amerikanischen. Das heißt: Kriegsverbrecher ist man natürlich nur, wenn man einen Krieg verliert. Die Frage war für mich damals, wie das zu beschreiben wäre. Die vielen Geschichten, die mir die Leute erzählt hatten, die da in die Elbe gesprungen waren und all diese schrecklichen Sachen erlebt hatten, diese Geschichten waren zwar brauchbar, aber es fehlte mir eine übergreifende Formidee. So kam mir als Held ein Amerikaner in den Sinn, der oben im Flugzeug sitzt und erst am nächsten Tag in der Zeitung liest, was er eigentlich gemacht hat. Er hat auf einen Knopf gedrückt und ist wieder zurückgeflogen. Das hat mich interessiert: Was geschieht mit so einem Mann?

Der nächste Schritt war der Gedanke: Einfach das Bombardement zu beschreiben, das geht nicht, das ist zu groß, das ist zu schrecklich. Also wird dieser Amerikaner Jahre nach dem Krieg zu einem Kongreß nach Dresden reisen. Dort gibt man ihm eine Dame zur Begleitung, von der Stasi natürlich – wenn die Stasi-Begleiterin hübsch ist, warum nicht? Und während er später mit ihr schläft, wird parallel dazu der Angriff beschrieben, die Vernichtung von Dresden. Die Frau wird genommen wie die Stadt, sie steht gewissermaßen für die Stadt – wie bei Homer. Das war die Formidee: Ich beschreibe das Bombardement von Dresden im Stil der »Ilias«, im Stil der »Ilias«-Übersetzungen. Mit dieser Idee im Kopf konnte ich anfangen. Sich einfach nur vorzunehmen, über das Schreckliche zu schreiben, das geht nicht.

Hat es Sie nicht gereizt, eine Reportage darüber zu schreiben? Wäre das eine Möglichkeit für Sie gewesen?

Das wäre etwas völlig anderes gewesen, ich wollte einen Roman schreiben. Ich hätte natürlich danach auch noch einen Roman über einen deutschen Kriegsverbrecher schreiben können – aber dann wäre ich eine Art Kriegsverbrecherspezialist geworden. Es kam eine andere Gelegenheit: Kurz nach dem Erscheinen des Romans wurde Eichmann in Argentinien verhaftet und nach Israel gebracht. Dort hat man ihm den Prozeß gemacht. Da wußte ich: Ich fahre hin und sehe mir den Mann an – und dieses Mal werde ich keinen Roman schreiben, sondern eine Reportage. Daraus ist dann »Strafsache 40/61« geworden. Warum ich das alles schreiben mußte? Das hat wohl biographische Hintergründe: Mein Vater war Österreicher, der hier mit einer Jüdin verheiratet war. Ein Nazi war er nicht, ein Antisemit schon gar nicht, aber doch ein Kollaborateur. Die Ehe wurde geschieden, aber ich, das Kind dieser beiden, saß dazwischen. Das führt dann wohl zu solchen Büchern.

Können Sie sich vorstellen, daß die Befangenheit einem solchen Thema gegenüber bei einem deutschen Schriftsteller größer ist?

Ja, natürlich. Die Deutschen, die Schriftsteller empfinden Scham, sich selber als Opfer hinzustellen. Das ist auch heikel – und wahrscheinlich die Ursache dafür, daß ein Ausländer wie ich oder Kurt Vonnegut Romane über Dresden geschrieben haben und die Deutschen nicht. Dasselbe gilt auch für Auschwitz.

Gibt es nicht auch grundsätzliche Probleme, über Themen wie den Holocaust oder, ohne beides auf eine Stufe stellen zu wollen, den Luftkrieg zu schreiben?

Ja, diese Themen sind einfach zu groß. Amateurschriftsteller denken: Ich fange gleich mal mit einem großen Thema an, dann wird das auch ein großer Roman. Im Gegenteil. Man muß warten können. Die napoleonischen Kriege sind auch erst 60 Jahre danach von Tolstoi in »Krieg und Frieden« beschrieben worden. Es muß lange vorbei sein. 60 Jahre nach 1945 – wo sind wir dann? Im Jahre 2005, vielleicht kommt so ein Roman 2005 heraus.

Also ist es für die Frage, ob es eine thematische Lücke in der deutschen Literatur gibt, eigentlich zu früh?

Literatur braucht Zeit. Wenn Sie einen Liebesroman schreiben, nachdem eine Frau Sie gerade verlassen hat und Sie mitten in Ihrem Kummer sitzen, dann kann das nichts werden. Das wird unausstehlich und peinlich. Das muß ganz abgekühlt sein, nach zehn, zwanzig Jahren, dann kann man darüber schreiben. Es geht beim Schreiben nicht darum, die eigenen Emotionen auszudrücken – der Schriftsteller muß Emotionen beim Leser aufrufen! Er selbst aber muß seine Emotionen im Griff haben. Das ist der Dilettantenfehler, daß einer denkt: »Ich habe jetzt diese große Emotion, die muß ich ausdrücken!«

Schon bald nach dem Ersten Weltkrieg tauchte das literaturtheoretische Dogma auf, von den anonymen Schlachtfeldern lasse sich mit herkömmlichen Mitteln nicht mehr erzählen…

Aber das ist doch nicht wahr! Gewiß, die Tragödie von Verdun, die Weltkriege, der Holocaust – da geht es nicht um das Schicksal eines einzelnen wie früher, eines Helden wie

Achilles. Aber wenn man das beschreiben, wenn man eine Wirkung erzielen will, dann landet man wieder beim Individuum, bei Anne Frank zum Beispiel. Da hat man als Leser einen Menschen vor sich, und auf diese Weise stellt sich die Verbindung zur großen Tragödie her. Im Buch der Anne Frank kommt überhaupt kein Lager vor, aber jeder Leser weiß: Das Kind wird ermordet werden. Ähnlich in dem Film »Schindlers Liste«. Man kann nicht Millionen Morde zeigen, nur Einzelfälle. Und man muß dafür eine Form finden.

Waren Sie auf die Begegnung mit der Trümmerstadt Dresden vorbereitet? Haben Sie als Kind Berichte gehört, haben Sie Angriffe selbst erlebt?

Ich wohnte in Haarlem, und da kam mal ein englischer Bomber, der wollte auf dem Rückflug die restlichen Bomben loswerden und hat sie auf Haarlem geworfen. Diese Angst kannte ich. Aber wir waren ja ein besetztes Land, und wenn die Bombergeschwader über Haarlem, Amsterdam Richtung Hannover oder Berlin flogen, da war jeder glücklich. Wir haben gewinkt und gesagt: Macht mal Schluß mit denen da in Berlin! Das war wunderbar. Das waren Freunde.

Hat der Besuch in Dresden Sie erstmals mit den Folgen konfrontiert, mit den Schäden?

Nein, ich war schon vorher einmal in Deutschland gewesen, nicht lange nach dem Krieg, da war alles noch völlig kaputt. Es fällt mir schwer, das zu sagen: Es hat mich damals gefreut. Ich habe mir gesagt: Ja, das kommt davon!

Der Schriftsteller Alfred Döblin kam kurz nach dem Krieg in französischer Uniform nach Berlin und hat beschrieben, wie die Menschen sich zwischen den fürchterlichen Ruinen beweg-

ten – als ob nichts geschehen sei und die Stadt immer so ausgesehen habe. Erinnern Sie das auch so?

Ja. Aber was konnten die Leute machen? Sie können ja nicht die ganze Zeit schreiend herumlaufen. Das Leben geht weiter. So haben sie sich auch verhalten, als die Züge mit den Juden Richtung Auschwitz rollten. Und nicht nur die Deutschen. Es war hier nicht anders, wenn die Juden mit Hilfe der holländischen Polizei aus ihren Häusern geholt wurden: Da saß man auf der Terrasse in der Sonne und guckte zu. Und dann wurden sie in die Straßenbahn verfrachtet und die Straßenbahn fuhr weg – und man hat weiter geplaudert.

Was hat Sie bei Ihrem Besuch in Dresden besonders beeindruckt?

Die Elbe und die Stadt. Das heißt: Die Stadt war eben nicht da! Völlig weg! Etwas Unglaubliches, wie ein Traum. Das hatte auch etwas Schaurig-Schönes, muß ich sagen. Ich war abends in einer Kneipe, in einem Keller unter einer Ruine, da wurde getanzt und Musik gemacht – und dann kam ich raus, nachts um eins, und wollte zum Hotel zurück. Es gab aber keine Straßenbeleuchtung. Ich habe mich an den Sternen orientiert. So habe ich meinen Weg gesucht, nach den Sternen, in einer Stadt, die keine mehr war. Das beschreibe ich auch in dem Roman »Das steinerne Brautbett«: Solche Einzelheiten bringen – um das Wort zu gebrauchen – mehr Inspiration als die Geschichten vom Bombardement an sich.

Aber Sie haben hinterher, als Sie das Buch schrieben, auch Sachliteratur dazu gelesen?

Ja, aber es gab damals noch nicht viel.

War es Ihnen wichtig, daß die Fakten stimmen? Oder haben Sie Ihrer Phantasie viel Spielraum gegeben?

Nein, viel Phantasie ist da nicht mehr nötig. Aber viele Einzelheiten stammen aus ganz anderen Ecken. Etwa: Wenn ich eine Figur benötige, einen Ober in einem Café etwa, dann kann das ein Ober hier aus Amsterdam sein, der mir einfällt.

Der eigentliche Angriff, also das, was zur Zeit der Romanhandlung schon Vergangenheit ist, wird zum Teil in dieser Liebesszene geschildert und später im Gespräch mitgeteilt. War das für Sie eine Möglichkeit, dieses Geschehen noch etwas abzufedern? Gab es für Sie auch eine erzählerische Scham, das direkt zu erzählen?

Da haben Leute in der Elbe gestanden, unter ihnen eine Frau mit einem Kind auf dem Arm, und das Kind ist tot. Solche Geschichten habe ich mir berichten lassen, ich habe mit vielen Menschen in Dresden gesprochen. Nein, ich hatte überhaupt keine Scham, das zu erzählen. Aber ich wußte, von solchen schrecklichen Szenen brauche ich nur ganz wenige.

Sie empfanden sich also in diesem Fall weniger als Chronist des Grauens?

Ich fühle mich als Schriftsteller. Es gibt viele schreckliche Dinge. Über Auschwitz habe ich nie geschrieben. Aber wer weiß? Vielleicht kommt mir morgen eine formale Idee, daß ich es machen kann? Natürlich bin ich sozialpolitisch engagiert und interessiert: Doch deswegen schreibe ich keinen Roman, dann müßte ich eben ein Sachbuch schreiben. Ein Kunstwerk dagegen ist weder wahr noch falsch. Es kann schön oder nicht schön sein, gut oder nicht gut, wahrhaftig oder nicht wahrhaftig, aber wahr kann es nicht sein. Das ist die falsche Kategorie. Wie wahr ist »Faust« oder »Don Quijote«?

Und dennoch glaubt man als Leser eine Haltung des Romanciers herauszulesen, auch im Fall des Angriffs auf Dresden. Oder haben nur die Figuren in dem Buch eine Meinung?

Wenn das Buch gut ist, dann holt jede Generation etwas anderes heraus. Nehmen Sie den »Don Quijote«: den kann man lesen, wenn man acht Jahre alt ist, und dann lacht man über diesen verrückten Ritter mit seinem Knecht. Dann liest man den Roman vielleicht noch einmal, wenn man 88 ist, und dann lacht man schon weniger, weil man spürt: Das bin ich! Cervantes hat einfach nur eine Geschichte geschrieben. Aber daß man das so verschieden lesen kann, im 17. Jahrhundert, im 20. und im 21. auch noch, das hat nichts mit seiner Meinung zu tun, sondern mit seinem Talent.

Dennoch stehen in Ihrem Buch sehr auffällige Bemerkungen über die Schuldfrage, wenn auch formuliert von Ihren Figuren. Es gibt etwa diesen Satz, der in einem deutschen Roman in den fünfziger Jahren undenkbar wäre: »Wir haben Dresden vernichtet, weil es Dresden war. Genauso wie die Juden geschlachtet wurden, weil sie Juden waren.« War Ihnen klar, daß so ein Satz, wem immer zugeschrieben, provozierend wirken muß?

Nein, eigentlich nicht. Was Dresden angeht, so war das, was da formuliert ist, durchaus meine Meinung – nicht im Fall von Hamburg, aber im Fall von Dresden. Warum wurde die Stadt vernichtet? Man kann sich vorstellen, daß es eine Warnung an die Sowjets war: Paßt auf! Das können wir! Ebenso wie später Hiroshima – eine völlig sinnlose Sache. Es war wohl auch so: Die jungen Flieger saßen da in England herum und hatten nichts mehr zu tun. Die mußten einen Auftrag bekommen. Ich glaube überhaupt, daß Kriege zu 70 Prozent aus Zufall, Schmutz, Improvisation bestehen – nicht aus genialer Planung. Es ist eigentlich ein Wunder, daß so ein Krieg überhaupt funktioniert.

Sie sind später in einem Interview sogar noch einen Schritt weiter gegangen und haben gesagt, wenn man die Vollstrecker der jeweiligen Tötungsmechanik vergleicht: entweder auf den Knopf zu drücken in einem Flugzeug oder an der Rampe von Auschwitz zu stehen, dann käme Ihnen dieses völlig anonyme Töten aus der Luft, wo man die Opfer nicht sieht, eigentlich noch viel fürchterlicher vor. Wie ist das zu verstehen?

Es scheint mir die modernere Art des Tötens zu sein. Der SS-Mann an der Rampe, der selektierte, mußte sich seine Opfer noch angucken: Der eine vor ihm war zu alt zum Arbeiten, der andere zu jung. Die Frau da hat ein Kind: Kind weg, die Frau läßt sich noch einsetzen. Schrecklich. Aber der andere saß da oben in einer wunderbaren Maschine, 19, 20 Jahre alt und sah unter sich nur einen Feuerschein. Sonst nichts. Auch Auschwitz hatte eine industrielle Komponente, das war eine Fabrik, Tötungsfabrik. Aber in meiner Vorstellung war immer nur Dresden oder Hiroshima das, was sich fortsetzen würde. Der nächste Schritt wäre, dachte ich in meiner Naivität, der Dritte Weltkrieg: alles kaputt. Es war fast ein Schock für mich, als der Krieg in Jugoslawien begann, wo man zunächst wieder das alte Handwerk des Tötens wie im Dreißigjährigen Krieg, wie im Mittelalter aktivierte – das hatte ich nicht für möglich gehalten.

Wenn Sie heute an den Zweiten Weltkrieg zurückdenken, welche Gefühle und Gedanken beherrschen Sie da? Als Holländer, der den nach Deutschland fliegenden Bombern zuwinkte, als Europäer, der später die Trümmerwüsten sah, als jemand, zu dessen Lebzeiten sich der Holocaust zutrug? Läßt sich das alles zusammenbringen?

Als Kind waren für mich die Deutschen die Täter, klar. Das ging allen Holländern so, allen Menschen in den von Deutschen besetzten Ländern. Für die Deutschen waren später die Nazis die Täter. Für die Amerikaner sind die Europäer die Täter. Und eines Tages, vielleicht bald schon, wird man sagen: Die Menschen waren die Täter. Aber wir stammen noch aus der Epoche, wo die Schuldfrage eindeutig ist. Wir dachten an Rotterdam und an Warschau: Ihr habt angefangen! Und natürlich kommt das dann zurück. Aber keiner von diesen armen Leuten, die in Hamburg oder Dresden im Keller saßen, hat wirklich damit angefangen. Das ist ja das Schreckliche: daß ich als Kind in dieser unmenschlichen Situation auch unmenschlich wurde, indem ich mich freute.

Es gibt in Ihrem Roman den Satz: »Wer es nicht miterlebt hat, wird es nie verstehen können.«

Das sagt einer im Buch. Ich würde so etwas nie sagen. Ein Roman soll nicht etwas beschreiben, was geschehen ist, sondern selber etwas sein, was geschieht – in dem Moment, wo man das Buch liest. Das ist der essentielle Unterschied zwischen Kunst und Nicht-Kunst.

Dennoch sind große Romane immer auch Geschichtsbücher, ob nun »Simplicissimus«, »Krieg und Frieden« oder »Das steinerne Brautbett«. Man will doch als Leser wissen: Wie war das damals?

Ja, aber das ist nicht der Punkt. In der Literatur geht es nicht darum, etwas über die Wirklichkeit zu lernen, dazu hat man Sachbücher. Es geht darum, etwas über sich selber zu lernen. Was hätte ich damals getan?

Was halten Sie von der Dokumentarliteratur? Das galt manchem deutschen Autor als Ausweg: die Augenzeugen sprechen zu lassen, Protokolle, Briefe, Tagebücher zu zitieren und zu montieren – also statt des großen Romans lieber eine Materialsammlung?

In Ordnung. Aber dann müssen wir eben auf den oder die warten, der oder die es aufnimmt und zu einer Schöpfung macht. Und auf einmal ist einer da, ein deutscher Schriftsteller, der das kann! Und wo kommt er her? Aus heiterem Himmel, aus dem Nichts: nicht nur der große Schriftsteller, auch der große Verbrecher. Auch Hitler war plötzlich da. Es hätte auch sein können, daß er nicht gekommen wäre, dann hätte es Auschwitz nicht gegeben. Und wenn Hitler kommen kann, der solche Dinge macht, muß doch auch der große Schriftsteller kommen können, der etwas daraus macht. Man findet schon bei Shakespeare, bei Kafka diese Schreckenswelt. Kafka zum Beispiel hätte auch einfach einen Roman über einen Beamten schreiben können, über die Arbeit in einer Versicherungsgesellschaft in Prag – das wäre ein schrecklicher, langweiliger Roman geworden. Er hatte statt dessen eine geniale Idee: Ich schreibe jetzt einen Krimi, in dem nicht nach dem Verbrecher gesucht wird, sondern nach dem Verbrechen – schon hat man den »Prozeß«. Man muß nur den Mann haben, der auf so eine Idee kommt.

Als das Ghetto brannte

Marcel Reich-Ranicki

Marcel Reich-Ranicki wurde 1920 im polnischen Włocławek geboren und kam 1929 als Schulkind nach Berlin, von wo aus der Abiturient 1938 nach Warschau deportiert wurde; 1943 gelang ihm zusammen mit seiner Frau die Flucht aus dem dortigen Ghetto, beide überlebten in einem Versteck und wurden 1944 von der Roten Armee befreit; 1946 besuchte er als Mitglied einer polnischen Militärmission das zerstörte Berlin, 1958 siedelte er in die Bundesrepublik über und lebt heute in Frankfurt am Main. Bekannt wurde Reich-Ranicki als Literaturkritiker, vor allem durch sein Buch »Lauter Verrisse« (1970), prominent durch seine TV-Sendung »Das literarische Quartett« (1988 bis 2001), zu internationalem Ruhm gelangte er jedoch als Schriftsteller mit seiner Autobiographie »Mein Leben« (1999), in der besonders die Passagen über das Warschauer Ghetto beeindrucken. Die Schilderungen aus dem Polen des Jahres 1945 lassen die immensen Kriegsschäden ahnen: »Das Land war verwüstet, Warschau war zerstört – so furchtbar zerstört, daß verschiedene polnische Urbanisten und namhafte ausländische Städtebauspezialisten empfahlen, Polens Hauptstadt an einer anderen Stelle des Landes neu aufzubauen.«[1] Verständlich, daß ihn die Zerstörungen in Berlin, die Reich-Ranicki im Januar 1946 bei seinem ersten Besuch in der Stadt nach der Deportation registrierte, nicht übermäßig entsetzten. Doch obwohl er, wie er schreibt, allen Anlaß hatte, »Schadenfreude, ja, tödlichen Haß zu empfinden«, habe er nichts davon empfunden, als er an einem Abend »in das ganz dunkle, das zerstörte, das so trostlose Berlin« einfuhr.[2] Die einzige Erzählung, die der spätere Literaturkriti-

[1] Marcel Reich-Ranicki: Mein Leben. Stuttgart 1999. S. 311
[2] Ebd., S. 317

ker je geschrieben und »Eine sehr sentimentale Geschichte« genannt hat, stammt aus dem Jahr 1958 und schildert jenen Berlin-Besuch in der dritten Person: »Seine drei Kollegen stellten fest, die Stadt sei nur wenig zerstört – und sie bedauerten es. Den jungen Mann überraschte ihre Ansicht nicht, denn sie kamen ja alle aus Warschau, wo ein heil gebliebenes Haus genauso selten war wie in einer Wüste eine Oase.«[3] – Das Gespräch mit Marcel Reich-Ranicki wurde am 16. 2. 2000 in Frankfurt am Main geführt.

Herr Reich-Ranicki, was erfuhren Sie im Warschauer Ghetto über die Luftangriffe auf deutsche Städte? Gab es überhaupt Informationen? War das Ausmaß bekannt?

Wer wollte, der konnte im Warschauer Ghetto »Das Reich« lesen oder die »Warschauer Zeitung«. Dort war aber nur das zu finden, was in den Berichten des Oberkommandos der Wehrmacht stand. Im Grunde wußte man sehr wenig – und so furchtbar war man daran auch nicht interessiert. Man war daran interessiert, wie die Armeen zu Lande vorankommen, wann sie sich den deutschen Grenzen nähern. Natürlich hat es mich betrübt, wenn ich hörte, daß architektonisch wichtige Bauten, Kunstwerke, Opernhäuser vernichtet wurden. So groß war der Wahnsinn nicht, daß ich das gewünscht hätte. Aber wir wußten eben nicht so genau, was sich abspielte, welche Städte bombardiert wurden.

Warschau selbst war ja schon 1939 Ziel der ersten deutschen Luftangriffe im Zweiten Weltkrieg. Die Zerstörungen waren überall sichtbar?

[3] Reich-Ranicki: Eine sehr sentimentale Geschichte. In: Volker Hage/Mathias Schreiber: Marcel Reich-Ranicki. Köln 1995. S. 210

Selbstverständlich. Warschau war zu 85 Prozent zerstört worden. Im Ghetto – das war der gesamte Nordteil der Stadt – waren viele Häuser gar nicht wieder aufgebaut worden. Wir haben spätere Luftangriffe auf Warschau selbst erlebt, in den Jahren 1940 bis 1942. Und je mehr Bomben wir hörten, desto zufriedener waren wir. Wir waren glücklich, weil wir glaubten: Das ist ein Zeichen, daß die Alliierten vorankommen.

Der holländische KZ-Häftling Nico Rost hat in Dachau, nahe bei München, ebenfalls die Bombeneinschläge hören können. In seinem Tagebuch »Goethe in Dachau« schildert er Diskussionen darüber. Die einen sagten: »Wunderbar, diese Bomben auf München!« Und andere, darunter Rost selbst, gaben zu bedenken, auch dort gebe es Zivilisten und Unschuldige. Solche Überlegungen gab es im Warschauer Ghetto nicht?

Als das Warschauer Ghetto brannte, hatte das mit dem Luftkrieg gar nichts zu tun. Es wurde zerstört, systematisch wurde ein Haus nach dem andern in die Luft gesprengt, alles wurde vernichtet, nach den Deportationen, als die Juden schon weg waren. Es gab in Warschau ein Riesenrad wie in Wien, auf einem Rummelplatz. Und manche Polen fuhren mit dem Riesenrad, um von ganz oben das brennende Ghetto zu sehen. Als man die Leute fragte: »Was freut ihr euch, hier wird unsere Stadt Warschau, ein Teil unserer Stadt vernichtet?«, da sagten sie: »Ganz egal, die Juden werden ermordet!«

Wann wurde Ihnen überhaupt das Vernichtungspotential dieser neuen Angriffstechnik bewußt? War das später in Polen ein Thema?

Nein, die Bevölkerung hatte so viele andere Sorgen. Vergessen Sie bitte nicht, daß die ersten Jahre nach 1945 in Polen sehr schwer waren. Es ging den Polen damals schlechter als den Deutschen. Ich war 1946, von Januar bis April, in Berlin. In den Läden dort konnte man sehr viel kaufen. Es gab viele Restaurants. Natürlich gab es auch in Warschau schon Restaurants, gleich nach dem Krieg. Aber nur wenige. Es gab in Berlin damals schon wieder eine ganze Anzahl von Kinos. In Warschau gab es lange Zeit nur ein einziges Kino.

Sie haben damals in Polen den Roman »Vergeltung« von Gert Ledig gelesen.

Ich habe zwei Romane von Ledig gelesen: »Vergeltung« und »Stalinorgel«, beide etwa 1957. Ich habe beide Romane von einem großen polnischen Verlag zur Begutachtung erhalten: ob man sie ins Polnische übersetzen sollte. Beide Bücher haben mich sehr beeindruckt, und ich habe über beide Gutachten geschrieben: eindeutige, starke Befürwortungen. Man hat sich die Bücher im Verlag angesehen, man hat meine Gutachten gelesen, und man hat erklärt: »Nein. Wir bringen die Bücher nicht.« Und vielleicht ist die Begründung von Interesse. Es ist dieselbe Begründung, die ich gehört habe, als ich einem polnischen Theater Wolfgang Borcherts Stück »Draußen vor der Tür« sehr nachdrücklich empfahl. Die Begründung lautete: »Ach Gott, ja, da wird gezeigt, wie die Deutschen gelitten haben, die wurden bombardiert. Auch in Deutschland hat man Häuser bombardiert, nicht nur in Warschau. Das war schlimm. Müssen wir die Deutschen deswegen bemitleiden? Ein gutes Buch, schön und gut. Aber wir haben andere Themen, andere Bücher.« Beide Ledig-Romane erschienen nicht. Ledig hat, wie Sie wissen, noch ein drittes Buch geschrieben: »Faustrecht«, das erheblich schwächer war als diese beiden. Dann hat er aufgehört zu schreiben. Das war keine so ungewöhnliche Sache. Vergessen wir nicht, daß Wolfgang Koeppen nach drei Romanen, ebenfalls in den fünfziger Jahren, darauf verzichtet hat, weiter Romane zu schreiben. Er ist zu Reisebüchern übergegangen, Ledig ist in eine Werbeagentur gegangen, hat Werbetexte geschrieben. Das nur geringe Interesse des Publikums und infolgedessen auch der Verleger an diesen Büchern und an diesen Themen hat die Autoren enttäuscht und entmutigt.

Können Sie sich noch daran erinnern, warum Sie die Ledig-Romane damals in Polen befürwortet haben – obwohl die Argumente der Verlage ja naheliegend waren? Waren Sie von der literarischen Kraft beeindruckt oder hatten Sie einfach andere Maßstäbe?

Zunächst: ich hatte einen anderen Zugang zur Literatur als die meisten anderen, ob in Polen oder sonstwo. Mich hat fasziniert, daß in beiden Romanen Ledigs etwas dargestellt war, das mir das Wichtigste überhaupt zu sein scheint in der Literatur: die Leiden von Menschen, in diesem Fall von Menschen während des Krieges. Und diese Leiden während des Krieges sind in den verschiedenen Ländern meist sehr ähnlich. Die Tatsache, daß es die Leiden von Deutschen waren, konnte eine negative, skeptische Haltung bei mir nicht hervorrufen. Das hat mit meiner ganzen Biographie zu tun. Sie dürfen nicht vergessen, daß man mir in Polen damals sehr verübelte, wenn ich deutsch sprach. Man sagte, das sei die Sprache Hitlers. Ich sagte dann: »Nein, nein, das ist nicht die Sprache Hitlers, sondern die von Karl Marx und Friedrich Engels.« Dann war Stille, Marx und Engels waren ja Götter, die keiner Kritik unterliegen durften. Und daß sie deutsch geschrieben haben, schien manchen polnischen Kommunisten eine unangenehme Tatsache, die man nicht so betonen muß.

Sie konnten damals natürlich auch nicht ermessen, daß dieses Buch von Ledig, der Luftkriegsroman »Vergeltung«, eine Aus-

nahme innerhalb der deutschen Literatur war. Oder reichte Ihr Überblick dazu?

Nein, daß das ein exzeptionelles Buch war, das habe ich damals nicht gewußt, weil ich überhaupt keinen Überblick hatte. Ich bekam ja ganz wenig aus der Bundesrepublik zu lesen. Wir bekamen keine Zeitung aus dem Westen, die einzigen deutschen Zeitungen, die wir hatten, waren das »Neue Deutschland« und der »Sonntag«, also reine DDR-Blätter. Wir hatten keine Ahnung von der westlichen Literatur. Ich habe gewußt, was der Aufbau-Verlag macht, oder der Verlag Volk und Welt oder der Dietz-Verlag, aber daß es einen Suhrkamp-Verlag gibt, das war mir nicht bekannt. Daß »Vergeltung« ein exzeptionelles Buch war, daß Ledig ein Thema behandelt hat, das damals so gut wie überhaupt nicht in der deutschen Literatur behandelt wurde, ist wahr. Und so unverständlich ist die Reaktion darauf nicht. Es gibt ein schönes Wort, das mir sehr zu denken gegeben hat: »Nach einem verlorenen Krieg muß man Komödien schreiben«. Warum muß man Komödien schreiben? Vielleicht deshalb, weil die Menschen, die am Krieg gelitten haben, danach das Bedürfnis entwickeln, etwas Leichteres, etwas Lustiges, etwas Heiteres zu erleben. Es sind bald nach dem Ersten Weltkrieg Bücher geschrieben worden, die im Krieg spielen. Nur: sie hatten kein Echo und überhaupt keinen Erfolg. Das Interesse am Ersten Weltkrieg, als Thema, begann erst zehn Jahre nach Kriegsschluß. Alle wichtigen Bücher über den Ersten Weltkrieg – also das erfolgreichste überhaupt, Remarques »Im Westen nichts Neues«, auch Arnold Zweigs »Streit um den Sergeanten Grischa« oder Ludwig Renns »Krieg« – erschienen um 1928/29. Nach dem Zweiten Weltkrieg war es ähnlich. Es ist nicht wahr, daß deutsche Autoren nach dem Zweiten Weltkrieg das Kriegsthema total gemieden hätten. Da kam zum Beispiel ein junger Mann aus Köln und hat drei Bücher über das Thema geschrieben:

Heinrich Böll. Gar nicht so schlechte Bücher: »Wo warst du, Adam«, »Wanderer, kommst du nach Spa« und »Der Zug war pünktlich«. Was haben die drei Bücher miteinander gemein? Daß sie kaum ein Mensch lesen wollte. Erst mit dem vierten Buch hat er die Leser, das Publikum erobert. Aber: das vierte Buch »Und sagte kein einziges Wort« spielt nicht im Krieg. Es zeigt die Nachkriegswelt. Also kurz: Es war damals niemand am Krieg interessiert, am Krieg als Thema von Romanen oder von Theaterstücken. Daher der Mißerfolg von Ledig. Das war zu hart, denn eine der Eigentümlichkeiten dieser beiden wichtigen Bücher von Ledig ist, daß er den Leser überhaupt nicht geschont hat. »Vergeltung« ist ein Buch nicht über Deutsche oder über Amerikaner, die da auch auftreten, es ist ein Buch über die Leiden der Menschen in dieser Zeit, und deswegen glaube ich, daß dieses Buch noch lange nicht passé ist.

Kann es sein, daß das Heldenepos, der Kriegsroman eigentlich nur seitens der Sieger möglich ist – wie auch die Leidensgeschichte?

Nein. Ich sehe nicht ein, warum die Besiegten es nicht auch machen könnten. Die Besiegten haben es ja nach dem Ersten Weltkrieg sehr wohl geschildert, nur eben mit einiger Verspätung. Sieger oder Besiegte: das ist gar keine so entscheidende Kategorie für den Autor. Es handelt sich ja – machen wir uns doch nichts vor – um Bücher, wenn sie etwas taugen, die autobiographisch sind: Der Schriftsteller erzählt, was er erlebt hat. Ledig hat beides erlebt, die Front und den Luftkrieg; das schildert er in der »Stalinorgel« und in »Vergeltung« sehr genau.

Nun gab und gibt es auch Stimmen, die sagen: Seien wir doch froh, daß diese Bücher über die deutsche Leidenserfahrung, etwa in den Luftschutzkellern, fehlen. »Das Schweigen verbarg vielleicht eine Scham, die kostbarer ist als alle Literatur«, lautet so ein Satz.

Daß das Schweigen kostbarer sei als alle Literatur, das halte ich – unter uns – für ganz großen Blödsinn. Eines der wichtigsten Ausdrucksmittel der Musik, auch der Literatur, ist die Pause. Ganz wichtig! Doch die Pause wirkt nur, wenn davor etwas Wichtiges kommt und danach etwas kommt. Nein, ich kann diesen Standpunkt, daß es gut sei, wenn das Thema nicht berührt würde, nicht teilen. Er ist mir völlig fremd. Dazu ist die Literatur da, das Leiden der Menschen zu zeigen. Daß man sagt, ein Volk soll von diesen Leiden ausgeschlossen sein, das ist eine große Dummheit.

Aber läßt sich der Literatur gewissermaßen ein Auftrag geben? »Da habt ihr etwas versäumt, das hättet ihr machen müssen« – kann man derlei sagen?

Das ist eine sehr heikle Frage. Man darf die Literatur eines Volkes nicht zur Pflichterfüllung aufrufen. Ich habe das mal getan, sehr vorsichtig, leise, aber ich weiß nicht, ob ich recht hatte – nämlich als der Auschwitz-Prozeß in Frankfurt stattfand. Da habe ich mir gedacht: Was ist denn los? Kein Schriftsteller interessiert sich dafür? Es gab einen Schriftsteller, der daran wirklich interessiert war, der sich dem aussetzte, aber der war Jude und Emigrant: Peter Weiss, der dann »Die Ermittlung« geschrieben hat. Gut, Martin Walser hat damals protestiert, er sei auch bei den Prozessen gewesen, und er hat einen Essay geschrieben, einen wichtigen Aufsatz über Auschwitz. Man hat mir verübelt, daß ich die Schriftsteller zur Ordnung rief und etwas von ihnen verlangte. Und es stimmt wohl: Wenn die Autoren machen, was die Kritiker von ihnen verlangen, kommen schreckliche Dinge dabei heraus. Es ist besser, daß man sie selber entscheiden läßt, was sie tun wollen.

Eine andere Frage ist ja, ob es Themen gibt, die ein Autor besser meiden sollte, weil sie literarisch nicht zu bewältigen sind. Wie Sie wissen, gab es – etwa von Walter Benjamin – schon nach dem Ersten Weltkrieg den Gedanken, ein solches Massengeschehen sei mit herkömmlichen Methoden nicht mehr zu erzählen. Später hat Adorno das aufgegriffen. Was sagen Sie zu solchen Theorien?

Was im Roman möglich ist, bestimmen diejenigen, die die Romane schreiben und nicht die Theoretiker oder die Kritiker. Gibt es Tabus für die Literatur? Gibt es Motive, Themen, Situationen, denen die Literatur nicht gewachsen ist? Nein. Tabus gibt es für die Literatur nicht. Alles darf der Schriftsteller darstellen – nur darf er nicht vor der Frage fliehen, wozu er das dargestellt hat. Die Literatur ist allen Themen gewachsen, nur viele Schriftsteller sind manchem Thema nicht gewachsen. Aber wenn viele dem nicht gewachsen sind, kann ja immer einer kommen, der dem dann doch gewachsen ist. Ich glaube nicht, daß irgend etwas geschehen ist, was nicht literarisch dargestellt werden könnte. Wenn Menschen vergast werden, ist das literarisch nicht darstellbar? Sogar das ist darstellbar.

Sie erwähnten eben »Die Ermittlung« von Peter Weiss, ein Theaterstück, das den Protokollen der Prozesse weitgehend folgt. Wenn Sie an das »Echolot« von Walter Kempowski denken oder an Texte von Alexander Kluge: Ist es für Sie plausibel, daß ein Autor sich zunächst einmal an das Vorhandene hält, an Dokumente, Lebenszeugnisse, Material?

Eine absolut legitime Methode. Wenn ein Schriftsteller Schwierigkeiten hat mit einem bestimmten Thema, ist er glücklich, wenn er vorhandene Texte über das Thema findet, die er übernimmt und verarbeitet. Wir haben Beispiele genug in der deutschen Literatur. Schon Georg Büchners

Stück »Dantons Tod« basiert auf Texten, die Büchner vorgefunden, die er ins Deutsche übersetzt und eingebaut hat. Was das Dokumentationstheater betrifft: Ich bin kein glühender Anhänger dieses Theaters, aber es waren darunter nützliche Stücke und vor allem, es waren Stücke, die das Theater brauchte.

Wolf Biermann hat erzählt, wie er auf den Schultern seiner Mutter durch das brennende Hamburg getragen wurde und dann auf jener Moorweide landete und Schutz fand, von wo aus zwei Jahre zuvor seine jüdischen Verwandten abtransportiert worden waren. Oder: In Dresden wurden ausgerechnet SS-Kommandos aus Treblinka dazu herangezogen, dort die Leichen zu verbrennen. Derlei könnte sich ein Schriftsteller fast gar nicht ausdenken – und es wäre auch unnötig oder vermessen.

Nein, ich möchte doch nicht sagen, daß es unnötig ist, daß ein Schriftsteller sich etwas ausdenkt. Wenn es Qualität hat, dann ist alles erlaubt, egal ob jemand Texte übernommen, geklaut, verunstaltet, verändert hat oder selbst etwas erfunden hat.

Aber braucht man wirklich die Fiktion angesichts der realen Schrecken? Will man wirklich eine erfundene Geschichte aus einem Vernichtungslager hören?

Die Leser von Literatur über den Holocaust, über Konzentrationslager, wollen naturgemäß Glaubwürdiges lesen. Es ist nicht leicht erträglich, wenn schreckliche Dinge, Vorfälle, die geschehen sind, dann in der Literatur poetisiert oder sagen wir ästhetisiert werden.

Wenn Sie diese fürchterlichen Tötungsmaschinerien des 20. Jahrhunderts im Zusammenhang betrachten – darf man die Gaskammern von Auschwitz und den Feuersturm von Hamburg in einem Atemzug nennen? Oder ist das undenkbar?

Die maschinelle Tötung ist gewiß vergleichbar – auch um die Unterschiede wahrzunehmen! Natürlich ist es etwas anderes, ob man eine Gaskammer aufbaut, in der man täglich Tausende von Menschen ermordet, oder ob Hunderte von Flugzeugen gleichzeitig eine Stadt bombardieren, die Häuser zerstören, Menschen töten. Und doch ist es hier wie da eine Maschinerie. Ich glaube nicht, daß der Schriftsteller der Richter ist, der abwägen kann, welche Maschinerie schlimmer ist, welche weniger schlimm. Für das Opfer sind alle Maschinerien dieser Art gleich schlimm.

Der niederländische Autor Harry Mulisch hat in seinem frühen Roman »Das steinerne Brautbett« die Trümmerstätte Dresden beschrieben. Und er läßt einen ehemaligen amerikanischen Bomberpiloten sagen: »Wir haben Dresden vernichtet, weil es Dresden war, genauso wie die Juden geschlachtet wurden, weil sie Juden waren.« So ein Satz wäre – auch von einer Romanfigur gesprochen – in einem deutschen Roman unerträglich und undenkbar. Oder?

Das weiß ich gar nicht. Es kommt immer darauf an, wie ein solcher Monolog etwa eines deutschen Offiziers geschrieben ist. Daß der Mord etwas Schreckliches ist, egal ob von Deutschen oder von Amerikanern verursacht, solche Überlegungen sind zulässig. Aber man würde bei einem deutschen Roman natürlich genau hinschauen: Was steht sonst noch drin?

Möglicherweise ist es auch voreilig, diese Lücke in der deutschen Literatur zu beklagen. Vielleicht braucht das alles seine Zeit?

Ja, mit Sicherheit. Und es ist zwecklos, die Schriftsteller anzutreiben. Der Schriftsteller muß selber wissen, was er zu machen hat.

Offenbar gab es in vielen deutschen Familien auch eine Art Tabu oder zumindest Hemmung, über diese Erlebnisse, die ja Hunderttausende betroffen haben in den Luftschutzkellern, zu reden – wie bei vielen Holocaust-Überlebenden offenbar auch?

In der Regel, glaube ich, haben auch Holocaust-Überlebende nicht das Bedürfnis gehabt, über ihre Erlebnisse zu reden. Das hatte auch damit zu tun, daß niemand das hören wollte. Als ich mit einer Anzahl von Autoren abends beim Wein saß, 1958 auf einer Tagung der Gruppe 47, wurde ich zu meiner großen Überraschung aufgefordert, etwas über meine Erlebnisse während des Krieges in Warschau zu erzählen. Vor mir saßen Leute, die in der Wehrmacht gedient hatten, und ich habe die Leute geschont und nicht erzählt, was ich an Schrecklichem erlebt hatte. Ich dachte mir: Das muß hier bei diesem Umtrunk nicht geschehen. Ich habe eine eher heitere Sache erzählt, wie ich verborgen, versteckt war in Warschau – und das fanden die Leute auch, glaube ich, ganz interessant. Einer aus der Runde hat gleich gesagt, er wolle das in einem Buch verwerten, was ich erlaubt habe. Das war der deutsche Autor Günter Grass.

Die Hölle des totalen Krieges

Gerhard Roth

Gerhard Roth wurde 1942 in Graz geboren und lebt heute in Wien und in der Südsteiermark. Seine eigenen Erfahrungen im Zweiten Weltkrieg – er überlebte als Kind den Tieffliegerangriff auf einen Personenzug, in dem er mit seiner Mutter und zwei Brüdern saß – haben in dem umfangreichen Erzählwerk allenfalls indirekt Spuren hinterlassen, von einer bezeichnenden Ausnahme abgesehen: In dem Roman »Landläufiger Tod« (1984), der später Teil des Romanzyklus »Die Archive des Schweigens« wurde, wird auf wenigen Seiten ein solcher Angriff als mündliche Mitteilung geschildert, als Erzählung eines Vaters, die in einer bizarren Pointe gipfelt. »Eine kriegerische Eisenbahngeschichte« ist das Kapitel überschrieben: Ein Lazarettzug wird im Herbst 1944 auf offener Strecke von einem alliierten Flugzeug attackiert, die Lokomotive zerstört. »Es war ein einmotoriges Flugzeug, das feindliche Objekte im Tiefflug angriff, und der alte Mautner machte im selben Atemzug den Kopf des Piloten in der Kanzel aus, vielmehr einen ledernen Helm und Motorbrillen, die sich wie gläserne Kugeln aus seinem Schädel wölbten.«[1] Der Pilot schießt auf die »schreienden, entsetzten Menschen, die über den Stoppelacker liefen«, schließlich stürzt die Maschine ab.[2] Die Bewohner des nahen Dorfes demontieren den Zug weitgehend, und am Ende hat, 15 Jahre danach, einer von ihnen in seinem Schuppen aus den gesammelten Einzelstücken die Lokomotive komplett wieder zusammengebaut. – Das Gespräch mit Gerhard Roth fand am 2. 2. 2000 in Hamburg statt.

[1] Gerhard Roth: Landläufiger Tod. Frankfurt a. M. 1984. S. 432
[2] Ebd., S. 434

Herr Roth, woran erinnern Sie sich, wenn Sie an den Luftkrieg denken?

Die Geschichte spielt im Januar 1945. Ich habe diese Geschichte so oft von meiner Mutter gehört, daß ich eigentlich nicht mehr weiß, was ich davon selbst in Erinnerung habe und was ich zu den Erzählungen meiner Mutter hinzuphantasiert habe. Meine Mutter war damals mit meinen zwei Brüdern und mir in Graz. Mein Vater, der Stabsarzt war, arbeitete in Kitzingen in einem Lazarett. Da sich das Kriegsende abzuzeichnen begann, wollte mein Vater, daß meine Mutter mit uns zu ihm nach Kitzingen kommt, vor allem, weil er Angst vor den heranrückenden russischen Soldaten hatte, die in der Südsteiermark erwartet wurden.

Wir hatten vor dem Haus, in dem wir wohnten, einen Splittergraben, in den haben wir uns bei Fliegerangriffen stets geflüchtet. Und nachdem wir losgefahren waren, es muß der 19. oder 20. Januar 1945 gewesen sein, fiel noch am selben Tag eine Bombe genau auf diesen Splittergraben. Von den 16 Menschen, die drinnen hockten, wurden 11 getötet. Es traf vor allem die, die direkt neben dem Eingang saßen – und das war normalerweise der Platz von meiner Mutter und uns Brüdern. Wir haben das erst später erfahren.

Wir waren in Graz losgefahren und sollten über die Strecke Salzburg–München nach Kitzingen kommen. In der Obersteiermark, in einem Ort namens Selztal, an einem Bahnhofsknotenpunkt, setzt meine Erinnerung ein. Ich sehe mich in einem rüttelnden Eisenbahnwagen mit Holzbänken auf dem Schoß eines Soldaten sitzen. Das Fensterglas fehlt, es ist kalt. Plötzlich bremst dieser Zug, eine Vollbremsung, und alles stürzt durcheinander. Der nächste Eindruck ist eine panische Flucht. Ein Stoppelacker, auf dem Menschen laufen, viele Soldaten, verwundete. Meine Mutter hat den jüngeren Bruder Helmut auf dem Arm. Er war damals zwei Monate alt. Ich hielt eine Hand von ihr.

Mein älterer Bruder, damals vier Jahre alt, drehte sich plötzlich um, zeigte mit einem Finger zum Himmel hinauf und schrie: »Da kommt er!«

Ich war damals noch nicht drei, und erkannte die Gefahr zunächst nicht. Als ich mich umdrehte, sah ich über eine Telegraphenleitung ein Flugzeug kommen. Ich habe das Pfauenauge in Erinnerung, das kreisförmige Emblem der britischen Luftwaffe. Das Flugzeug flog relativ niedrig. Und in der gläsernen Kanzel saß jemand mit einem Lederhelm, ich habe diesen Kopf noch heute ganz genau vor mir. Dann fielen Schüsse, irgendwie wirkte es harmlos, bis ein Mann neben mir zu Boden stürzte und Blut aus seinem Mund floß und er die Augen verdrehte. Auch dieses Gesicht ist mir in Erinnerung geblieben. Ich blieb stehen, meine Mutter zog mich weiter. Sie stürzte öfters auf dem Acker und hatte blutige Knie. Und jedes Mal, wenn das Flugzeug wiederkam, warfen wir uns mit den anderen Leuten zu Boden und hörten die Schüsse. Ich kann mich auch noch an die großen Patronen erinnern, die auf dem Boden lagen. Wir erreichten einen Bach. Dann sehe ich uns in ein Bauernhaus hineinlaufen, und durch ein Fenster entdecke ich, wie mein älterer Bruder, der den Anschluß verloren hatte, auf dem Arm eines Soldaten hinter einen Misthaufen stürzt, der dann von dem Tiefflieger beschossen wird. Als der Tiefflieger eine Kehre fliegt, kommen auch die beiden in das Haus gelaufen.

Damit war diese Odyssee noch nicht zu Ende. Wir mußten warten, bis eine Ersatzlokomotive kam – unsere Lokomotive hatte einen Treffer abbekommen. Wir sollten dann über Linz und Nürnberg fahren. Aus irgendeinem Grund aber weigerte sich meine Mutter, diesen Zug zu nehmen. Sie mußte dem Bahnpersonal Zigaretten anbieten, um in den nächsten Zug einsteigen zu dürfen und den anderen wegfahren zu lassen. Außerdem hängte man uns Pappschilder mit Identifikationsnummern um den Hals, da zahlreiche deutsche Bahnhöfe bombardiert wurden und viele Menschen ums Leben kamen. Der Zug über Linz und Nürnberg jedenfalls wurde in Nürnberg bombardiert, es gab im Bahnhof damals Hunderte von Toten. Wir fuhren über Salzburg nach München und sollten von München nach Nürnberg weiterfahren – doch unser Zug mußte dann, weil eben der andere dort bombardiert worden war, einen Umweg über Augsburg nehmen. In der Nacht sind wir nach Würzburg gekommen.

Wieder so eine Szene: In meiner Erinnerung wache ich im Zug auf, in der Dunkelheit, schaue aus dem Fenster und sehe am Horizont eine Stadt brennen und höre Explosionslärm. Dann kommt ein Schaffner und bedeutet uns, still zu sein. Und ich bin in meiner Erinnerung wieder eingeschlafen. Das war eine der Bombardierungen von Würzburg. Der Zug mußte dort – wie mir meine Mutter später erzählt hat – etwa zwei Stunden anhalten. Und dann ging es weiter nach Kitzingen. Dort sind wir in einem Gasthaus gelandet, meine Mutter hat irgendwie meinen Vater verständigt, telefonisch, ist dann mit uns in ein Zimmer gekommen, völlig erschöpft: Mein jüngerer Bruder war ja noch Säugling und mußte betreut werden. Während wir in dem Zimmer waren, hat eine Art Kanonenbeschuß eingesetzt. Das Haus hat gezittert, Putz ist heruntergefallen. Meine Mutter schob uns alle drei unter das Bett. Erst als ich auf dem Gesicht meiner Mutter Panik entdeckte, wurde mir klar, daß hier etwas Unheimliches vorging. Ich fragte meine Mutter, was das sei. Sie sagte, das sei ein Gewitter. Irgendwann hörte es auf und wir kamen unter dem Bett hervor. Es gab ab und zu noch Einschläge. Daran erinnere ich mich, weil immer wieder Verputz von der Decke fiel.

Das nächste Bild: Wir stehen vor diesem Gasthaus, und mein Vater steigt in Uniform aus einem VW-Militärfahrzeug, läuft auf uns zu, nimmt uns in die Arme und weint. Er hatte erfahren, daß der Zug in Nürnberg bombardiert wurde, war zuerst nach Nürnberg gefahren, in der Meinung, daß wir dort umgekommen seien, dann erfuhr er, daß wir in Kitzingen seien, und fand uns mit den Nummernschildern um den Hals und von Staub bedeckt. Er hat später erzählt, daß der erste Anblick für ihn furchtbar gewesen sei. Meine Mutter hat übrigens drei Monate vor ihrem Tod diese Geschichte aufgeschrieben. Ich habe nach ihrem Tod ein Kuvert gefunden, an mich gerichtet. Ich habe es erst kürzlich wieder gelesen: Manches ist anders als in meinen Erinnerungen. Mein älterer Bruder hat wiederum eine andere Variante dieser Geschichte, aber in den Grundzügen dürfte sie stimmen.

In Ihrem Roman »Landläufiger Tod« wird eine beim Tieffliegerangriff beschädigte und von den Dorfbewohnern ausgeschlachtete Lokomotive viele Jahre später vom Dorfidioten aus den Einzelteilen wieder zusammengefügt. Ist das eine Phantasie des Autors Roth, mit der Sehnsucht, die Zerstörung rückgängig zu machen?

Es ist eine Phantasie, aber sie bezieht sich auf den Vorgang des Erzählens selbst – daß sozusagen aus den Einzelteilen der Wahrnehmung, der Erinnerung wieder eine ganze Geschichte entsteht. In dem Moment, wo eine Geschichte erzählt wird, gibt es wieder Kontinuität, der Schock ist überwunden.

Sie haben auf die intensive Erfahrung des Luftkriegs, wenn ich das richtig sehe, nur dieses eine Mal in Ihrem umfangreichen Werk reagiert. Woran liegt es: Gab es da Scham, wollten Sie es eher verstecken, ist es Ihnen schwergefallen, darüber zu schreiben?

Es gab natürlich eine Hemmung, darüber zu sprechen. Ich glaube, daß es sehr auf den Zusammenhang ankommt, in dem man davon erzählt. Es darf nicht zu mißbrauchen sein im Sinne von: »Wir haben soviel gelitten!« Außerdem ist mir das eigene Erleben lange Zeit relativ banal vorgekommen: Andere Leute hatten das ja auch erfahren. Und ich habe in meiner Jugend eine Abscheu vor diesen ganzen Soldaten- und Kriegserzählungen gehabt, vielleicht deswegen, weil es lange Zeit – heute verstehe ich es – das Hauptthema war, wenn Erwachsene zusammenkamen. Erst später haben mich diese Erzählungen dann auf eine ganz andere Weise interessiert.

Kann es sein, daß der größere Abstand zum Krieg auch bei der literarischen Verarbeitung hilft?

Ich fühle mich jetzt durch meine eigene Arbeit abgesicherter, so daß diese Erzählung Platz hat. Das ist das eine. Und das andere: daß ich natürlich älter werde und mich an weiter zurückliegende Dinge immer schärfer erinnere – und daß überhaupt die ganzen Kindheitseindrücke und Erfahrungen jetzt eine größere Rolle spielen als noch vor 20 Jahren.

Könnten Sie sich vorstellen, diese Geschichte noch einmal in größerer Form auch literarisch zu verarbeiten oder ist es damit für Sie abgetan?

Schwer zu sagen. Das Material, das Erinnerungsmaterial treibt einen vor sich her, sensibilisiert einen, macht mit einem im schöpferischen Zustand manchmal etwas, was man gar nicht erwartet. Ich kann mir gut vorstellen, daß zum Beispiel der ganze Schrecken, der mit dieser Situation verbunden war, das Staunen über die Gewalt, das Nichterfassen der Katastrophen in meinem Werk Spuren hinterlassen hat. Ich glaube nicht, daß man nur von dem Ereignis allein sprechen kann – man braucht einige Zeit, um das zu verarbeiten. Und ich glaube weiter, daß die Erzählungen meiner Mutter mir unbewußt dabei sehr geholfen haben, denn ich habe es schon relativ früh als zu meinem Leben gehörig empfunden.

Haben Sie sich in späteren Jahren auch theoretisch mit dem Bombenkrieg beschäftigt, historische Bücher gelesen?

Es gab leider in Österreich nach dem Krieg sehr wenig Bücher, die sich objektiv mit diesen Dingen auseinandergesetzt haben. Da gab es nur »Landser«-Heftl oder abenteuerlich gefärbte Soldatenliteratur. Über den politischen Hintergrund, über das Leid, das die Nazis den anderen zugefügt hatten, gab es so gut wie gar nichts. Das eigene Leid ist den Menschen meistens näher als das Leid der anderen. Die Idee, diese Geschichten in meinem Buch »Landläufiger Tod« zu erzählen, entstand eigentlich, um einige dieser Erinnerungen loszuwerden oder auch die Phantasien, die damit verbunden waren. Ich glaube aber, mein viel größeres Trauma war die Nachkriegszeit, in der ich als Kind und Jugendlicher gelebt habe: in dieser dumpfen post-nationalsozialistischen Welt. Das eine war der Schrecken des Kriegs, den ich mir erst später erklären konnte, aus den Zusammenhängen heraus: daß er eben mit den Nazis zu tun hatte. Als Kind waren es natürlich zunächst nur anonyme Mächte, die das mit uns gemacht hatten. Das andere, das viel Schlimmere war für mich diese würgende Enge, in der ich herangewachsen bin, zwischen katholischer Kirche und Kaltem Krieg, inmitten einer sexualfeindlichen Welt, einer sehr auf bieder und »normal« zurechtgetrimmten Gesellschaft. Der Versuch, diese Welt zu sprengen, hat mich dann viel mehr beschäftigt.

Haben Sie das nicht als Riß empfunden? Hier das kindliche Erschrecken, da die spätere Einordnung? Lief das so glatt?

Meine ganze Erinnerung ist aktiviert worden, als ich etwa 15 Jahre alt war. Da bin ich in Graz ins Kino gegangen, es lief ein Film über den Nürnberger Prozeß. Wir waren nur drei Leute in diesem riesigen dunklen Kino. Das eine, an das ich mich erinnere, ist das permanente Husten von einem der Zuschauer, das andere ist das lähmende Entsetzen, das mich ergriffen hat, als ich die Dokumentaraufnahmen aus den KZs gesehen habe. Davon war zuhause nicht die Rede. Diese Gesichter waren damals nahe, verstehen Sie? Das waren nicht so ferne Gesichter, wie sie einem heute auf einem Schwarzweißfilm erscheinen, sondern das waren Gesichter, deren Züge mir vertraut waren. Und auf einmal sind Genickschüsse, Vergasungen usw. zu sehen gewesen und die Toten und die Leichenberge. Und ich kann mich erinnern, daß ich aus dem Kino, als es zu Ende war, durch den Grazer Stadtpark nach Hause gelaufen bin und hemmungslos geweint habe. Wir haben damals keinen Fernseher gehabt, es gab nur das Radio. Es gab auch kaum Illustrierte, ich hatte also kaum Bilder vorher gesehen. Es war eine völlig andere Kindheit und Jugend, verglichen mit heute. Ich habe meine Eltern gefragt, was da war, und es hat dann in der Folge einen permanenten verdeckten Konflikt gegeben, der erst durch meinen Großvater gelöst wurde.

Der war Sozialdemokrat, und er hat mir dann sehr viel erzählt. Ich war natürlich auch in einer sehr rebellischen Phase. Es war die Zeit von James Dean, Marlon Brando und später Elvis Presley. Ich bin frühzeitig selbständig geworden, hatte mit 17 Jahren schon eine Tochter, bin von Zuhause weggegangen zu der Frau, mit der ich das Kind hatte. Sie war drei Jahre älter als ich. Man kann nicht sagen, daß das alles ausschließlich mit diesem Film zu tun hatte, aber damals hat bei mir ein Loslösungsprozeß begonnen, der eigentlich bis zum Tod meiner Eltern in der einen oder anderen Form angehalten hat. Das heißt, wir sind nie mehr so zusammengekommen, wie es vorher war.

Wurden durch diesen Film auch Ihre eigenen Erinnerungen wieder ins Bewußtsein gerückt? Etwa Ihre Angst, als der Zug nachts hält und das brennende Würzburg zu sehen ist? Oder vielleicht auch Ihre Faszination?

Man bringt es nur schwer über die Lippen, weil ja Menschen ums Leben gekommen sind, aber für das Kind war es ein spannendes, interessantes Bild. Da ist eben ein ganz archaisches Gefühl schon vorhanden, daß man bei so einem Ereignis mit Neugierde reagiert. Ich würde es heute so beurteilen, daß in dem Augenblick, als ich den Schrecken im Gesicht meiner Mutter gesehen habe, habe ich selber Panik empfunden. Wenn ich den Eindruck gehabt habe, im Gesicht meiner Mutter ist alles in Ordnung, dann habe ich es wie ein Schauspiel betrachtet. Es war direkt abhängig von der Schreckensverarbeitung meiner Mutter.

Nachdem Alfred Döblin das zerstörte Berlin nach dem Krieg besucht hatte, beschrieb er, wie sich die Menschen zwischen den Ruinen bewegten, als ob das ganz natürlich wäre. Haben Sie Erinnerungen an die Welt nach dem Krieg, die Trümmerstädte?

Ich habe meine Kindheit in Graz verbracht, selbstverständlich hat es dort Zerstörungen durch Bomben gegeben. Ich habe in Erinnerung, wie wir aus Kitzingen im Herbst 1945 wieder zurück nach Österreich kamen und vom Bahnhof zu Fuß nach Gösting gegangen sind, an riesigen Bombentrichtern vorbei, in der Dunkelheit. Es war in der Nacht, mein Vater hatte eine Taschenlampe, und wir gingen die Straße entlang: Mein älterer Bruder und ich sind zwischen meinem Vater und meiner Mutter gegangen – ich kann mich noch gut an die Bombentrichter erinnern, in die wir nicht fallen sollten.

Wie kann ein Schriftsteller mit solchen Erfahrungen umgehen?

Ich glaube, wenn das Wort erlaubt ist, profitiere ich im weitesten Sinne sogar von diesen Erfahrungen, weil der Schrecken das ist, was bei mir Bilderketten in Bewegung setzt. Die Schrecken meiner Kindheit sind sozusagen das Kapital, wenn ich etwa einen Mord oder eine Gewaltszene beschreibe. Wenn ich an die Wohnung von meinem Großvater denke, wie ich aus dem Fenster geschaut habe und englische Soldaten sind unten gewesen, es hat an der Tür geklopft und mein Vater wurde abgeholt. Ich wußte nicht, warum. Tatsächlich war es, weil er als Arzt gebraucht wurde, weil es unter den Offizieren zu einer Schlägerei gekommen war. Viele solcher Dinge sind für mich insofern Inspiration, als ich den Geruch kenne, das Gefühl, wie es in einer solchen Situation zugeht.

Ihr Kollege Sebald hat die Bombardierung der deutschen Städte eine historisch »einzigartige Vernichtungsaktion« genannt. Ist Ihnen das auch später so vorgekommen? Wie denken Sie darüber?

Ich habe natürlich immer das Schlagwort »Dresden« gehört. Das war die Ultima ratio, wenn über Verbrechen des Nationalsozialismus gesprochen wurde: Es wurde darüber nur in einer Art Aufrechnungs-Argumentation gesprochen. Ich habe später auch Bücher über die Bombardierungen gelesen – und natürlich muß es für die Menschen, die das erlebt haben, ein ungeheuerliches Inferno gewesen sein. Aber wie gesagt: ich hatte da schon die Erzählungen meines Großvaters gehört und mir schon ein Bild von dem gemacht, was geschehen war. Dieses Bild hat eigentlich moralisch alles überdeckt, was ich dann noch gehört habe. Mir ist es viel entsetzlicher vorgekommen, was die Generation meines Vaters angestellt hat. Es war sogar so, daß ich – das ist das Seltsame daran – diese Bombardierung auch richtig gefunden habe. Es hätte nicht sein dürfen, daß alle ungeschoren davonkommen. Natürlich hat es sehr viele Unschuldige getroffen, Kinder und Frauen, was ich sage, ist nicht konkret gemeint, sondern in einem abstrakten Sinn.

Damit ist wahrscheinlich auch der Titel zu erklären, den Gert Ledig seinem Roman über den Luftkrieg gegeben hat, nämlich »Vergeltung«, also Antwort auf die Bombardierung von London und Coventry.

Ich sehe es noch viel direkter als Antwort auf die Konzentrationslager. Die Deutschen – oder sagen wir besser: die Nazis – haben ja zwei Kriege geführt. Den einen Krieg gegen die eigene Bevölkerung: gegen Juden, Andersdenkende, Zigeuner – und einen Krieg gegen den »Rest der Welt«. Und noch mehr als der Krieg nach außen hat mich eigentlich immer der Krieg nach innen erschüttert. Ich habe mir schon früh von den »Verbrechen der Wehrmacht« meine Vorstellungen gemacht.

Aber läßt sich die Vorstellung von einer Antwort auf Auschwitz historisch halten? Die Gleise von Auschwitz wurden jedenfalls nicht bombardiert, dafür eben Dresden.

Die Frage stelle ich mir auch, und sie findet eigentlich keine befriedigende Antwort, denn die Gleise nach Auschwitz zu bombardieren, das hätte die amerikanische Luftwaffe vermutlich wenig Opfer gekostet und viele Menschenleben gerettet.

Falls es in der deutschen Nachkriegsliteratur tatsächlich so etwas wie eine Lücke gibt, was den Luftkrieg angeht, so wird die gelegentlich auch begrüßt: Vielleicht verberge sich dahin-

ter eine Scham, die kostbarer sei als alle Literatur, hat Klaus Harpprecht gesagt.

Er meint, wenn ich das richtig verstehe, daß das Nichtschreiben darüber, das Nichtsprechen darüber von der Nachfolge-Generation Antwort genug sei, weil man begriffen hat, daß das Leid, das man den anderen zugefügt hat, größer war als jenes, das man selber erlitten hat. Das hat etwas für sich. Ich gehe mit meiner eigenen Geschichte auch nicht gern hausieren. Es ist für mich kein Vergnügen, davon zu erzählen, weil ich es im Vergleich zu dem, was vorgefallen ist, für relativ belanglos halte. Ich habe es überlebt. Meine ganze Familie hat es überlebt. Es gab ganz andere Schicksale.

Ist Schweigen aber auf lange Sicht sinnvoll? Entsteht so am Ende nicht eine heikle Leerstelle?

Das glaube ich nicht. Was würde man umgekehrt sagen, wenn jeder Autor meiner Generation über seine Bombenerfahrungen gesprochen hätte? Dann wären wir wie die Veteranen, die den Leuten ihre Kriegsgeschichten erzählen. Die alten Veteranen haben mir eigentlich in meinem Leben gereicht.

Hitlers pyromanische Phantasien

W. G. Sebald

W. G. Sebald wurde 1944 in Wertach (Allgäu) geboren und lebte von 1970 an im britischen Norwich als Dozent und Schriftsteller; 2001 kam er bei einem Autounfall ums Leben. Nach Essays und einem Poem »Nach der Natur« (1988) veröffentlichte er 1990 seinen ersten Prosaband »Schwindel. Gefühle.«, in dem er sich daran erinnert, wie zur Zeit seiner Kindheit »in fast jeder Wochenschau die Ruinenhaufen von Städten wie Berlin und Hamburg« zu sehen waren, Trümmerlandschaften, »die ich lange nicht mit der in den letzten Kriegsjahren erfolgten Zerstörung, von der ich nichts wußte, in Verbindung brachte, sondern für eine sozusagen natürliche Gegebenheit aller größeren Städte gehalten habe«.[1] Folgerichtig faszinierte es den Jungen, so wird in dem Band »Die Ausgewanderten« (1992) geschildert, als er später bei einem Umzug der Familie in eine größere Stadt entdeckt, »daß die Häuserzeilen hie und da von Ruinengrundstücken unterbrochen waren« – denn nichts sei in seiner Kindheit so eindeutig mit dem Wort »Stadt« verbunden gewesen wie »Schutthalden, Brandmauern und Fensterlöcher«.[2] Diese frühe Prägung mag – ebenso wie die von Sebald auf Spaziergängen in der britischen Landschaft aufmerksam erkundeten, zum Teil verwilderten ehemaligen Flugfelder, von denen die Bomber gen Deutschland gestartet waren – ein Grund dafür sein, warum sich Sebald 1997 in einer Vorlesungsreihe in Zürich mit dem Thema »Luftkrieg und Literatur« befaßte: Auftakt zu einer Anfang 1998 auch in der deutschen Presse geführten Diskussion über die Frage, ob das Sujet der Bombenangriffe von der Nachkriegsliteratur vernachlässigt worden sei. In der Vorbemer-

[1] W. G. Sebald: Schwindel. Gefühle. Frankfurt a. M. 1990. S. 213
[2] Sebald: Die Ausgewanderten. Frankfurt a. M. 1992. S. 46

kung zur 1999 publizierten Buchfassung der Vorlesungen spricht Sebald zusammenfassend von der »Unfähigkeit einer ganzen Generation deutscher Autoren, das, was sie gesehen hatten, aufzuzeichnen und einzubringen in unser Gedächtnis«.[3] – Das Gespräch mit W. G. Sebald fand am 22. 2. 2000 in Berlin statt.

Herr Sebald, Sie wurden 1944 geboren, Ihre Kindheit fiel also in die Nachkriegszeit. Dennoch haben Sie das Gefühl geäußert, Ihre Generation stamme vom Krieg ab.

Dieses Gefühl stellt sich einfach immer wieder ein, etwa wenn das Fernsehen dokumentarische Aufnahmen aus dieser Zeit zeigt. Es stellt sich das Gefühl einer Identität, eines Ursprungs ein – eines Ursprungs, von dem man sich herschreibt.

Kann es mit dem Schweigen der Eltern zusammenhängen, damit, daß Sie eine Lücke gespürt haben, eine Aussparung?

Ganz sicher. Das alles überziehende Schweigen in den Familien und den Schulen über diese Zeit, zum Teil auch in der Literatur, hat mich dazu geführt, mit einer Art privaten Archäologie zu beginnen. Es interessiert einen ja als Kind gerade das, was verboten ist, das, was man nicht wissen soll.

Eines dieser Tabus betrifft in Ihren Augen offenbar den Luftkrieg, das Bombardement der Städte – auch das hat Sie sehr beschäftigt.

Ich bin in der äußersten süddeutschen Provinz aufgewachsen, in der relativ wenige Bomben gefallen sind. Meine er-

[3] Sebald: Luftkrieg und Literatur. München 1999. S. 8

sten Eindrücke der großen Zerstörung gehen ungefähr auf das Jahr 1949 zurück. Mein Vater war 1948 aus französischer Kriegsgefangenschaft nach Hause gekommen, und wir machten eine Reise ins Niederbayerische, er, meine Schwester und ich. Da die Zugverbindungen und die Anschlüsse noch schlecht funktionierten, mußten wir fünf oder sechs Stunden in München verbringen. Wir gingen vom Hauptbahnhof zum Marienplatz, und ich entsinne mich, daß diese ganze Strecke am Stachus vorbei durch Trümmergebirge führte und daß diese Schuttberge sehr hoch waren, jedenfalls aus der Perspektive eines kleinen Kindes – und daß weder mein Vater noch sonst jemand ein Wort darüber verloren hat. So habe ich das für eine naturgeschichtliche Gegebenheit größerer Städte gehalten. Das ist eine Vorstellung gewesen, die mir, da ich ansonsten bis zu meinem zehnten Lebensjahr kaum je in Städten war, lange geblieben ist. Ich hatte immer diese Vorstellung, Städte seien Orte, in denen es große Schuttberge gibt.

War Ihnen das über all die Jahre präsent?

Das hat sich später verwischt und stieg erst wieder in mir nach oben, als ich mich mit dem Thema »Luftkrieg und Literatur« zu beschäftigen begann. Trotzdem: Ich hatte immer den Eindruck und habe den Eindruck in zunehmendem Maße, daß ich aus dieser Zeit stamme. Wenn man von Zeitheimat sprechen könnte, dann sind es für mich die Jahre zwischen 1944 und 1950, die mich am meisten interessieren.

Spät, eigentlich erst in den sechziger, siebziger Jahren, begann in der Bundesrepublik das Nachdenken über den Holocaust, den man damals noch nicht so nannte. Es wurde nach und nach auch an den Schulen darüber gesprochen. Es rückten die Verbrechen der Deutschen in den Vordergrund – die Leidens-

geschichten der Deutschen, der Täter, konnten nun erst recht nicht mehr erzählt werden…

Nein, die konnten nicht erzählt werden. Und die Art, in der einem an den Schulen die Geschichte der Verfolgung und Ausrottung der im großdeutschen Reich lebenden Minderheiten nahegebracht wurde, war ja auch so, daß man sich als Heranwachsender nicht damit auseinandersetzen konnte: Wenn man gewissermaßen, wie es einmal ein Kollege formuliert hat, an einem schönen Frühlingsnachmittag die Leichen mit einer Planierraupe auf die Schulbank geschoben bekam. Das alles mehr oder weniger ohne Kommentar, so daß man als Schüler zwar damit konfrontiert war, aber sich kaum damit auseinandersetzen konnte. Das Unglück dagegen, das die Deutschen gegen Ende des Krieges überrollt hat, in einem ungeheuren Ausmaß, ist überhaupt nie Thema gewesen. Ich kann mich nicht entsinnen, daß das je in irgendeiner Form besprochen worden wäre.

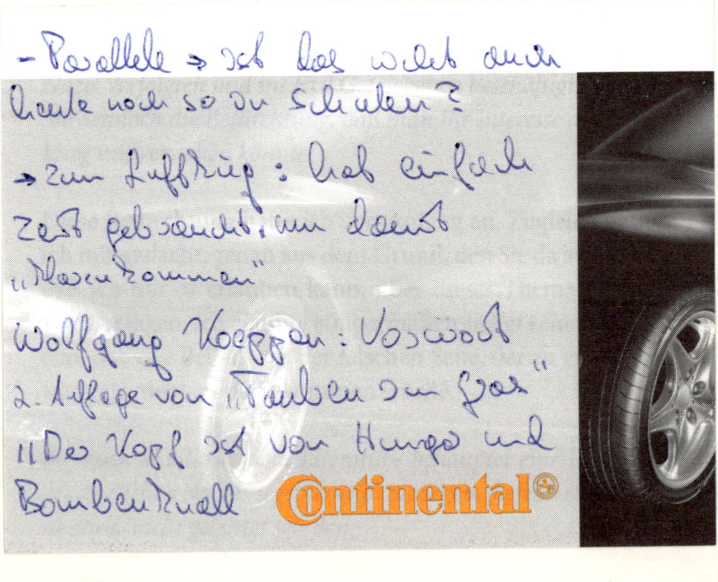

Ich glaube, daß Schriftsteller, die als Soldaten in der Wehrmacht gedient hatten, dabei mit vielem konfrontiert gewesen waren, worüber sie später nicht schreiben konnten, wollten oder durften – so daß sie von Anfang an in einem selbstzensurierten Umfeld arbeiteten. Die Modalitäten, nach denen dies vor sich ging, sind zum Teil so subtil, daß sie sich nicht leicht verifizieren lassen. Verallgemeinernd läßt sich sagen: Diejenigen, die damals als junge Männer zur Wehrmacht kamen und diese Kriegsjahre erlebten, mußten ein Interesse daran haben, ihre eigenen Lebensläufe so zu sehen, daß sie nicht – auch vor sich selbst nicht – als diskreditierte Personen dastanden. Dazu gehörte, das ganze Ausmaß der äußeren, der materiellen, der emotionalen Verstörung und Zerstörung zu ignorieren. Das wurde in den Köpfen mit einer Art Cordon sanitaire umgeben, weil das Ganze den Leuten die Möglichkeit genommen hätte, sich überhaupt über ihre Erfahrungen zu äußern. So kam es wohl, daß man als Nachgeborener beim Lesen ihrer Bücher immer das Gefühl hat, hier stehen irgendwelche Paravents herum, hinter denen es Dinge gibt, die man nicht sehen kann.

noch etwas wirs gewesen, und alle Sonne suchen frist, bevor vlt. der dritte WK kam."

→ muss man auch akzeptieren

Ralph Giordano: ~~Vorwort~~ „Die Bertinis" (~~Stationen auf Hamburg~~") zu Roman Suggestiv Macht

„Es hat der 40 Jahre seit der Befreiung bedurft, bis das Thema nicht mehr sie, sondern sie das Thema „hatte"."

Ja. Es ist ein sehr brisanter Text, es ist eine Art der Denunziation des deutschen Kollektivs in jener Zeit. Es hat mich daher nicht gewundert, daß der Roman aus der sich neu konstituierenden Kultur jener Zeit eliminiert, ausgeschieden werden mußte. Dazu trug sicherlich noch der persönliche Charakter des Autors bei: Ledig paßte nirgends hinein, konnte sich keiner Gruppe anschließen. Es steckt in diesem Buch sehr viel Grauenhaftes drin, was für den Leser schwer zu assimilieren ist. Und das wirft natürlich die andere Frage auf: Wie ist so etwas überhaupt darstellbar?

Das berührt ein grundsätzliches Problem des Schreibens…

Nicht nur des Schreibens. Die Reproduktion des Grauens oder besser: die Rekreation des Grauens, ob mit Bildern oder mit Buchstaben, ist etwas, das im Prinzip problematisch ist. Ein Massengrab läßt sich nicht beschreiben. Das heißt, man muß andere Wege finden, die tangentieller sind, die den Weg über die Erinnerung gehen, über das Archäologisieren, über das Archivieren, über das Befragen von Personen – ein weiteres Indiz dafür, daß die Literatur zu diesem Thema nicht unbedingt aus der unmittelbaren Nachkriegszeit hätte kommen müssen. Es wäre auch in den siebziger, achtziger und neunziger Jahren noch Zeit gewesen, sich damit zu beschäftigen. Die große Ausnahme war für mich immer die Arbeit Alexander Kluges, der das Archäologisieren, das Graben, das Ausgraben dieser Geschichte bis weit in ihre Frühspuren in der napoleonischen Zeit, in der Zeit der preußischen Staatswelt untersucht hat – auf eine für mich sehr kluge und eingängige Weise.

Was ist die besondere Leistung Kluges?

Er hat eine Kindheitserfahrung oder die Erfahrung eines Heranwachsenden beschrieben – die Zerstörung seiner Heimatstadt Halberstadt. Er teilt die Erzählung darüber in seiner dialektischen Art in »Strategie von oben« und »Strategie von unten« ein. Die Frage ist doch: wie kommen wir mit

→ Wie ganz überhaupt darzustellen?

→ Schulaufsätze aus dem Jahr 1946 „Ich schlug meiner Mutter die brennenden Funken ab" ([illegible] Aufsatz p. 11)

Volker Hage fragt dazu: Kann die erzählende Literatur mit solch beklemmenden Dokumenten überhaupt mithalten u. konkurrieren?

Thomas Mann hat das in seinem Roman »Doktor Faustus«

Walter Kempowski: Das Echolot. Ein kollektives Tagebuch. (4 Bände, 3000 S.)

Amazon Kundenrezensionen

– über 3000 Seiten, ohne ein einziges Wort des Autors. Nur Briefe, Auszüge aus Tagebüchern, [illegible], Zeitungsberichte etc. Januar u. Februar 1943. Eine Katastrophe nach der anderen ...

[[illegible] Sebald: [illegible] als [illegible]]

Kopf heraus arbeiten. Man braucht wie ein Schreiner Bretter, um daraus einen Kasten zu machen.

Was halten Sie von Walter Kempowskis »Echolot«-Collagen?

Das ist sehr gutes Material – und gut, daß es das gibt. Aber es handelt sich nicht um Literatur in irgendeiner Form.

Die deutsche Nachkriegsliteratur wurde hauptsächlich von Männern geschrieben. Mag das auch erklären, warum bestimmte Themen gar nicht vorkommen?

Hans Werner Richter hat beschrieben, wie bei einem dieser ersten Treffen der Gruppe 47, irgendwo an der Ostsee, ein Bordell gemeinsam aufgesucht wird – gedacht als eine Art höherer Jux. Und die beiden Damen, nämlich Ilse Aichinger und Ingeborg Bachmann, dürfen mitgehen. Das Ganze ist von einer derartigen Penetranz und Peinlichkeit, wie es schlimmer nicht geht. Man kann an dieser grotesken Anekdote besser als an allem anderen sehen, in welch hoffnungsloser Situation die beiden schreibenden Frauen in diesem Männerverein gewesen sind. Es stehen einem noch 40 Jahre danach die Haare zu Berge.

Wie schätzen Sie die Leistungen der Gruppe 47 überhaupt ein?

Als Heranwachsender, wenn ich im Sommer ins Freibad gefahren bin, habe ich wie viele andere die Romane von Böll und anderen gelesen, so etwas wie »Das Brot der frühen Jahre«. Mich hat die Kriegs- und Nachkriegszeit schon damals interessiert, schon mit 15. Als ich studierte, in den sechziger Jahren, kamen die ersten Bücher von Peter Weiss auf den Markt. Ich weiß noch, wie mich das Autobiographische, das quasi Archäologische daran sehr fasziniert hat. Ich hatte von Anfang an das Gefühl: Hier ist vielleicht nicht die ganze Wahrheit enthalten, aber eine authentischere Stimme, der man viel mehr vertrauen kann. Wenn man aus der deutschen Nachkriegsliteratur jene Autoren herausnehmen würde, die im Exil lebten, in Stockholm oder sonstwo, dann hätte man ein sehr viel ärmeres Panorama. Das ist keine Verdammung der anderen Autoren, die zum größten Teil aus dem deutschen Kleinbürgertum stammen, das ja politisch immer besonders korrumpierbar, kompromißbereit ist und sich nie durch Heroismus ausgezeichnet hat, sondern einfach ein Warnschild, deren Bücher mit Vorsicht zu genießen.

Sie würden nicht so weit gehen, nach einer neuen Bewertung der Nachkriegsliteratur zu rufen?

Die Gruppe 47 war insgesamt eine problematische Einrichtung mit ihrem Versuch der Konsolidierung, des Sichabgrenzens gegen andere. Gewiß muß man das von Fall zu Fall sehen, das stellt sich für jeden Autor, jedes Buch anders dar. Dennoch: eine Reevaluation würde bestimmt nicht schaden. Die Germanistik neigt ja dazu, immer alles en bloc zu sanktionieren oder en bloc zu ignorieren. Wenn es pauschale Reaktionen gibt, dann am ehesten die in der sogenannten Wissenschaft. Ich glaube, daß die Literaturwissenschaftler seit 1950 sehr wenig geleistet haben, um unser Verständnis dieser Literatur zu befördern.

Woran liegt das?

Es fehlt eine spezielle Art der Grundlagenforschung, nämlich die Erforschung der materiellen Bedingungen der Literatur dieser Zeit, ihrer Biographien. Es schreibt ja in diesem Land niemand Biographien. Wenn Sie als Universitätsprofessor eine Biographie schreiben, dann kann es passieren, daß Sie verachtet werden, vor allem von Ihren Kollegen. Das gilt als unseriös. Dabei wären solche Arbeiten viel wichtiger als noch eine neue Roman- oder Erzähltheorie. Das betrifft auch die Historiker. Es gibt zum Thema Luftkrieg kein einziges deutsches Standardwerk. Und da es ja nun Universitätsprofessoren jeden Ranges in diesen Massenfächern Germanistik und Geschichtswissenschaft gibt, wie Sand am Meer, ist es schon verwunderlich, welche Berührungsangst offenbar herrscht.

Und die erzählende Literatur? Die Skepsis vor einfachen Geschichten, Lebensgeschichten ist weit verbreitet. Hat das auch mit dem aus dem Krieg herrührenden Tabu zu tun?

Ich denke schon. Es ist diese Furcht zu versteinern, wenn man über die eigene Schulter zurück in die Vergangenheit schaut. Das muß uns sehr tief in den Knochen sitzen. Und Erzählen hat etwas damit zu tun, ganz grundsätzlich, daß man die Vergangenheit wieder heraufruft. Es kommt etwas zurück. Und wenn man sich so einrichtet, daß die Haustür versperrt ist, daß niemand zurückkommen kann, auf Grund dieser Furcht vor den Toten, dann fehlt etwas.

Sie glauben, daß die herkömmliche Erzählweise nicht in der Lage ist, von diesen Dingen zu reden?

In der Tat. Ich habe von Leuten, die mir unbekannt waren, auch Roman- und Erzählungsversuche zum Thema Luftkrieg bekommen, die sehr deutlich zeigten: wo immer in chronologischer Form erzählt wird, funktioniert das nicht. Es ist einfach nicht kompatibel mit der Virulenz dieses Themas. Es müßte meines Erachtens eine gemischte Form sein. Ich stelle mir das fast wie ein Museum vor, ähnlich wie es beispielsweise Claude Simon im »Jardin des Plantes« versucht hat, der in seinem ganzen Werk immer wieder dieselben Bilder betrachtet, immer wieder zu ihnen zurückkehrt

– so daß eigentlich ein Erzähltext dieser Art ähnlich eingerichtet wäre wie unsere Köpfe: In unseren Köpfen gibt es ja auch nicht diesen chronologischen Ablauf, sondern da gibt es Synchronismus und Kontinuität. Dinge stehen nebeneinander, und am nächsten Tag sind sie in einem anderen Zimmer, und dann vergessen wir sie eine Zeitlang, weil sie auf den Dachboden geraten sind, dann werden sie wieder heruntergeholt usw.

Es klingt fast so, als wäre das für Sie ein konkretes Projekt. Kann es sein, daß Ihr theoretischer Text über »Luftkrieg und Literatur« eine Art Prolegomena dazu ist?

Gut möglich. Ich würde das mit meiner Kindheitsperspektive verbinden, mit der Vorgeschichte meiner Person: wie wir aus diesem Allgäuer Dorf, in dem ich aufgewachsen bin und in dem ich bis zu meinem achten Lebensjahr lebte, in die Kreisstadt Sonthofen umgezogen sind. Sonthofen war eine Kasernenstadt. Da hatte es im Krieg Gebirgsjäger- und Artilleriekasernen gegeben und die berühmte Ordensburg, eine Eliteinstitution. Aus diesem Grund waren gegen Ende des Krieges noch ziemlich große Ladungen Bomben auf die Stadt geworfen worden – wobei allerdings nicht eine einzige der drei Kasernen beschädigt wurde, und auch die Ordensburg überlebte das Ganze ohne Schaden. Nur die Kirchen und ich weiß nicht wie viele Häuser wurden in Schutt und Asche gelegt, wie das damals hieß. Das hat ein mikroskopisches Format, für die Betroffenen – es gab Tote – natürlich grausig genug, aber gemessen am Ganzen fast etwas Spielzeughaftes, ideal für die Literatur. An diesem Modell der Zerstörung könnte man viel aufzeigen.

Wie war eigentlich in England, wo Sie leben, die Reaktion auf Ihre Thesen? Die Briten haben ja – schon während des Krieges – über die Moral der eigenen Luftangriffe heftig diskutiert.

In Großbritannien ist, wie Sie es sagen, das Thema seit der Kriegszeit nicht verschwunden. Während des Krieges waren es zunächst nur einzelne Stimmen, die sich dagegen erhoben, daß diese Form der Zerstörung als kriegstechnisches Mittel eingesetzt wird, eine Form der Zerstörung, die sich hauptsächlich gegen Zivilisten richtet. Unmittelbar nach dem Krieg war es so, daß die Dokumentation der Zerstörung in der Presse ein weites Echo ausgelöst hat. Viele erkannten erst da, was angerichtet worden war. Es dauerte dann noch einmal mindestens zehn Jahre, bis die Personen, die mehr oder weniger federführend an diesen Aktionen beteiligt waren, über diese Dinge sprachen und schrieben. Dann nahmen sich die Historiker des Themas an und stellten fest, daß es sehr wohl andere strategische Möglichkeiten gegeben hätte, sich aber auf Grund der Machtkonstellationen in England und in Amerika diese brachialste Form der Kriegführung durchgesetzt hatte. Bis heute ist diese Frage virulent, jedenfalls immer dann, wenn es irgendwelche Anlässe wie Jahrestage gibt: Dann laufen wochenlang in englischen Fernsehkanälen Dokumentationen, Berichte, nicht allein zu diesem Thema, aber man beschäftigt sich dort sehr intensiv auch mit der eigenen Schuldfrage.

Das Wort »Schwindel« taucht nicht nur im Titel eines Ihrer Bücher auf, sondern scheint mir als Grundbefindlichkeit in Ihren Texten fast immer vorhanden zu sein. Wenn Sie sich als Nachgeborener mit solchen Vorgängen wie dem Feuersturm in Hamburg beschäftigen, den Sie in Ihrem »Luftkrieg«-Buch furios skizzieren, kommt man da nicht sehr schnell an den Punkt, wo man alles lassen möchte und sich sagt: Ich will mich damit eigentlich gar nicht befassen?

Dieser Feuersturm ist natürlich ein extremes Phänomen. Man kann sich überhaupt mit all diesen Dingen nicht sehr lange beschäftigen, ohne Schaden zu nehmen, auch an der eigenen Gesundheit. Das alles ist letzten Endes einfach inkommensurabel. Selbst wenn man nur versucht, das zu skizzieren, so ist das eigentlich mehr als man aushalten kann – vorausgesetzt, man hat überhaupt so etwas wie Vorstellungskraft oder Imagination.

Und doch haben Sie dem standgehalten?

Was die Beschäftigung damit möglich macht, sind diese seltsamen Spuren, die bis zu uns reichen. Wir wissen ja inzwischen, daß Geschichte nicht so abläuft, wie die Historiker des 19. Jahrhunderts uns das erzählt haben, also nach irgendeiner von großen Personen diktierten Logik, nach irgendeiner Logik überhaupt. Es handelt sich um ganz andere Phänomene, um so etwas wie ein Driften, um Verwehungen, um naturhistorische Muster, um chaotische Dinge, die irgendwann koinzidieren und wieder auseinanderlaufen. Und ich glaube, daß es für die Literatur und auch für die Geschichtsschreibung wichtig wäre, diese komplizierteren chaotischen Muster herauszuarbeiten. Das ist nicht auf systematische Weise möglich. Plötzlich blitzt etwas auf: Man sieht, wie absurd das von uns organisierte gesellschaftliche Leben ist, abgrundtief absurd. Und es hat wiederum Alexander Kluge, der klügste Schriftsteller in der deutschen Nachkriegszeit, mit großer Deutlichkeit gesagt, daß es uns als Spezies offenbar möglich ist, zur Herstellung von Zerstörung die kompliziertesten und phantastischsten Dinge zu organisieren, aber nicht zur Verbesserung der Gesellschaft oder der Lebensverhältnisse. Das ist ein Paradox, das in sich ein Geheimnis birgt. Und wenn wir hinter dieses Geheimnis unserer inneren Konstitution kommen könnten, wäre einiges gewonnen.

Spielt die deutsche Erfahrung dabei eine spezielle Rolle?

Wenn man sich überlegt, was die Deutschen von allen anderen europäischen Völkern unterscheidet, so bleibt vor allem, daß sie eine ungeheure Schande zu tragen haben. Das ist das polare Gegenteil zu dem, woran eine Nation sich üblicherweise aufrichtet. Nehmen Sie Frankreich: wenn man in Paris in der Metro sitzt, fährt man sämtliche Stationen der französischen Ruhmesgeschichte ab. Von dieser Idee der »gloire« zehren die Franzosen heute noch. Die Legitimierung einer Nation ist ihr Selbstbewußtsein, das, woran man zurückdenkt, wovon man sich herschreibt. Das fehlt uns vollkommen, unsere Geschichte ist eine Geschichte der Schande. Es ist ja nicht nur die Geschichte des Zweiten Weltkriegs, sondern es ist das Debakel der Weimarer Republik, die Lächerlichkeit des Kaiserreichs, das Krähwinkelhafte des Biedermeiers, das führt zurück bis in den Dreißigjährigen Krieg. Und dann natürlich diese zwölfjährige Phase, in der man bald glaubte, sich zur Herrschaft über den Rest des Erdballs aufschwingen zu können ...

... und die zur größten Katastrophe wurde.

Man muß sich das einmal vorstellen, diese Euphorie bei den Deutschen im Jahre 1941: das muß ungeheuer gewesen sein, nicht nur bei den Aufmärschen, sondern unter dem Zwerchfell eines jeden einzelnen, der sich schon als Gouverneur von Kiew oder sonstwo sah. Die Möglichkeiten für den einzelnen, nach oben zu steigen, waren nie zuvor in der europäischen Geschichte – nicht einmal in der napoleonischen Zeit – derart ausgeprägt. Und dann dieser totale Kollaps innerhalb von zwei Jahren! Zudem die Tatsache, daß diese Geschichte auf der Wahnidee aufgebaut war, aus Europa ein sauber ausgekehrtes Haus zu machen, in dem es keinerlei »zwielichtige Elemente« mehr geben sollte, eine Art Hygienisierung Europas. Und dann der eigene Absturz in eine soziale Existenz, die absolut schandbar war! Man lebte in Kellerlöchern, die Ratten liefen überall herum und ernährten sich von Dingen, die man sich besser nicht ausmalen wollte. Das war das Gefühl in der unmittelbaren Nachkriegszeit: Aus diesem Loch werden wir nie herauskommen! Das kollektive Empfinden muß ein Empfinden der Schande gewesen sein. Und Schande ist eine Emotion, mit der wir, glaube ich, weder als einzelne noch als Familie oder Gesellschaft besonders gut umgehen können. Man kann mit niemandem darüber reden, nicht einmal mit denen, die einem sehr nahestehen.

So daß die Trümmer eigentlich auch die Trümmer des eigenen Größenwahns waren. Wurde die Zerstörung der eigenen Städte durch das alliierte Bombardement als Vergeltung empfunden?

Ja, aber weniger als Vergeltung durch die Alliierten, sondern als Vergeltung von oben, als Eingriff einer höheren Instanz – das läßt sich an Nossacks Text über die Zerstörung Hamburgs sehr deutlich ablesen. Das paßte gut in den biblischen Kontext, der der damaligen Generation noch geläufig war: Sodom und Gomorrha, Asche vom Himmel, Feuer vom Himmel. Die Vergeltung durch eine höhere Instanz ist immer unblutig und das absolute Ende, entweder durch Wasser oder durch Feuer: die menschliche Gewalt, die immer blutig ist, wird ausgelöscht, durch den Eingriff von oben.

Kennen Sie Zeugnisse, die belegen, daß man es damals auch in den Luftschutzkellern so empfunden hat, daß man glaubte, es sei eine gerechte Strafe?

Ich glaube, daß es viele Leute in dieser Form empfunden haben, falls man unter diesen Verhältnissen überhaupt noch denken konnte. Schilderungen aus Luftschutzkellern habe ich in Briefen sehr viele bekommen. Das hervorstechendste Merkmal war das der schieren körperlichen Panik, der Angst, daß man sich an irgend etwas klammert und sich der Tatsache bewußt ist, daß jede Reaktion im Grunde verkehrt ist, daß nichts mehr richtig zu machen ist, in einer Situation wie dieser, daß das Ganze zurückgeworfen ist, in die pure Kontingenz.

Der Schriftsteller Dieter Forte hat in einer Rezension Ihres Buches »Luftkrieg und Literatur« die Nüchternheit Ihrer Bestandsaufnahme beklagt – für diejenigen, die die Angriffe als Kinder erlebten, sei es eben doch ganz anders gewesen. Ihm kam offenbar Ihr Buch zu kalt vor. Vielleicht war er auch enttäuscht, daß sein eigener Roman über den Luftkrieg bei Ihnen nicht erwähnt wird.

Das mag schon sein. Ich habe das Buch von Forte angeschaut. Sicher beruht es auf authentischen Erinnerungen, aber ich glaube, daß in einem Kontext wie diesem solche Erinnerungen nicht unbedingt das leisten, wonach einer sucht, der nicht dabei war und etwas darüber erfahren will. Wie gesagt, man müßte die Erfahrungen sehr vieler Men-

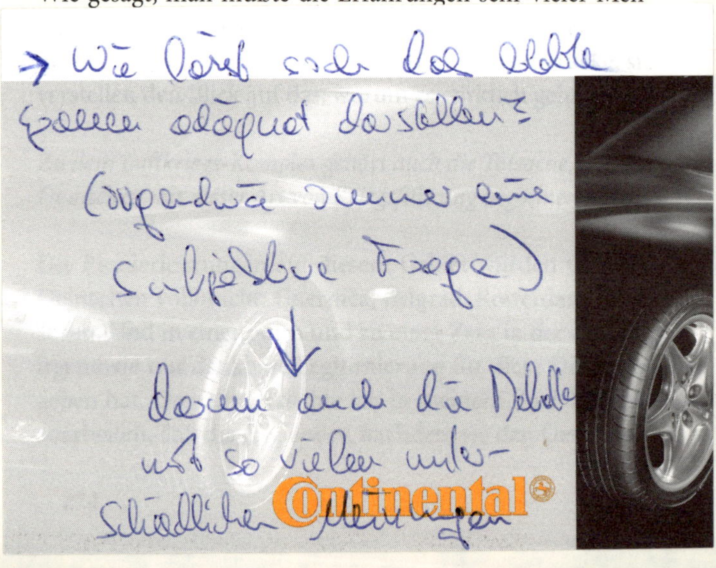

den Krieg erklärt hatten, in vollkommener Isolation auf ih-

→ Was will Sebald?

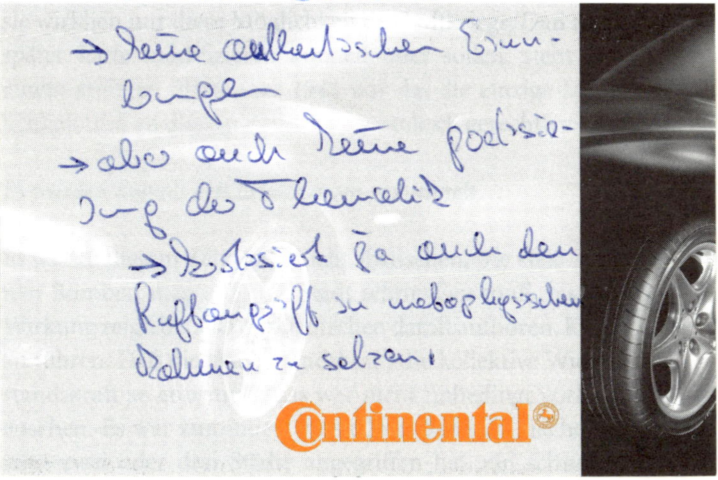

Kriegsende herbeiführen ließ. Für die deutschen ...

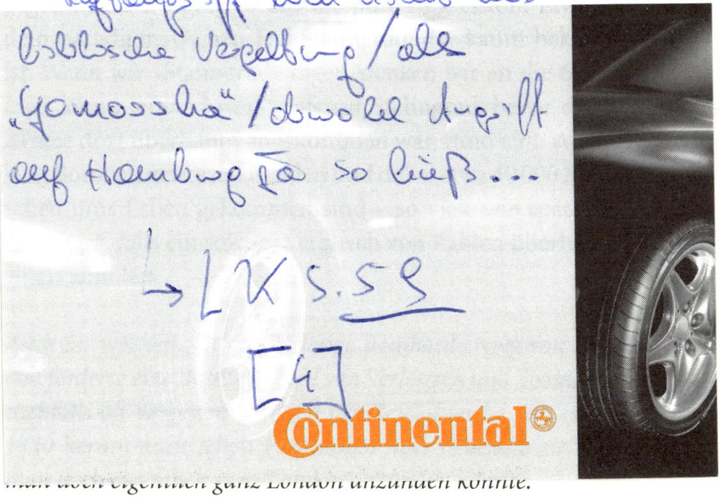

man doch eigentlich ganz London anzünden könnte.

Hitler hatte pyromanische Phantasien. Er wollte auch ganz New York in Flammen setzen, mit all den Skyscrapers. Das ist ein Beispiel für diese historischen Koinzidenzen, von denen ich vorhin sprach, für die Art, wie sich Geschichte organisiert: in all diesen Charakterdeformationen und Fehlern und Hysterien und ähnlichen Dingen. Wir wissen kaum etwas darüber, wie das eigentlich funktioniert.

Ihre Thesen zum Thema »Luftkrieg und Literatur« haben zu einer Debatte geführt, die von vielen deutschen Zeitschriften und Zeitungen geführt wurde. Besonders der Publizist Klaus Harpprecht hat die Meinung vertreten, daß die deutschen Nachkriegsautoren mit gutem Grund kaum etwas über die Leiden der deutschen Bevölkerung im Zweiten Weltkrieg geschrieben hätten. »Das Schweigen verbarg vielleicht eine Scham, die kostbarer ist als alle Literatur.« Kann man derlei sinnvoll behaupten?

Bezeichnend ist in diesem Zusammenhang das Wort »Scham«. Ich glaube nicht, daß die Deutschen jemals etwas Derartiges empfunden haben. Ich bin auf dieses Schamgefühl nie und nirgends gestoßen. Der Begriff »Schande« wäre da schon viel präziser. Im übrigen scheint mir diese Überlegung, was die Literatur betrifft, reichlich sanitär. Das würde ich in dieser Form nicht akzeptieren.

Um nicht immer nur über die deutsche Literatur zu reden, könnte man die Gegenprobe machen und sich fragen, ob es denn etwa in der britischen Literatur Versuche gab, die eigenen Leidenserfahrungen im Luftkrieg zu thematisieren?

Da gibt es auch relativ wenig aus dieser Zeit. Und das ist erklärlich: Ähnlich wie nach einem Autounfall kann man hinterher die Abläufe nicht mehr auseinanderhalten. Es ist alles kollabiert auf einen einzigen schmerzhaften Punkt, es ist in irgendeiner vernünftigen Form nicht zurückrufbar. Wenn schwere Traumatisierungen geschehen, gibt es einen psychischen Mechanismus, der diese Erfahrungen im Schockerlebnis auslöscht, so daß sie nicht mehr zugänglich sind. Die Personen, die so etwas miterlebt hatten, fanden es schwer, darüber zu schreiben, aus verständlichen Gründen der Selbsterhaltung. Das heißt aber nicht, daß wir, die eine halbe Generation später Geborenen, diesen Modus weiterführen müssen. Wir können uns in der Retrospektive, aus der Distanz heraus rekonstruierend mit diesen Dingen auseinandersetzen.

Gibt es da Parallelen zu den Überlebenden des Holocaust? Ist es erlaubt, Vergleiche anzustellen?

Ich glaube, es ist nicht illegitim, Vergleiche zu ziehen. Im psychischen Bereich gibt es ähnliche Reaktionen, etwa daß das alles jahrzehntelang verdeckt ist und erst spät zum Ausbruch kommt. Die Erinnerung überfällt die Betreffenden im Alter, wenn sie in den Ruhestand eintreten, wenn sie nicht mehr als Rechtsanwälte oder Chirurgen arbeiten, eine Funktion einnehmen, wenn sie im gesellschaftlichen Leben sozusagen in das Vakuum übersiedeln: Dann kommen die Bilder zurück – wie ja überhaupt diese Bilder die Angewohnheit haben, in dem Moment zurückzukommen, wo man nicht mehr mit ihnen rechnet.

Sie haben beschrieben, wie Sie auf Ihren Spaziergängen in England auf verlassene Flugfelder gestoßen sind, von wo aus im Krieg Bomber nach Deutschland starteten. Was war das für ein Gefühl für Sie?

Wie ein Sog, ein Sog der Geschichte. Wo ich lebe, im Osten Englands, gibt es noch viel Landwirtschaft, riesige Korn- und Zuckerrübenfelder. Und weil es dort so flach und sehr trocken ist, hat man dort viele Flugfelder angelegt, von denen einige noch in Gebrauch sind, etwa für Amateurflugvereine. Die meisten aber sind grasüberwachsen und bieten ein desolates Bild mit den runden Wellblechhütten. Auf den ehemaligen Rollbahnen ist das Gras ungefähr einen Fuß hoch. Wenn man mit dem Fuß drüber scharrt, dann kommt der alte Beton hervor. Wenn man in die Wellblechhütten hineinschaut, sieht man noch die Cartoons und Dolly girls, die die amerikanischen Flieger an die Wände gemalt haben. Es ist ein Gefühl der absoluten Leere, ein Bild der Posthistoire. Und man weiß nicht genau, in welche Richtung der Sog einen zieht, zurück in die Vergangenheit oder hinein in die Zukunft. Aber man weiß, daß das, was man als das kollektive Schicksal der Menschheit bezeichnet, sehr viel mit diesen Dingen zu tun hat, mit diesem organisierten Wahnsinn unserer Spezies.

Man kann dem eigentlich auch gar nicht entkommen, selbst auf harmlosen Spaziergängen nicht?

Nein, nirgendwo. Ich habe mich mehr durch Zufall mit diesem Thema auseinandergesetzt. Es gab ein Seminar, wo ich mich mit Studenten über die deutsche Nachkriegsliteratur unterhielt und dazu habe ich das skizziert. Es lag dann lange bei mir unfertig herum. Später, als ich mit meinem anderen Schreibkram nicht weiterkam, habe ich es provisorisch aufgeschrieben. Ich hatte gar nicht die Absicht, das zu veröffentlichen, sondern habe es für diese Vorträge in Zürich benutzt. Mein Verleger Michael Krüger wollte daraus dann ein Buch machen – für mich war das immer noch, wie ich auch in der Einleitung sage, eine rein provisorische Übung, ohne große Ambitionen. Erst als ich dann massenhaft Post bekommen habe, derangiertester Art zum Teil, ist mir wirklich klargeworden, daß hier, wie ich immer vermutet hatte, ein neuralgischer Punkt getroffen war. Das eklatanteste Beispiel für mich war der Brief eines promovierten Herrn aus Darmstadt, der die These hatte, die Zerstörung Deutschlands aus der Luft sei von den Juden organisiert worden! Wie gesagt: der Brief eines promovierten Mannes, mit Absender und Adresse versehen. Offenbar hat er gedacht, daß er in mir jemand findet, der das versteht, was er sagt. Da laufen einem dann doch Schauer über den Rücken. Das Eigenartigste daran war eigentlich, daß er von den »im Ausland lebenden Juden« schrieb – ihm war doch klar, daß die Juden, die kurz zuvor noch in Deutschland lebten, da schon nicht mehr existierten. Vieles in dieser Post war pathologisiert, was erkennen ließ, wie lange derlei in den Leuten nachwirkt. Ich denke, daß man die Langzeitschäden nicht unterschätzen sollte.

Und heute, zu Beginn des neuen Jahrhunderts? Ließe sich die von Ihnen ausgemachte Lücke immer noch schließen?

Das halte ich für durchaus möglich. Ich halte es sogar für richtig. Fünfzig Jahre sind ja gar nicht so viel. Das alles liegt im Bereich unserer lebendigen Erinnerungen, es gibt noch Personen, die dabei waren. Eine Form von Oral History wäre wahrscheinlich zunächst der beste Zugang zu diesem Thema: daß man also die Leute befragt und daß man versucht, die erinnerten Einzelheiten zu rekonstruieren. Dabei kommt es natürlich auf das signifikante Detail an. Ich habe Hunderte von Briefen aus Deutschland zu diesem Thema gekriegt. Aber der große Teil ist unbrauchbar, für die Literatur unbrauchbar, weil es sich im Grunde nur um Zeugnisse der Verstörung handelt, einer bis heute nachwirkenden Verstörung, die in ihren Äußerungsformen hysterisch ist.

Von allen Luftwaffen bombardiert

Kurt Vonnegut

Kurt Vonnegut wurde 1922 in Indianapolis geboren und – trotz eines umfangreichen erzählerischen Werks – mit einem einzigen Roman berühmt, der in den USA 1969 (deutsch 1970) erschien und später auch verfilmt wurde: »Schlachthof 5 oder Der Kinderkreuzzug«. Das Buch sei geschrieben, so heißt es in barocker Umständlichkeit gleich auf der inneren Titelseite, von »einem Deutsch-Amerikaner der vierten Generation, der jetzt in angenehmen Verhältnissen in Cape Cod lebt (und zuviel raucht), der vor langer Zeit als Angehöriger eines Infanterie-Spähtrupps kampfunfähig als Kriegsgefangener Zeuge des Luftangriffs mit Brandbomben auf Dresden [...] war und ihn überlebte, um die Geschichte zu erzählen«. Davon handelt der Roman: von der Schwierigkeit, als Augenzeuge einen Roman über die Bombardierung Dresdens im Februar 1945 zu schreiben. Nachdem er aus dem Zweiten Weltkrieg heimgekommen sei, so der Ich-Erzähler, hinter dem sich Vonnegut weitgehend zu erkennen gibt, »glaubte ich, es würde mir nicht schwerfallen, über die Zerstörung von Dresden zu schreiben, denn alles, was ich zu tun hätte, wäre zu berichten, was ich gesehen hatte.« Das erste Problem, das sich ergab: niemand in den USA interessierte sich dafür (»Es war nun, wo ich wieder in Amerika war, kein berühmter Luftangriff«) – oder man glaubte, den Erzähler darüber belehren zu müssen, daß es in Deutschland KZs gegeben habe (seine Antwort: »Ich weiß, ich weiß, ich *weiß*«). Über viele Jahre wird das Projekt ergebnislos vorangetrieben (»Ich arbeitete an meinem berühmten Buch über Dresden«), Tausende von Seiten werden gefüllt und verworfen. Erst in den sechziger Jahren, zur Zeit des Vietnam-Kriegs, fand Vonnegut seine Form – »kurz, wirr und schrill«, da »über ein Blutbad sich nichts Gescheites« sagen lasse: »Kriegsgefangene aus vieler Herren

Länder kamen an jenem Morgen an einem bestimmten Ort in Dresden zusammen. Eine Anordnung lautete, hier mit dem Graben nach Leichen zu beginnen. Also begann man zu graben.« Und so gipfelt der Roman, der eine verrückte Mischung aus amerikanischen Alltagssituationen und bruchstückhaften Erinnerungen bietet, schließlich in einer einzigen Szene aus Dresden, für Vonnegut Inbegriff seiner Erfahrung dort: »Eine ganze Stadt wird in Schutt und Asche gelegt, und Tausende und Abertausende von Menschen werden getötet [...]. Irgendwo dort wurde der arme alte Hochschullehrer Edgar Derby mit einem Teekessel ertappt, den er aus den Katakomben mitgenommen hatte. Er wurde wegen Plünderns festgenommen. Er wurde verurteilt und erschossen. So geht das.«[1] – Das Gespräch fand am 29. 7. 1998 in Sagaponack auf Long Island statt.

Mr. Vonnegut, Sie haben als Amerikaner in deutscher Kriegsgefangenschaft im Februar 1945 die Bombardierung Dresdens miterlebt – jetzt soll die Frauenkirche dort wieder aufgebaut werden. Gefällt Ihnen das?

Ich bedauere sehr, daß die Dresdner Frauenkirche im Krieg zerstört worden ist, aber man sollte sie als Ruine stehenlassen. Ich habe vor Jahren schon einen Protestbrief nach Dresden geschickt. Für mich ist die Ruine ein Monument, das allen gehört: als Erinnerung an den nicht völlig geglückten Versuch der westlichen Zivilisation, Selbstmord zu begehen.

Ihr Buch »Schlachthof 5« ist ein Romanessay über die Unmöglichkeit, einen Roman zu schreiben.

[1] Kurt Vonnegut: Schlachthof 5 oder Der Kinderkreuzzug. Reinbek 1996 (70. Tsd.), S. 3, 8, 10f., 15f., 24, 206f.

Seither gelte ich als Schriftsteller. Vorher hatte man versucht, mich als Science-fiction-Autor abzutun. Stimmt es übrigens, daß es kaum deutsche Romane über die Bombardierung der deutschen Städte gibt?

Jedenfalls nur wenige, die sich mit Ihrem Roman messen können. Das mag mit den Darstellungsproblemen zu tun haben, die Sie in »Schlachthof 5« so eindringlich schildern.

Ich habe lange überhaupt keine Worte gefunden. Bombardiert zu werden ist eine außerordentlich passive Angelegenheit. Es gibt nichts, was man tun kann – außer vielleicht zu den Bomben zu sprechen. Man hat als Überlebender auch nichts, worauf man stolz sein könnte.

Erinnern Sie sich noch an die Entstehung des Buches?

Ich wollte gleich nach dem Krieg über das Erlebte schreiben. Es gab wenig darüber, ich war damals Reporter. Das Thema war zu groß für mich – wie für jeden anderen. Ich habe einfach keinen Dreh gefunden. Das Erlebte war zu gewaltig. Erst Ende der sechziger Jahre habe ich eine Lösung gefunden: »Schlachthof 5« eben. Tatsächlich habe ich auch da den eigentlichen Luftangriff nicht beschrieben. Ich fragte mich nach Sinn und Zweck der Luftangriffe.

Wie beurteilen Sie das heute?

Die Bombardierung von Hamburg, Berlin oder Dresden war militärisch sinnlos. Freunde von mir waren damals bei den Marines und sollten in Japan landen: Die dankten Gott für die Bombe. Mein Freund William Styron, der Verfasser von »Sophies Wahl«, hat das später sogar in Japan öffentlich gesagt. Sollte die Hiroshima-Bombe das Kriegsende tatsächlich beschleunigt haben, dann hätte das immerhin einen militärischen Sinn gehabt. Nagasaki ist eine andere Geschichte.

Hat es darüber jemals eine Debatte in der amerikanischen Öffentlichkeit gegeben?

Nein, überhaupt nicht – abgesehen von denjenigen, die ohnehin gegen alles sind, gegen den Vietnam-Krieg und gegen die Umweltverschmutzung. Viele Amerikaner sind allerdings heute davon überzeugt, daß die Japaner sich 1945 sowieso ergeben hätten. Es gibt wohl Hinweise, daß Japan seine Fühler längst ausgestreckt hatte. Aber: mein Gott, jetzt schreiben wir 1998 und reden immer noch über die alten Geschichten!

Steven Spielberg hat gerade einen Film über die Invasion in die Kinos gebracht …

… den ich mir nicht anschauen werde. Ich denke manchmal, daß es etwas Pornographisches hat, sich diese Dinge anzugucken – die man eigentlich gar nicht sehen sollte: Wunden, Tod. Wieso finden die Menschen das aufregend? Über »Schlachthof 5« sagen einige noch heute: Das sei gar nicht männlich geschrieben. Das ist in ihren Augen gar kein richtiges Kriegsbuch.

Dennoch wurde das Buch, das 1969 erschien, als der Vietnam-Krieg gerade auf dem Höhepunkt war, zu Ihrem größten Erfolg. Noch heute schwärmen Leser und Kritiker davon. Sie haben einmal die groteske Rechnung aufgemacht, wie viel Sie mit dem Dresden-Roman pro Leiche verdient haben.

Ich habe gesagt, ich sei der einzige, dem die Bombardierung Dresdens Gewinn gebracht hat. Das zu beziffern ist schwierig, weil unterschiedliche Angaben existieren. Geht man von

135 000 Toten aus, dann hätte ich zwischen fünf und zehn Dollar pro Kopf verdient. Immerhin: ich habe manche Leiche selbst herumtragen müssen.

Sie waren Ende 1944 in den Ardennen in deutsche Gefangenschaft geraten und wurden später in Dresden zur Bergung der bei den Luftangriffen Getöteten eingesetzt. Träumen Sie noch manchmal davon?

Nein, nicht mehr. Und früher habe ich weniger von den Leichen als von der Bombardierung geträumt. Ich wurde ja von fast allen Luftwaffen bombardiert, nur nicht von der deutschen: zunächst von britischen und amerikanischen Flugzeugen, nach der Befreiung machten dann sowjetische Maschinen auf uns Jagd, als wir über die deutschen Landstraßen irrten.

Was wissen Sie über Ihre deutschen Wurzeln?

Meine Vorfahren kamen zu einer Zeit nach Amerika, als es noch nicht einmal die Freiheitsstatue gab. So gegen 1840. Die deutsche Abstammung war noch ein Thema, als ich gut 100 Jahre später meine erste Frau heiratete. Deren Eltern sagten zu ihr: »Willst du wirklich mit all diesen Deutschen zusammenleben?« Es gab noch so etwas wie eine deutsche Gemeinde. Die Abneigung vieler Amerikaner gegen alles Deutsche hat übrigens weniger mit den beiden Weltkriegen zu tun als damit, daß die deutschen Auswanderer im Vergleich etwa zu den Briten oder Italienern, die hierher kamen, wohlhabend und gut ausgebildet waren. Deutsche gründeten Banken und Geschäfte, hatten Sinfonieorchester.

Wie lange wurde in Ihrer Familie deutsch gesprochen?

Meine Eltern sprachen noch fließend deutsch. Aber schon die Großeltern hielten sich in der Öffentlichkeit zurück, seit dem Ersten Weltkrieg. Ich kann nur noch ein paar Brocken.

Welches Verhältnis haben Sie zu Deutschland? Was war Ihr erster Gedanke, als die Mauer fiel?

Deutschland ist ein kompliziertes Thema. Ich habe immer etwas vereinfacht gesagt: Was wir an der deutschen Kultur lieben, die Musik und die Literatur, kommt von vielen, was wir hassen, kommt von einem einzigen. Meine eigenen Erfahrungen mit der DDR waren nicht so übel, ich war Gast dort. Aber ich weiß natürlich, daß es die Geheimpolizei gab. Trauert nicht Günter Grass der DDR nach?

Jedenfalls hat er gegen die Art und Weise der Vereinigung polemisiert, wie überhaupt gegen ein großes Deutschland – mit Hinweis auf Auschwitz.

Da stimme ich ihm zu: Das darf nie vergessen werden. Auschwitz ist eine große Wunde in uns allen – es spricht aller Menschlichkeit Hohn.

War das auch ein Aspekt der Schwierigkeiten, die Sie mit Ihrem Dresden-Roman hatten? Sie zitieren darin eine amerikanische Stimme, die das Schreiben über deutsche Bombenopfer angesichts des Holocaust für unzulässig hält.

Man hat mir immer wieder vorgeworfen, ich würde beides auf die gleiche Stufe stellen – was nie meine Absicht war. Als sich die Bombardierung Dresdens im Februar 1995 zum 50. Mal jährte, fragten einige Sender bei mir an, ob ich etwas dazu sagen wollte. Ich habe kein Wort gesagt. Für mich war der Termin zu nah am 50. Jahrestag der Befreiung von Auschwitz und der anderen Lager.

Literaturhinweise

Hier werden solche Titel angeführt, die weder im Text erwähnt noch in den Fußnoten nachgewiesen sind. Die literarischen Werke, zu denen auch Memoiren und Tagebücher zählen, enthalten weitere Beispiele für erzählende Darstellungen des Luftkriegs im Zweiten Weltkrieg (Ausnahme ist der 1908 publizierte Zukunftsroman von H. G. Wells, der einen Angriff deutscher Luftschiffe auf New York ausmalt).

1. Literarische Werke

Christoph Amend: Morgen tanzt die ganze Welt. Die Jungen, die Alten, der Krieg. München 2003

Anonyma: Eine Frau in Berlin. Tagebuchaufzeichnungen vom 20. April bis 22. Juni 1945. Frankfurt a. M. 2003

Katrin Askan: Aus dem Schneider. Berlin 2000

Jürgen Becker: Aus der Geschichte der Trennungen. Frankfurt a. M. 1999

Ders.: Der fehlende Rest. Frankfurt a. M. 1997

Richard Birkefeld und Göran Hachmeister: Wer übrig bleibt, hat Recht. Berlin 2002

Jürgen Bruhn: »Hamburg kaputt«. Autobiographischer Roman. Hamburg 2002

Christoph Buggert: Lange Reise. Berlin 2002

Margret Boveri: Tage des Überlebens – Berlin 1945. München 1968

Die Berliner Tagebücher der Marie ›Missie‹ Wassiltschikow 1940–1945. Aus dem Englischen von Elke Jessett. Berlin 1987 (orig.: The Berlin Diaries 1940–1945 of Marie ›Missie‹ Vassiltschikov; 1985)

Heinz Czechowski: Auf eine im Feuer versunkene Stadt. In

ders.: Sanft gehen wie Tiere die Berge neben dem Fluß. Bremen 1989

Louis-Ferdinand Céline: Rigodon. Deutsch von Werner Bökenkamp. Reinbek 1974 (orig.: Rigodon; 1969)

Michael Degen: Nicht alle waren Mörder. Eine Kindheit in Berlin. München 1999

Ingeborg Drewitz (Hrsg.): Städte 1945. Berichte und Bekenntnisse. Köln 1970

Ilse Graßmann: Ausgebombt. Hamburg 1943–1945. Braunschweig 1993

Julien Green: Tagebücher 1943–1954. München 1992

Graham Greene: Das Ende einer Affäre. Aus dem Englischen von Edith Walter. Wien 1998 (orig.: The End of the Affair; 1951)

Richard Hey: Die schlafende Schöne in Formalin und andere frühe Erinnerungen. München 2003

Maria Georg Hofmann: Der Aufritt des linkshändigen Dichters Alexander Galajda. Salzburg/Wien 1995

Ricarda Huch: Jahre in Jena. Jena 1982 (Schriftenreihe des Stadtmuseums, Nr. 31)

Imre Kertész: Galeerentagebuch. Aus dem Ungarischen von Kristin Schwamm. Berlin 1993 (orig.: Gályanapló; 1992)

Georg Lentz: Heißer April '45. München 1995

Hans Leip: Ein neues Leben. Zwei Erzählungen. Stuttgart 1946

Hans J. Massaquoi: »Neger, Neger, Schornsteinfeger!« Meine Kindheit in Deutschland. Bern/München 1999

Christoph Meckel: Der Brand. In ders.: Ein roter Faden. Gesammelte Erzählungen. München 1983

Ders.: Nachricht für Baratynski. München 1981

Ders.: Plunder. München 1986

Eberhard Panitz: Leben für Leben. Roman einer Familie. Leipzig 1987

G. Rosser (d. i. Karlheinz Grosser): Stirb wie ein Kerl. Berlin 1958

Hans Dieter Schäfer: Auf der Flucht. Meine Kindheit in Bildern. Passau 1999

Asta Scheib: Sei froh, dass du lebst! Berlin 2001

Arno Schmidt: Aus dem Leben eines Fauns. Hamburg 1953

Rachel Seiffert: Die dunkle Kammer. Aus dem Englischen von Olaf Matthias Roth. München 2001 (orig.: The Dark Room; 2001)

John Steinbeck: An den Pforten der Hölle. Kriegstagebuch. Deutsch von Hans Jürgen Jacobs. Wien 1992 (orig.: Once there was a war; 1971)

Waltraud Süßmilch: Keine Zeit für Puppen. Zeitgeschichte einmal anders. Frankfurt a. M. 2001

Arno Surminski: Sommer vierundvierzig oder Wie lange fährt man von Deutschland nach Ostpreußen? Berlin 1997

Uwe Timm: Die Entdeckung der Currywurst. Köln 1993

Leon Uris: Entscheidung in Berlin. Aus dem Amerikanischen von Peter de Mendelssohn. München 1965 (orig.: Armageddon; 1963)

H. G. Wells: Der Luftkrieg. Übersetzt von Gertrud J. Klett. Stuttgart o. J. (orig.: The War in the Air; 1908)

Arnulf Zitelmann: Paule Pizolka oder Eine Flucht durch Deutschland. Weinheim/Basel 1991

2. Fach- und Sachliteratur

Als die Tage zu Nächten wurden. Berliner Schicksale im Luftkrieg. Berlin 2003

Als Feuer vom Himmel fiel. Der Bombenkrieg gegen die Deutschen. Spiegel special, Heft 1/2003

Aleida Assmann: Ein deutsches Trauma? Die Kollektivschuldthese zwischen Erinnern und Vergessen. In: Merkur, Heft 12/1999

Karl Bartz: Als der Himmel brannte. Der Weg der deutschen Luftwaffe. Hannover 1955

Horst Boog u. a.: Das Deutsche Reich und der Zweite Weltkrieg. Band 7. Stuttgart/München 2001

Stefanie Carp: Schlachtbeschreibungen. Ein Blick auf Walter Kempowski und Alexander Kluge. In Hannes Heer und Klaus Naumann (Hrsg.): Vernichtungskrieg. Verbrechen der Wehrmacht 1941 bis 1944. Hamburg 1995

Der Luftkrieg über Deutschland 1939–1945. München 1963

Sem Dresden: Holocaust und Literatur. Aus dem Niederländischen von Gregor Seferens und Andreas Ecke. Frankfurt a. M. 1997

Dokumente deutscher Kriegsschäden. 1. Beiheft: Aus den Tagen des Luftkrieges und des Wiederaufbaues. Erlebnis- und Erfahrungsberichte. Hrsg. vom Bundesminister für Vertriebene, Flüchtlinge und Kriegsgeschädigte. Bonn 1960

Tanja Dückers: Spuren suchen. »Fehlt« die NS-Zeit in den Romanen der »Enkelgeneration«? In: Edit, Heft 29/2002

Jörg Friedrich: Der Brand. Deutschland im Bombenkrieg 1940–1945. München 2002

Joseph Goebbels: Tagebücher. Hrsg. v. Ralf Georg Reuth. Band 5: 1943–1945. München 1992

Olaf Groehler: Bombenkrieg gegen Deutschland. Berlin 1990

Ilana Hammerman: Erzählungen aus dem Land der Täter. Deutsche Literatur nach 1945 aus israelischer Sicht. In: Text + Kritik, Sonderband IX/1995 (Ansichten und Auskünfte zur deutschen Literatur nach 1945)

Christian Hanke u. a.: Hamburg im Bombenkrieg 1940–1945. Das Schicksal einer Stadt. Hamburg 1993

Christopher Hitchen: Die Deutschen und der Krieg. In: Neue Rundschau, Heft 1/2003

Reinhard Jirgl: Anzeichen des Gewitters von übermorgen.

Zu den Strategien des Verschweigens. In: ndl (Neue deutsche Literatur), Heft 5/1998

Michael Jürgs: Bürger Grass. Biografie eines deutschen Dichters. München 2002

Karlheinz Kens, Heinz J. Nowarra: Die deutschen Flugzeuge 1933–1945. Deutschlands Luftfahrt-Entwicklungen bis zum Ende des Zweiten Weltkriegs. München 1961

Lothar Kettenacker (Hrsg.): Ein Volk von Opfern? Die neue Debatte um den Bombenkrieg 1940–45. Berlin 2003

Petra Kiedaisch: Ist die Kunst noch heiter? Theorie, Problematik und Gestaltung der Heiterkeit in der deutschsprachigen Literatur nach 1945. Tübingen 1996

Dieter Kühn: Luftkrieg als Abenteuer. Kampfschrift. München 1975

Jörg Lau: Hans Magnus Enzensberger. Ein öffentliches Leben. Berlin 1999

Martin Middlebrook: Hamburg Juli '43. Alliierte Luftstreitkräfte gegen eine deutsche Stadt. Aus dem Englischen von Erwin Duncker. Hamburg 1984

Williamson Murray: Der Luftkrieg von 1914 bis 1945. Aus dem Englischen von Ralf Naumann. Berlin 2000

Klaus Naumann: Der Bombenkrieg: Deutsche als Opfer – ihrer selbst? In ders.: Der Krieg als Text. Das Jahr 1945 im kulturellen Gedächtnis der Presse. Hamburg 1998

Thomas W. Neumann: Der Bombenkrieg. Zur ungeschriebenen Geschichte einer kollektiven Verletzung. In Klaus Naumann (Hrsg.): Nachkrieg in Deutschland. Hamburg 2001

Susanne zur Nieden: Alltag im Ausnahmezustand. Frauentagebücher im zerstörten Deutschland 1943 bis 1945. Berlin 1993

Jürgen Nieraad: Die Spur der Gewalt. Zur Geschichte des Schrecklichen in der Literatur und ihrer Theorie. Lüneburg 1994

Jörg Pottkämper: 16. November 1944. Als das Feuer vom

Himmel fiel. Die Zerstörung der Städte Düren, Jülich und Heinsberg aus der Sicht der Alliierten. Aachen 1994

Uwe Pralle: Die toten Winkel der Geschichte. Ausblicke auf das Näherrücken der Nachkriegszeit. In: ndl (Neue deutsche Literatur), Heft 5/1998

Horst-Eberhard Richter: »Action Gomorrha«. Gedanken zum 50. Jahrestag des großen Bombenangriffs auf Hamburg. In ders.: Wer nicht leiden will muß hassen. Zur Epidemie der Gewalt. Hamburg 1993

Gabriele Rosenthal: Vom Krieg erzählen, von den Verbrechen schweigen. In: Hannes Heer und Klaus Naumann (Hrsg.): Vernichtungskrieg. Verbrechen der Wehrmacht 1941 bis 1944. Hamburg 1995

Michael Rutschky: Am Ufer hinter dem Strom: Heliopolis. Staatsromane der Nachkriegszeit. In: Merkur, Heft 6/1998

Hans Wagener (Hrsg.): Von Böll bis Buchheim. Deutsche Kriegsprosa nach 1945. Amsterdam/Atlanta 1997

Stephan Wackwitz: Literatur. Eine Kolumne. Literaturkritik pro domo. In: Merkur, Heft 7/1998

Lutz Wilde: Bomber gegen Lübeck. Eine Dokumentation der Zerstörungen in Lübecks Altstadt beim Luftangriff im März 1942. Lübeck 1999

Dieter Wellershoff: Das Kainsmal des Krieges. Weilerswist 1998

Personen- und Titelregister

Verweise auf Fußnoten sind kursiv gesetzt.

Nachwort 2008

Dieses Buch wurde, als es vor fünf Jahren erstmals erschien, mit Recht als Antwort auf Thesen von W. G. Sebald zum Thema »Luftkrieg und Literatur« verstanden. Besonders der erste Teil (»Der Luftkrieg in der deutschen Literatur«) stellt eine Diskussion dieser Thesen dar, eine Korrektur und Ergänzung. Auszüge aus »Zeugen der Zerstörung« sind ins Englische, Russische und Ungarische übersetzt worden, die Argumente wurden in Zeitschriften und Sammelbänden zitiert, in Seminaren diskutiert (»Wie erzählt man die Zerstörung der Städte?«). Gewiß hängt die rege Aufnahme des Buches auch mit dem – vor allem in den USA – großen Interesse am literarischen Werk Sebalds zusammen.

Offenbar kamen beide Werke – Sebalds anregende Studie aus dem Jahr 1999 und dieses nachprüfende Buch – zur rechten Zeit. Sie stießen eine Diskussion an, die seither intensiv geführt wird.[1] Was die Literatur angeht, so ergab die Debatte manchen zusätzlichen Hinweis auf Autoren, die in einer umfassenden Bestandsaufnahme nicht fehlen sollten[2]. Eine Interview- und Text-Anthologie gilt es dabei besonders hervorzuheben: »Die wüste Stadt. Sieben Dich-

[1] 2003 erschien der Sammelband »Ein Volk von Opfern?«, herausgegeben von Lothar Kettenacker, eine Essaysammlung, in der kritische Fragen an »Die neue Debatte um den Bombenkrieg 1940–45« (Untertitel) gestellt wurden; außerdem in der Zeitschrift »Die alte Stadt« (Heft 3/2003) eine nach Städten geordnete Übersicht über die »Deutsche Ortsliteratur zum Bombenkrieg seit dem Zweiten Weltkrieg«, d. h. eine Liste jener oft von Lokalhistorikern zu verantwortenden Bücher und Broschüren über die »Städte zwischen Zerstörung und Wiederaufbau«. In den USA wurde u. a. 2006 die Aufsatzsammlung »Victims and Perpetrators: 1933–1945. (Re)Presenting the Past in Post-Unification Culture«, herausgegeben von Laurel Cohen-Pfister und Dagmar Wienroeder-Skinner, publiziert.

[2] So auf Uwe Johnson und seinen Roman »Das dritte Buch über Achim« (1961) oder Peter Weiss und den dritten Band der »Ästhetik des Widerstands« (1981).

ter über Dresden«, herausgegeben von Renatus Deckert (2005)[3].

Die darin enthaltenen Gespräche führen gewissermaßen für die Lyrik fort, was im zweiten Teil von »Zeugen der Zerstörung« erstmals und hauptsächlich für die erzählende Literatur versucht worden ist, nämlich Schriftsteller nach den zum Teil traumatischen Erlebnissen ihrer Kindheit und Jugend zu befragen, nach den Nächten im Luftschutzkeller und der Flucht über brennende Straßen, vor allem auch danach, warum es schwierig war, über diese Erfahrung später zu schreiben.

In dieser Nachbemerkung ist nur Platz für wenige aktuelle Hinweise. So hat sich seit Beginn des neuen Jahrhunderts die Zahl von Memoiren auffällig vermehrt, in denen von einer Kindheit im Bombenkrieg erzählt wird.[4] Editionen vergessener Texte und unbekannter Augenzeugenberichte erbrachten weitere Beispiele für die große Anzahl literarischer und anderer Dokumente zum Thema.[5] Auch

[3] Deckert hat Schriftsteller befragt, die den Luftangriff auf Dresden im Februar 1945 als Kind erlebt und später in Versen verarbeitet haben (Volker Braun, Heinz Czechowski, B. K. Tragelehn) – und auch solche, die erst nach dem Krieg in der noch Jahrzehnte von der Zerstörung geprägten Stadt zur Welt kamen (Durs Grünbein, Christian Lehnert, Thomas Rosenlöcher und Michael Wüstefeld).

[4] Zu erwähnen sind Reinhard Baumgart (»Damals. Ein Leben in Deutschland«, 2003), Fritz J. Raddatz (»Unruhestifter«, 2003), Helmut Kohl (»Erinnerungen. 1930–1982«, 2004), Senta Berger (»Ich habe ja gewusst, dass ich fliegen kann«, 2006), Hartmut von Hentig (»Mein Leben – bedacht und bejaht. Kindheit und Jugend«, 2007) und Gerhard Roth, der in seinem Buch »Das Alphabet der Zeit« (2007) jenen Tieffliegerangriff schildert, von dem er schon in dem hier enthaltenen Interview berichtet hat.

[5] So erschien 2002 der Band »Daß ich nicht ersticke am Leisesein« mit gesammelten Texten der Lyrikerin Inge Müller (1925–1966), die hier ihr Erlebnis verarbeitet, nach einem Bombenangriff für längere Zeit verschüttet gewesen zu sein; 2004 kam der Roman »Gefangene der Nacht« (1961) von Geno Hartlaub (1915–2007) neu heraus, über den die kaum noch bekannte Autorin selbst gesagt hat: »Geschildert wird eine Bombennacht in Frankfurt, in der acht Handlungen nebeneinanderher laufen und sich zum Teil verschlingen« (zit. nach dem Nachwort von Sigrid Weigel). Und eine Anthologie versammelte 2007 zuvor kaum bekannte »Berichte aus der Abwurfzone« (Untertitel: »Ausländer erleben den Bombenkrieg in Deutschland 1939 bis 1945«, herausgegeben von Oliver Lubrich).

eine Reihe jüngster Romane und Gedichte sind seither erschienen, in denen der Bombenkrieg zum Gegenstand wird, von Sachbüchern ganz zu schweigen.[6] Das alles wäre gelegentlich eine ausführlichere Darstellung wert, in der auch von der veränderten Wahrnehmung des lange öffentlich gemiedenen Themas Luftkrieg die Rede sein müßte, wie sie sich etwa in der Produktion und Sendung des TV-Zweiteilers »Dresden« zeigt (ZDF, März 2006).

»Das Ganze war zuletzt nur noch ein einziges wüstes Grauen«, schrieb Irmgard Keun (1905–1982) im Oktober 1946 in einem Brief, »und manchmal fehlt mir der Mut, mich zu erinnern.«[7] Es brauchte bei vielen Autoren Jahre und Jahrzehnte, damit das ungern oder kaum mehr Erinnerte, das Vergessene und Verdrängte Eingang in literarische Werke finden konnte. Dieses Buch führt vor, welche Wege und Umwege dabei zu gehen waren.

Zwei der hier befragten Schriftsteller, die in jungen Jahren zu »Zeugen der Zerstörung« wurden, sind im vergangenen Jahr gestorben: Walter Kempowski und Kurt Vonnegut. Max Sebald, wie der Schriftsteller mit dem Vornamenskürzel W. G. (für Winfried Georg) seine Briefe unterschrieb, hat die von ihm ausgelöste Debatte in ihrem ganzen Ausmaß ohnehin nicht mehr erlebt: Er starb 2001 bei einem Autounfall. Seinem Andenken ist dieses Buch gewidmet.

Hamburg, Februar 2008 V. H.

[6] Genannt werden müssen zumindest drei Bücher aus jüngster Zeit, in denen die Luftangriffe auf Dresden und Stuttgart im Zentrum stehen, nämlich ein Roman von Helga Schütz (»Knietief im Paradies«, 2005), ein Gedichtband von Durs Grünbein (»Porzellan. Poem vom Untergang meiner Stadt«, 2005) und eine Textmontage von Hartmut Geerken (»phos«, 2005); als Beispiel für neuere Sachbücher zum Thema mag die umfangreiche Darstellung des britischen Forschers Anthony C. Grayling gelten: »Among the Dead Cities: Was the Allied Bombing of Civilians in WWII a Necessity or a Crime?« (2006; deutsch: »Die toten Städte«, 2007).

[7] Zit. nach Stephan Braese: Bombenkrieg und literarische Gegenwart, in Mittelweg 36, Heft 1/2002, S. 24.

Nachweise

Auszüge aus den Interviews im zweiten Teil waren in der ZDF-Dokumentation »Tabu Vergeltung« zu sehen (Sendung: 28. März 2000, Autoren: Volker Hage und Matthias Zimmermann); Ausschnitte aus dem Gespräch mit Walter Kempowski waren vorab im ›Spiegel‹ zu lesen, das Interview mit Dieter Forte wurde in Fortes Essayband »Schweigen oder sprechen« (S. Fischer Verlag), das mit W. G. Sebald in der Zeitschrift ›Akzente‹ vorabgedruckt.